보건복지정책론

나남
nanam

나남신서 1354

보건복지정책론

2008년 10월 25일 발행
2009년 8월 5일 3쇄

지은이_ 文昌珍
발행자_ 趙相浩
발행처_ (주) 나남
주소_ 413-756 경기도 파주시 교하읍
출판도시 518-4
전화_ 031) 955-4600 (代)
FAX_ 031) 955-4555
등록_ 제 1-71호(79. 5. 12)
홈페이지_ www. nanam. net
전자우편_ post@nanam. net

ISBN 978-89-300-8354-6
ISBN 978-89-300-8001-9 (세트)
책값은 뒤표지에 있습니다.

나남신서 · 1354

보건복지정책론

문 창 진

나남
nanam

Health and Welfare Policy

by

Moon, Chang-Jin

nanam

머리말

저자는 2008년 2월 보건복지부 차관을 끝으로 29년간의 공직생활을 마쳤다. 오랜 기간 국민건강과 복지를 위해 일하게 된 것은 저자에게 큰 축복이었다. 그러나 한편으로는 아쉬움이 많이 남는 것도 사실이다. 돌이켜보면 국가정책이란 것이 항상 합리적으로만 결정되는 것은 아니었다. 최선의 대안을 고집하지 못하고 부득이 현실과 타협한 적도 있었다. 짧은 기간에 선진제도를 갖추려는 과정에서 혼선과 무리도 있었다. 그래도 오늘날 이만큼이라도 제도가 갖추어진 것은 정말 다행스러운 일이다.

우리사회는 너무나 빠른 속도로 변화하고 있다. 그동안 열심히 달려왔지만, 앞으로도 계속 달려야 한다. 우리는 지금 과거를 되돌아보면서 회고담을 나눌 시간이 없다. 21세기에 우리를 짓누르고 있는 새로운 경제질서인 세계화, 그 세계화가 불러일으키는 사회양극화와 빈부격차, 그 어느 나라보다 빠르게 진행되는 인구고령화, 세계에서 가장 낮은 출산율, 지역발전 격차와 아직도 성숙하지 못한 민주주의, 보건의료제도가 맞고 있는 도전, 보건의료산업의 답답한 현실, 갈등적인 의사와 환자 간의 관계 등, 이 모든 것들이 우리에게 위협으로 다가오고 있다. 지금 우리는 오늘의 현실을 직시하고 다가오는 위협적인 미래를 준비해야 한다.

위기를 성공적으로 극복하면 위기는 기회가 될 수 있다. 미래를 준비해야 한다는 생각을 가지고 고심하여 집필하였지만, 여전히 부족한 점을 느낀다. 무엇보다 문제제기에 비하여 제시한 대책들이 흡족지 않다. 하기야 손쉽게 결론을 낼 수 있다면 정책당국자들이 고민할 이유가 없을 것이다. 여러 문헌과 통계들을 뒤졌지만 자료와 정보가 충분치 않았던 것도 어려운 점이었다. 보건복지정책을 골고루 짚지는 못하였고 우선 발등에 떨어진 불과 눈앞에 닥친 위기라고 생각되는 것들을 중심으로 현실을 진단하고 과제를 도출해보았다.

이 책을 읽는 독자들이 부족함과 불만을 느낀다면 그것은 전적으로 저자의 책임이다. 부족한 부분에 대하여 독자들의 비평과 조언을 구하고 싶다. 그러나 이러한 부족함과 아쉬움에 불구하고 저자는 문제제기만으로도 보람을 느낀다.

이 책은 보건복지정책을 본격적으로 공부하려는 학생들을 위하여 저술한 것이지만 장기적 안목으로 보건복지정책을 바라보려는 모든 이들에게 도움이 되었으면 한다. 특히 대화와 토론의 시간을 제대로 가져보지 못하고 헤어진 보건복지가족부와 식품의약품안전청의 동료와 후배들에게 미안한 마음을 가지면서 이들에게 이 책의 일독을 권한다. 부족한 점이 많지만 이 책을 통하여 우리나라 보건복지의 미래에 대하여 같이 고민하고 교감하는 시간을 가져주었으면 한다. 보건 및 복지 분야에 몸담고 있는 종사자들과 인접학문을 전공하는 이들도 독자가 되었으면 좋겠다. 국민생활과 직결된 보건복지정책을 바로 세우고 잘 가꾸는 것은 바로 우리 자신을 위한 일이기 때문이다.

이 책은 크게 3부로 나뉜다. 제1부는 사회변화와 보건복지정책을 주제로 하여 사회정책의 이해, 사회변화와 보건복지의 미래, 한국사회의 과제와 보건복지정책을 담았다. 제 1장 '사회정책의 이해'에서는 사회정책과 개념과 목적, 사회정책의 정치학, 사회정책의 이데올로기 등 사회정책과 관련된 다양한 주제들을 다루었다. 제 2장은 '사회변화와 보건복지의 미래'로서, 세계화, 지방화, 정보화, 민주화, 저출산 등 우리 사회의 큰 변화를 열 가지로 정리하고 이를 보건복지정책과 관련시켜 보았다. 제 3장 '한국사회의 과제와 보건복지정책'은 우리나라 보건복지정책의 방향을 짚어본 것으로, 양극화, 고령화, 지역불균형 발전, 사회갈등을 해결해야 할 과제로 제시하고 정책 대응방향을 모색해보았다.

제 2부는 사회문제와 복지정책을 주제로 하였는데, 우리 사회의 3대 위기로 등장한 저출산, 고령화, 양극화의 현실을 진단하고 정책 과제들을 도출하였다. 현실감을 높이기 위하여 가능한 한 여러 자료들을 인용하였고, 외국의 동향도 곁들여 소개하였다. 제 4장 '저출산의 원인과 정책과제'에서는 우리나라 출산율 실태와 사회경제적 문제점을 짚어보고 OECD 국가들의 출산율 분석을 토대로 정책방향을 제시하였다. 제 5장 '인구고령화와 노인문제'에서는 인구고령화의 실태와 사회경제적 영향을 살펴보고 노인복지의 방향을 제시하였다. 제 6장 '사회양극화와 빈곤대책'에서는 우리나라 양극화의 실태와 사회안전망의 문제점을 진단하고 나아가야 할 방향을 정리하였다.

제 3부는 보건의료문제와 보건정책을 주제로 하였다. 제 7장 '보건제도의 이해'는 경제와 보건제도와의 관계, 세계화와의 관련성, 보건제도로서의 건강보험제도 등 보건제도와 관련된 주제들을 살펴본 것으로, 2004년 저자의 공저 《보건사회학 강좌》의 내용을 다시 정리한 것이다.

제 8장 '보건의료개혁의 배경과 방향'에서는 전환점에 서 있는 우리나라 보건의료체계가 나아가야 할 방향을 정리해보았다. 제 9장 '의료의 소비자주의와 의사-환자 관계'에서는 건강보험제도 실시 이후 확산되는 소비자주의의 등장배경과 파급효과를 살펴보고 바람직한 의사와 환자의 관계를 제시해보았다. 제 10장 '보건의료산업의 현황과 과제'에서는 21세기 성장동력산업으로 일컬어지는 보건의료산업의 현 실태와 문제점, 정책방향 및 과제를 정리해 보았다.

마지막 장에서는 여태까지 논의한 내용들을 토대로 지속가능한 보건복지를 위하여 유념해야 할 사항들을 정리하였다. 선진국들이 이미 졸업한 좌우의 이념논쟁으로부터 이제 그만 벗어나야 하고, 양극화, 저출산, 고령화 문제를 국가적 과제로 가져가야 하며, 날로 커지는 사회적 위험으로부터 국민들을 보호하고, 선진제도를 벤치마킹할 때 창의적 마인드를 가져야 한다는 제언을 덧붙였다.

독자들께서는 이 책의 순서에 관계없이 읽고 싶은 장을 먼저 읽어도 무방하다. 각 장은 전체적으로 서로 연계되어 있으면서도 개별적인 정책리포트로서의 성격을 가지고 있기 때문이다.

끝으로 원고를 검토하고 오류를 잡아준 보건복지가족부와 국민건강보험공단의 여러 관계자들에게 감사의 뜻을 표한다. 특히 원고를 처음부터 끝까지 꼼꼼히 읽고 마지막 정리에 도움을 준 보건복지가족부의 이민원 과장에게 특별한 고마움을 표시한다. 아울러 이 책을 발간해주신 나남출판의 조상호 사장님과 편집부 직원분들께 감사의 마음을 전한다.

2008년 9월

문 창 진

나남신서 · 1354

보건복지정책론

차 례

제 2 부 사회문제와 복지정책

제 3 부 보건의료문제와 보건정책

제 1 부 사회변화와 보건복지정책

제1장

사회정책의 이해

사회정책은 개인이나 시장이 감당할 수 없는 사회적 위험을 정부가 제도를 통하여 관리해주는 것이다.

1. 사회정책의 개념과 목적

1) 사회정책의 개념

사회정책의 일반적 개념은 '정부 또는 국제기구가 펼치는 사회적 성격의 의도 또는 활동'으로 정의할 수 있다. 그러나 나라마다 사회적 여건과 정책적 관심이 서로 다르므로 정확한 개념설정은 어렵다. 협의로는 사회복지를 사회정책의 핵심으로 볼 수 있지만, 광의로는 소득재분배 기능을 수행하는 조세정책과 물가대책까지 사회정책으로 볼 수 있다.

사회정책에 대한 이해를 돕기 위하여 1942년 비버리지 보고서에 나오는 5개 영역을 소개하면 ① 사회보장급여(*social security benefits*), ② 보건의료(*health care*), ③ 교육(*education*), ④ 주택(*housing*), ⑤ 사회서비스(*social service*)로 되어 있다. 영국의 사회정책 관련 학위과정에서도 볼 수 있듯이 사회정책은 교육, 경제, 환경, 고용, 주택, 교통, 도시, 성, 인종, 청소년, 범죄 등 매우 다양한 사회문제와 연관되어 있다(Baldock et al. 2003: 5).

2) 사회정책의 목적

사회정책의 목적은 크게 세 가지로 나눌 수 있다. 첫 번째 목적은 재산과 소득의 재분배로서 경제적 정의와 관련되어 있다. 두 번째 목적은 위험관리로서, 개인이나 시장이 감당할 수 없는 사회적 위험을 정부가 제도를 통하여 관리해주는 것이다. 세 번째 목적은 사회통합으로서, 사회적으로 배제된 계층이나 집단을 제도권으로 불러들여 사회적 연대를 강화하는 것이다.

(1) 재분배(*Redistribution*)

자원의 재분배는 매우 중요한 국가 기능이다. 자원이 만족스러울 정도로 평등하게 분배된 나라는 세계 어느 곳에도 없기 때문이다. 자원의 재분배와 관련하여 사회정책은 두 종류의 분배기능을 수행한다.

첫 번째는 가진 자와 덜 가진 자 간의 수직적(*vertical*) 재분배이다. 수직적 재분배는 부의 계층간 불균형을 해소하고 교육과 보건의료서비스 접근성에 있어 형평과 정의를 추구하는 것이다. 수직적 재분배 정책의 대표적인 예는 누진적 소득세와 저소득층에 대한 보조금 제도이다. 누진적 소득세는 고소득층의 실질소득을 감소시키는 효과가 있고 저소득층에 대한 보조금제도는 이들 계층에 대한 실질소득을 높여주는 효과가 있다. 수직적 재분배는 흔히 사회정책의 '로빈후드'적인 기능으로 일컬어지며, 사회정의의 윤리에 그 토대를 두고 있다.

두 번째는 수평적(*horizontal*) 재분배이다. 수평적 재분배는 현재의 자원배분 상태가 비효율적이므로 정부가 관여해서 수행하는 재분배를 말한다. 수평적 재분배는 경제학자들이 지적하는 '시장실패'(*market failure*)를 교정하기 위한 것이다. 대표적인 수평적 재분배정책의 예는 무상의무교육과 연금제도이다. 무상교육이 없다면, 사람들은 자녀교육에 충분히 투자하기가 어려울 것이다. 국민연금과 건강보험에 강제 가입하도록 한 것도 이런 장치가 없다면 사람들이 현재의 욕구 충족에 급급하여 미래에 대한 준비를 소홀히 할 수가 있고, 준비가 소홀하면 노후에 소득이 없어 고생하거나 치료비 부족으로 어려움을 겪게 될 것이다. 수평적 재분배는 한 개인의 자원을 생애 전주기에 걸쳐 균등하게 분배하는 것으로서, '생애 재분배'(*lifetime redistribution*)라고도 부른다.

(2) 위험관리 (*Risk Management*)

사회학자 울리히 벡(Ulrich Beck)은 현대사회를 위험사회(*risk society*)로 규정한다. 그에 의하면, 인간은 생존을 위협하는 여러 가지 사회경제적 위험에 노출되어 있는데, 이런 위험들은 자연발생적으로 생긴 것이 아니라 인간들이 스스로 만들어낸 것이다(Beck, 1992). 그는 기업, 사회기관, 법 제도 등이 무책임하게도(*organized irresponsibility*) 개인의 힘으로는 도저히 막을 수 없는 위험이나 불이익을 생산하고 있다고 주장한다. 환경훼손, 지구온난화, 유전자조작 농산물, 산업재해 등이 이러한 위험의 사례들이다. 민간자본과 시장이 자기들의 이득을 추구하기 위하여 만들어놓은 위험은 개개인이 관리할 수가 없기 때문에 정부가 사회정책을 통하여 관리하여야 한다. 울리히 벡이 지적한 위험 이외에도 산업화 과정에서 발생한 위험이 많은데, 가족해체, 인종갈등, 범죄, 교통사고 등도 사회정책의 관리대상이다.

(3) 사회적 포용 (*social inclusion*)

'사회적 포용'은 '사회적 배제'(*social exclusion*)의 반대개념으로, 1970년대 프랑스에서 사회정책의 화두로 등장하였다. 경제가 발전하면

기술과 지식이 뒤처진 사람들은 취업이 어렵고 빈곤에 빠지기가 쉽다. 이들에게 지식과 기술을 습득시켜 직장을 구할 수 있도록 해주는 프로그램이 가동되고 있으나, 모든 이들에게 이러한 정책의 혜택이 미치는 것은 아니다. 사회적으로 배제된 계층이라고 함은 취약계층을 보살피는 안전망에 포함되지 못한 사각지대 계층을 의미한다.

당시 유럽에서 사회정책의 주류로부터 소외된 집단(문맹인, 장애인, 독거노인, 부랑인, 미혼부, 미혼모 등)에 대한 보호대책의 필요성이 뜨겁게 논의되었다. 이러한 논의를 바탕으로 사회정책의 의미를 사회적으로 배제된 집단을 제도적으로 보호하는 데 두었다. 사회적 포용이라는 사회정책의 목적은 사회연대와 사회적 안정성을 확보하기 위한 것이다.

2. 사회정책의 영향

1) 사회정책의 성공과 실패

사회정책은 의도한 대로 결과가 나타날 수도 있고, 그렇지 않을 수도 있다. 단기적 정책이거나 가시적인 결과를 얻을 수 있는 프로젝트적 성격을 가진 정책은 비교적 성공요소를 가지고 있다. 암, 뇌혈관 질환, 심혈관 질환에 대하여 보험급여를 확대한 보건복지가족부의 건강보험정책은 보험재정의 뒷받침으로 직접적 성과를 거둔 사례이다. 서울시에서 추진한 청계천 복원사업은 여러 논란에도 불구하고 예정대로 진행되어 예상했던 효과가 나타난 프로젝트형 성공사례이다.

정책을 시행한 이후 상당한 기간이 경과했는데도 이렇다 할 결과가 없는 경우는 정책이 실패한 것으로 평가된다. 그러나 정책효과를 보기까지 시간이 좀 더 걸리는 경우도 있고, 초기에 정책성과가 반짝 나타나다가 시간이 지나면서 흐지부지되는 경우도 있다.

장기간에 걸쳐 정책의 성과가 나타나는 대표적인 사례는 인구관련 정책이다. 출산행태는 변화하는 데 시간이 많이 걸리고, 변화한다 하더라도 실제 인구구조의 변화로 나타나기까지는 긴 시간이 필요하다. 국민연금제도도 가입 후 20년이 지나야 노령연금을 지급하므로 정책성과를 보기까지는 오랜 기간이 필요한 정책이다.

반면, 의도하지 않았는데 예상외의 결과가 나타난 경우가 있는데, 이때 결과가 좋을 수도 있고 나쁠 수도 있다. 참여정부에서 시행한 부동산 과표 현실화 및 보유세 부과는 일부 지역의 부동산 투기를 억제하는 효과를 거두었으나, 일시적인 부동산가격 상승과 임대료 상승을 촉발시키는 결과를 초래하였다.

2) 정책 성과지표

정책 성과지표는 정책의 성공여부를 가늠하는 잣대이므로 매우 중요하다. 정책의 성과를 살피기 위해서는 산출(*output*)보다는 결과(*outcome*)를 보는 것이 더 중요하다. 사회정책의 목표별로 성과지표를 예시하면 다음과 같다.

(1) 재분배

소득 5분위 배율, 지니계수, 하위 20%의 전체소득점유율, 상위 20%의 전체소득점유율, 중위소득(*median income*), 절대 빈곤율, 상대 빈곤율, 실업률, 재취업률, 국민연금 가입률, 건강보험 가입률, 산재보험 가입률, 고용보험 가입률, 사회보험의 급여수준(보장률) 등이 있다.

(2) 위험관리

자연재해 발생률, 화재 발생률, 산재사고 발생률, 범죄 발생률, 자동차 사고 발생률, 전염병 발생률, 식품사고 발생률, 대기오염 수준, 수질오염 수준, 지구온난화 정도, 유전자재조합 식품 소비량 등이 있다.

(3) 사회적 포용

빈곤층, 미혼모, 중증장애인, 요보호아동, 부랑인, 노숙자, 독거노인, 정신질환자 등 취약계층의 규모, 이들에 대한 사회적 보호수준, 사회적 차별 및 학대, 이들 보호계층의 서비스 만족도, 사회적 불만 표출 정도, 문맹률 등이 있다.

3. 사회정책의 실행

1) 정책수단

사회정책을 실행하려면 여러 가지 정책수단이 필요하다. 여기서는 대표적인 세 가지 수단을 소개하기로 한다.

첫 번째 수단은 가장 쉽고 돈이 덜 드는 것으로, 규제(*regulation*)이다. 식품안전 기준, 의약품 사전허가, 안전벨트 착용의무, 청소년에 대한 담배판매 금지, 장애인 고용의무 등이 규제의 사례들이다. 광범위한 사회적 목적을 달성하기 위해서는 무수한 규제들이 필요하다. 규제를 지키지 않는 개인이나 업체에게는 벌금이나 과태료, 영업정지, 허가취소 등의 벌칙이 따르기도 한다.

두 번째 수단은 현물서비스(*services in kind*)이다. 보건의료, 교육, 주택 서비스가 그것이다. 이러한 서비스는 현금으로 지급되지 않고, 상담, 간병, 가사지원, 치료, 학습지도, 급식, 주택수리, 주거제공 등 다양한 형태로 제공된다.

세 번째 수단은 현금급여(*cash benefits*)이다. 생계비보조, 아동수당, 장애인수당, 출산수당, 상병수당, 노령연금과 같은 것이 현금급여에 해당된다.

정부는 이러한 사회정책 수단을 수혜대상자들에게 제공하기 위하여 담당 공무원을 두고 관련조직을 만들어 관리한다. 그러나 조직이 커지게 됨에 따라 관료제적 병폐가 생기기도 하고, 이에 따라 조직을 슬림화한다거나 일부 기능을 비영리법인 등 민간부문에 위탁하기도 한다.

2) 사회정책의 제도화 과정

사회정책의 제도화 과정은 사회정책의 성격과 규모에 따라 달라진다. 예를 들어 정부가 법을 새로 만들거나 개정하는 정부입법의 경우는 먼저 법안의 입안작업을 시작하여 관계부처 협의를 거쳐 일정기간 입법예고를 한 후 법제처 심사를 받는다. 법제처 심사는 관계부처 협의가 마무리되어야 통과된다. 중요한 규제사항이 있는 법안의 경우에는 국무총리실의 규제심사를 통과해야 하는 절차를 거쳐야 한다. 법제처 심사가 끝난 법안은 차관회의와 국무회의 의결 및 대통령 재가를 거쳐 국회에 제출된다. 국회에서는 해당 상임위원회에서 법안을 심사 의결하는데, 쟁점이 없는 법안은 바로 처리하지만, 심도 있는 심사를 위하여 법안심사소위로 넘기는 경우가 많다. 제정법인 경우는 공청회 등 별도의 의견수렴 절차가 필요하다. 상임위원회의 심의의결을 거친 법안은 법제사법위원회로 넘어가는데, 전체회의에서 바로 처리하기도 하고 소위원회로 넘기는 경우도 있다. 법제사법위원회의 심사를 거친 법안은 본회의에 상정되어 의결절차를 거친다. 본회의에서 의결된 법안은 정부로 이송되어 국무회의 의결과 대통령 재가를 거쳐 공포된다.

국회의원이 제안하여 입법하는 의원입법의 경우 발의의원이 입안작업을 하여 제안하는데, 여러 의원들의 서명을 받아 공동 제안하는 경우가 많다. 제안된 법안은 해당 상임위원회로 넘어가 심사의결 절차를 밟는다. 상임위원회에서는 심사의결 하기 전에 심도 있는 심사를 위하여 법안심사소위로 넘기는 경우가 많다. 상임위원회의 심사의결이 끝나면 법제사법위원회로 넘어가는데, 이때도 좀 더 논의가 필요한 법안은 소위원회로 넘기게 된다. 법제사법위원회의 심사가 끝난 법안은 본회의의 의결을 거쳐 정부로 이송되고, 국무회의 의결과 대통령 재가를 거친 후 공포된다.

〈표 1-1〉 법규 처리과정 비교

구 분	부처협의 규제심사	입법예고	국회심의	공포권자
법	필요	필요	필요	대통령
시행령	필요	필요	불필요	대통령
시행규칙	필요	필요	불필요	장관

드문 경우이지만 국회에서 처리한 법안에 대하여 정부가 의견이 매우 다르거나 집행하기 어려운 중대한 사유가 있는 경우, 대통령이 거부권을 행사한다. 거부권이 행사되면 법안은 국회로 이송되고 국회 본회의에서 다시 의결하여야 한다.

법안이 아닌 시행령의 경우, 국회에 제출하는 절차는 생략된다. 다만, 관계부처협의, 입법예고, 규제심사, 법제처 심사, 차관회의, 국무회의, 대통령 재가, 공포의 과정을 거친다. 관련부처의 장관이 정하는 시행규칙의 경우 비교적 절차가 간략하다. 관계부처 협의와 입법예고(규제사항이 있으면 규제심사를 받아야 한다)를 거쳐 법제처 심사를 받아 장관이 공포하면 된다.

예산조치가 따라야 시행이 가능한 법안(통상 예산부수법안이라고 부른다)은 예산확보가 사전에 이루어져야 하는 것이 원칙이다. 그러나 정당간의 합의가 있으면 동시에 처리되기도 한다. 예를 들면, 저소득 노인(전체노인의 60%)들에게 월 최고 8만원 상당의 연금을 매달 지급하도록 한 기초노령연금법 개정안(2008년 1월 시행)은 관련 재원의 확보 조치가 법 개정과 함께 이루어졌다(정부예산안은 2007년 12월 국회 본회의 통과).

어떤 정책은 법뿐만 아니라 예산이 필요한 경우도 있고, 예산조치만으로 가능한 경우도 있다. 예산조치를 위해서는 일반적으로 최소한 시행 한 해 전에 예산을 확보하고 시행계획을 세워야 한다. 예측하지 못한 상황이 발생한 경우(예: 1997년 외환위기로 인한 기업도산과 대규모 실직사태)에는 예비비나 추경예산을 세워 그해에 필요한 정책을 시작할 수도 있다. 이 경우, 국회의 승인이 있어야 함은 물론이다.

4. 사회정책과 사회복지

사회정책과 사회복지는 다른가? 사회정책은 교육, 문화, 환경, 노동 등 여러 영역에 걸쳐 있는 정책이므로, 사회보험이나 공적부조가 중심이 된 좁은 의미의 사회복지보다 훨씬 넓은 개념이다. 그러나 일반적으로 사회정책을 전공하는 학생들은 좁은 의미의 사회복지보다 넓은 의미의 사회복지에 더 큰 관심을 가지고 있으며, 실제로 사회정책과 사회복지정책은 같은 의미로 받아들여질 때가 많다.

사회복지의 개념은 매우 넓다. '물질적 풍요'를 의미하기도 하고, 또 한편으로는 '행복감', '미래에 대한 확신', '불안으로부터의 해방'을 의미하기도 한다. 이런 점에서 사회정책과 사회복지정책은 '삶의 질'과 관련된 정책임에 분명하다. 오늘날 사회복지는 '개인복지'(*individual welfare*)의 단순 합집합이 아니라, 단어가 암시하듯 지역사회나 국가단위의 '집합복지'(*collective welfare*)와 같은 의미로 사용되고 있다.

복지를 제공하는 세 축은 가족, 국가, 시장이다. 이 중 첫 번째 축은 가족이다. 영유아의 경우, 대부분의 보호가 가정 내에서 이루어진다. 전통적으로 노인의 수발은 자식들이 맡아왔다. 장애인시설이 생기기 전에는 대부분의 장애인들이 가족들의 보호를 받아왔다.

두 번째 축은 국가이다. 취학아동의 경우 학교측이 복지의 제공자로 등장한다. 학교 내에서 아동을 보호하는 임무는 학교에 있기 때문이다. 학교교육을 받기 이전이라도 부모가 없는 아동의 경우 국가가 보호자 역할을 수행한다. 또, 노후에 스스로 생활을 영위하기가 곤란하여 부양이 필요하게 되면 국가가 나서서 노인시설 등에서 부양서비스를 제공한다.

세 번째 축은 시장이다. 복지는 국가가 직접 제공하기도 하지만 민간시장에서도 제공하고 있다. 예를 들면 국민연금의 보험료는 정부

〈표 1-2〉 복지를 생산하는 세 축

중심이 되는 축	해당되는 나라들
가족과 지역사회	저개발 국가, 남반부 국가
국가	구 동유럽 국가, 북유럽 국가
시장	미국

* 출처: Evers (1988:27) ; J. Baldock (2003:17) 에서 재인용.

가 부과하지만, 연금기금의 운용은 금융시장에서 이루어진다. 이 점에서 시장은 사회복지와 연결된다. 건강보험의 경우도 보험재정은 정부가 통제하지만 진료는 의료기관에서 이루어진다. 기업이 사회공헌 차원에서 민간복지 활동을 펼치는 것도 시장의 역할과 관련이 있다.

전반적으로 북반부에 위치한 국가들의 경우 가족보다는 국가와 시장의 역할이 강하게 나타난다. 미국의 경우는 시장중심적인 성향이 짙고, 구 동구권의 경우는 국가가 주된 역할을 수행하였다. 이에 비해, 남반부에 위치한 국가나 저개발 국가들의 경우에는 가족과 지역사회가 복지의 주된 공급자 역할을 수행하고 있는 것이 현실이다.

복지는 가족과 지역사회, 국가, 시장의 세 축이 혼재되어 있는 속에서 이루어진다. 이 중 어느 축의 역할이 강하냐 하는 것은 그 나라의 역사, 문화, 정치적 상황, 경제여건에 따라 달라진다.

5. 사회정책의 정치학

1) 사회정책과 정치

사회정책은 정치과 밀접히 연관되어 있다. 정당은 당 정책을 발표하고 총선에서 국민의 지지를 호소한다. 또, 집권하면 이를 지켜야 할 정치적 의무도 생긴다. 시민단체, 노조, 전문가 집단, 이익단체들은 각자 자신의 입장을 관철시키기 위하여 정치적 노력을 기울인다. 이처럼 사회정책은 국민생활과 직결되어 있고, 이해관계도 복잡하기 때문에 항상 최고집권자의 뜻대로 추진되는 것은 아니다.

보건개혁을 예로 들어보자. 미국의 경우, 클린턴 대통령이 1992년 추진하였던 개혁은 보건의료의 사각지대에 놓인 취약계층(4천만 명, 전체 인구의 15%)에게 건강보험을 제공하는 것이었다. 그러나 미국의 의사회와 민간보험회사들의 반대와 방해에 가로막혀 뜻을 이루지 못하였다. 1960년대 이후로 막강해진 보건산업계의 힘도 큰 작용을 하였다.

한편, 영국은 1948년 모든 국민들에게 무상으로 의료서비스를 제공하는 국가보건서비스(NHS)를 실현하는 데 성공했다. 그 성공요인은 집권당이 미국의 민주당에 비하여 강력한 힘을 가졌고, 당시 영국 의사들의 정치적 힘이 미국 의사들에 비하여 미약하였기 때문인 것으로 풀이된다. 미국헌법이 대통령의 권한을 통제해 놓은 것도 과감한 개혁을 추진하기 어렵게 만든 요인이라고 할 수 있다.

그렇다면, 누가 정책결정에 주도적인 영향을 행사하는가? 권력의 핵심은 사회적인 상황에 따라 달라질 수 있을 것이다. 여기서는 정책결정에 영향력을 행사하는 4가지 세력을 소개하기로 한다.

첫째는 다원주의자(*pluralist*)로, 미국 정치학자들의 견해와 관련이 있다. 현대사회는 이해관계가 다양한 개인과 집단이 존재하는 다원주의

사회이고, 다양한 이해관계를 대변하는 정치세력들(국회의원 포함)이 있기 때문에, 사회정책은 이해집단간의 이해관계가 녹아들어 있다는 것이다.

둘째는 엘리트(*elites*)로서, 특별한 교육과 경험을 가진 개인이나 집단(흔히 관료집단이라고 부른다)이 건전한 상식을 가지고 정책을 구상하고 입안하고 집행한다는 것이다. 예를 들면 프랑스 공무원들은 국립행정학교(*Ecole Nationale d'Administration*) 졸업생 중에서 선발된다. 영국에서는 공무원들이나 정치인들이 대개 공립학교를 거쳐 옥스퍼드 대학이나 케임브리지 대학을 나온 이들(이들을 Oxbridge 출신이라고도 부른다)이다.

세 번째는 조합주의자(*corporatist*)로서, 사회정책은 문화적 동질성을 가지고 있는 엘리트들에 의하여 결정된다는 것이다. 문화적 동질성을 가지고 있는 엘리트들은 세 곳에서 나오는데, 기업, 노동계, 정부가 그것이다. 유럽연합에서 '사회적 파트너'(*social partners*)라고 불리는 이들은 노사정을 대표하여 협상을 벌여 사회정책을 조율한다. 노사정 협상은 스웨덴, 독일, 프랑스 등 유럽에서 전형적으로 일어나고 있다.

마지막으로는 마르크스주의자(*Marxist*)이다. 마르크스 이론에 의하면 우리 사회의 엘리트는 경제적 권력을 거머쥔 집단 하나일 뿐이며, 사회정책은 이들의 구미에 맞게 결정된다. 사회갈등은 기득권 계층인 경제적 강자와 그것을 빼앗으려는 경제적 약자 간의 투쟁이며, 사회정책은 이러한 투쟁의 산물이다.

2) 사회정책의 변수

일반적으로 사회정책은 정치, 경제, 문화 등 다양한 사회환경의 영향을 받는다. 그러나 사회정책이 사회환경을 바꾸는 경우도 있다.

〈표 1-3〉 사회정책의 결정요인

구 분	사회정책 (예시)
사회인구학적 요인	저출산 고령화대책, 국민건강증진대책
정치적 요인	과거사청산, 광주민주화 운동보상
경제적 요인	양극화대책, 연금개혁, 실업대책
문화적 요인	문화재보호, 문화진흥, 한류지원
환경적 요인	기후변화협약, CO_2 저감화대책

과거 '인구증가 억제시책'은 출산율 감소뿐 아니라 여성의 경제활동을 촉진시키고 소자녀출산을 선호하는 사회적 풍조를 조성하였다.

둘 이상의 요인이 복합적으로 나타난 사회정책도 있다. 기초노령연금의 경우, 인구고령화라는 사회인구학적 요인과 노인층의 지지를 확보하기 위한 정치적 요인이 같이 작용하여 생긴 정책이다.

담배가격 인상을 통해 흡연율을 줄이고 인상된 담배부담금으로 보건사업재원을 마련하려는 정책은 분명 보건정책이지만, 물가에 영향을 미치는 측면이 있어 경제적 요인과도 맞물려 있다. 2005년 보건복지부가 담배가격을 1천 원 인상하려는 계획을 추진했으나, 물가에 부담을 준다는 이유로 경제부처가 강력히 반대하여 5백 원 인상으로 조정된 바 있다.

3) 사회정책의 결정자들

앞서 설명한 것처럼 사회정책의 결정자들은 다양하다. 사회정책의 결정자들을 크게 보면 정책고객(정책대상자)과 정책입안자인 관료로 대별되지만, 이 양자 사이에는 무수한 역할수행자들이 끼어있다. 정당, 언론, 시민사회단체, 노조, 기업, 전문가, 종교단체 등이 그 것이다. 이들은 정책결정의 초기단계에서부터 참여하여 영향력을 행사하기도 하고, 입안예고 등 중간과정에서 의견을 개진하기도 한다. 또, 결정된 이후에 문제점을 들어 결정을 백지화하라고 요구하면서 농성도 한다. 어떤 경우에는 이들의 사회적 압력에 시행을 보류하거나 정책결정내용을 재검토하기도 한다. 한두 사람의 개인적 영향력이 강하게 작용하는 일도 있다. 이들이 국회의원들이나 정당과 연합하여 조직적으로 활동할 경우, 이들의 영향력이 더욱 커진다.

요즈음 정책결정과정에서 불필요한 혼선을 줄이기 위하여 위원회 등에 민간단체와 전문가들을 참여시키는 경우가 많다. 그러나 이 경우에도 위원회에서 결정된 정책들이 나중에 관련단체의 반대로 말미암아 순항을 하지 못하는 일들도 생기고 있다. 민주주의는 개인의 자유와 권리를 최대한 보장하는 것이지만, 다수의 이익보다 소수의 과격한 행동으로 정책이 표류하는 일이 생기기도 한다. 민주주의의 비효율을 최소화하기 위해서는 투명한 절차와 함께 결정된 사항에 대해서는 이를 존중하는 풍토가 조성되어야 할 것이다.

4) 사회정책과 신사회운동

사회운동의 규모와 형태는 다양하다. 미국산 쇠고기수입 재협상을 요구한 촛불집회와 같이 수만 명이 참여하는 대규모 사회운동이 있는가 하면, 수십 명이 참여하는 작은 시위도 있고, 1인 피켓시위도 있다. 어떤 것은 법의 테두리 안에서 일어나며, 어떤 것은 불법적이거나 은폐된 형태로 이루어진다. 사회운동은 특정그룹에 속한 사람들의 이해관계 때문에 일어나는 것도 있지만, 사회적 공론을 만들어가려는 이념적 의도를 가지는 경우도 있다. 사회운동이 발생하면 이에 맞서는 대항운동이 생기기도 하고, 이념과 생각이 다른 집단들이 부딪치는 일도 생긴다.

지난 30년간 사회운동은 전세계에서 폭발적으로 확산되었다. 1960

년대와 1970년대에는 민권운동과 여성운동이, 1980년대에는 반핵운동과 환경운동이, 1990년대에는 동성애운동이 있었다. 이들 운동들을 일컬어 '신사회운동'(*New Social Movement*)이라고 부른다(Baldock et al., 2003).

신사회운동이 성장하게 된 것은 시민들이 지구온난화, 환경훼손, 유전자변형 농산물, 광우병, 개인정보 침해 등 새롭게 등장하는 잠재적 위험에 대하여 기존의 정치가나 정치제도가 무력하게 대처한다고 보기 때문이다. 따라서 시민들은 자신이 선출한 국회의원들에게 이러한 문제를 맡기지 않고 집단행동에 참여하여 이런 문제들을 직접 해결해야 하겠다는 생각을 하게 되었다. 그리고 이러한 생각이 오늘날 신사회운동의 추진동력이 되었다. 사람들은 점차 도덕적 문제에 주목하게 되고, 이를 자기 삶의 중요한 부분으로 옮겨놓는 방법으로 사회운동에 참여하고 있다.

미국의 하워드 라인골드(Howard Rheingold)는 《똑똑한 군중》(*Smart Mobs*, 2002)이란 책에서 인터넷과 핸드폰으로 무장한 똑똑한 군중이 정당이나 정치인들을 무시하고 정부 및 대통령과 직접 소통하려고 하는 '신 직접민주주의'가 다가온다고 하였다(박영숙, 2008). 영국 정부는 〈2020 보고서〉에서 대의민주주의 200년의 수명이 다하고 이제 국민들이 직접 정치현장에 참여하는 민주주의로 갈 것이라고 예견하였다. 여하튼 직접적 의사소통을 추구하는 신사회운동은 오늘날 민주주의의 새로운 모습으로 나타나고 있고, 정치운동에 활력을 불어넣는 데 일조하고 있다. 정당정치, 의회정치 제도를 견제하고 보완하는 기능을 수행하는 신사회운동은 이제 시민사회운동의 새로운 형태로 떠오르고 있다(권태환 외, 2001).

6. 사회정책의 이데올로기

1) 복지국가 이론

왜 복지가 가장 산업화된 국가에서 먼저 발달했을까? 국가마다 복지모델이 다른 이유는 무엇일까? 오랜기간 동안 복지국가의 발전을 설명하려는 많은 이론들이 제기되었다. 마르크스주의자들은 복지가 자본주의체제를 유지하기 위한 것으로 보는 반면, 기능주의 이론가들은 복지가 산업화사회를 잘 통합시켜줄 수 있을 것으로 믿는다. 다른 여러 시각들도 있지만, 다음에 소개하는 마셜(Marshall)과 요스타 에스핑안데르센(Gosta Esping-Anderson)의 이론이 가장 영향력 있는 복지국가이론으로 알려져 있다(Giddens, 2001).

(1) 마셜 : 시민권

마셜은 1960년대의 그의 저작에서 복지를 '산업사회의 성장과 함께 발달한 시민권의 결과'라고 보았다. 마셜은 영국의 시민권 진화과정에 입각하여 시민권의 세 단계를 설정하였다. 1단계인 18세기는 시민권이 처음 확보된 시기로, 언론 사상 종교의 자유, 소유권, 사적 자유, 공정한 법적 권리(*civil rights*)가 보장되었다. 2단계인 19세기에는 투표권, 공적 권리, 정치적 과정에 참여할 수 있는 정치적 권리(*political rights*)를 얻었다. 3단계인 20세기에는 교육, 보건, 주거, 연금, 경제적·사회적 안전에 대한 사회적 권리(*social rights*)를 얻었다. 사회적 권리와 관련된 시민권은 만인평등이라는 개념을 크게 발전시켰다. 마셜은 사회발전을 위한 가장 좋은 조건은 경제적 자유와 사회적 권리가 잘 조화될 때 만들어진다고 보았다. 경제적 자유가 지나치면 정치적 정당성이 무너지고 사회적 재생산이 깨어져

경제의 안정성이 훼손된다고 보았다. 이와 반대로, 경제적 · 사회적 개입이 지나치면 경제활력이 손상된다고 보았다. 따라서 마셜은 경제성장, 정치발전, 사회통합 삼자간의 적절한 균형이 필요하다고 지적한다.

마셜의 견해는 어떻게 하면 시민권을 보다 활동적으로 펼칠 수 있는지에 대한 논쟁에 큰 영향을 미쳤다. 그러나 몇 가지 제한점을 가지고 있다는 평가를 받고 있다. 첫째, 영국의 경우에는 들어맞지만, 다른 나라에서 복지가 발전한 과정을 설명하기에는 부족하다는 점이다. 또한, 인종, 종교적 신념과 같은 개인적인 영역에 대한 고려가 부족했다는 비판도 있다. 그리고 나라에 따라 실제 시민권의 행사내용이 달랐던 점에 대한 고려가 부족하다는 평도 듣고 있다.

(2) 요스타 에스핑안데르센 : 복지의 세 가지 유형

에스핑 안데르센은 1990년 그의 저서 《세 가지 유형의 복지자본주의》(*The Three Worlds of Welfare Capitalism*)에서 서구의 복지체제를 복지의 '탈상품화'(*decommodification*) 정도에 따라 아래와 같이 세 가지로 분류하고 있다. 탈상품화란 복지서비스가 시장으로부터 어느 정도 자유로운가를 의미한다. 탈상품화가 높다는 것은 복지가 공적으로 공급되고 다른 상품과 달리 시장에서 사고 팔리지 않는다는 것이다. 반대로, 탈상품화가 낮다는 것은 복지가 일반 재화나 서비스처럼 시장에서 거래된다는 것이다. 에스핑안데르센은 탈상품화의 정도를 가지고 복지제도를 다음과 같이 나누고 있다.

① 사회민주주의

복지가 크게 탈상품화되어 있다. 복지사업은 국가가 직접 제공한다. 그리고 모든 시민에게 복지혜택이 돌아간다. 대부분의 스칸디나

〈표 1-4〉 탈상품화와 복지제도

구 분	탈상품화 정도	대표적 국가
사회민주주의	높은 수준	북 유럽국가
보수적 조합주의	중간수준	프랑스, 독일
자유주의	낮은 수준	미국

* 자료: Giddens(2001), Baldock et al.(2003).

비아 국가들이 사회민주주의 복지국가들이다.

② 보수적 조합주의

복지가 비교적 높은 수준으로 탈상품화되어 있다. 그러나 복지가 모든 시민에게 돌아가는 것은 아니며, 복지수혜의 정도는 사회적 지위에 따라 결정된다. 사회의 안정성과 강한 유대, 국가에 대한 충성이 복지제도의 목표이다. 보험방식의 복지제도를 가진 프랑스나 독일이 이에 해당된다.

③ 자유주의

복지는 크게 상품화되어 있고 시장에서 구입할 수 있다. 가계상황 등 생활실태를 조사하여 복지대상자를 선정한다. 복지대상자들은 시장에서 복지서비스를 구입하기 때문에 주위로부터 낙인이 찍히게 된다. 미국이 대표적인 자유주의 복지국가이다.

2) 좌파, 우파, 중도파

(1) 좌파(*The Left*)에 대하여

좌파의 이념적 뿌리는 카를 마르크스(Karl Marx)에서 시작된다. 좌파사상은 19세기부터 20세기 초반까지 유럽의 노동운동을 이끌었던 지배적인 이데올로기이다. 좌파사상의 관심사는 재화와 서비스의 평등한 분배이다. 그러나 이를 실행하는 수단에 대해서는 마르크스와 생각이 다르다. 마르크스는 강력한 힘과 권위를 가진 정부가 있어야 평등한 분배가 가능하다고 보았는 데 비해, 좌파는 민주적 의회메커니즘을 강조하고 있다. 우선 대중이 의회권력을 확보하고, 의회 민주주의를 통하여 시장주의 자체를 정책대안에서 아예 배제하는 노력을 기울여야 한다는 것이 좌파의 입장이다. 2차 대전 이후 스웨덴이 유럽 좌파의 영향을 받은 것으로 평가되고 있다.

(2) 우파 (*The Right*)에 대하여

18세기 경제학자 아담 스미스(Adam Smith)가 저술한 《국부론》과 19세기 사회학자 스펜서(Spencer)와 섬너(Sumner)가 주창한 '사회진화론'(*Social Darwinism*)이 우파 사회철학의 기원이다. 우파의 생각은 오늘날 세계경제질서를 주도하고 있는 세계은행(World Bank), 국제통화기금(IMF), 경제협력개발기구(OECD)의 입장과도 일맥상통한다.

사회진화론에 의하면, 사회경제적 성공은 개인이나 집단이 경쟁적인 산업사회에서 스스로 얼마나 잘 적응하여 생존하였는지에 달려있다. 우파는 이러한 사회진화론에 입각하여 "사회는 이러한 과정을 거쳐 진화해 가는 것이므로 외부의 개입은 불필요하며 오히려 부작용만 일으킬 뿐이다"라고 생각하고 있다.

오늘날 전통우파의 사상은 조금 수정되어 '뉴 라이트'(*New Right*)의 이름으로 부활하였다. '뉴 라이트'의 사상을 요약하면 다음과 같다.

① 문제가 없는 완전무결한 사회는 없기 때문에 기회의 제공과 법적인 권리보장을 위해서 노력하여야 한다.
② 개인의 자유는 매우 소중한 가치이며 존중되어야 한다.

③ 시장이 가장 문제해결 역할을 잘하기 때문에 정부는 개입을 최소화해야 한다.

(3) 중도파(*The Middle*)에 대하여

중도파의 스펙트럼은 극단적인 좌파와 우파 사이에 넓게 분포하고 있다. 마셜(1963)은 인간사회를 '(하이픈으로) 연결된 사회'(*Hyphenated Society*)로 보았다. 그리고 중도파를 '민주적 복지자본주의'(*Democratic-Welfare Capitalism*)라고 명명했다. 중도파는 기본적으로 "사회정책은 현대사회의 산업화를 잘 작동하게 하기 위한 필수적 요소(*essential element*)이다"라고 생각한다. 시장실패로 인한 문제점들을 실용주의적으로 해결해나가는 것이 복지국가라는 것이다. 이러한 점에서 중도파의 정책이념을 '복지국가의 기능주의 모형'이라고 부른다.

중도파는 정부정책이 의도하지 않았던 결과를 가져오는 것에 대하여 조심스러운 입장을 취하고 있다. 근로인센티브를 악용한다거나, 대상자들이 빈곤의 함정에 빠진다거나, 부정수급을 받기 위해 거짓말을 한다거나, 정작 보호받아야 할 대상자가 누락된다거나 하는 것 등에 대하여 민감한 반응을 보인다.

중도파는 기존의 좌파와 우파를 넘어서 새로운 길을 모색하려고 하였다. 그래서 종종 '제3의 길'(*The Third Way*)로 불리기도 한다. 제3의 길에는 여섯 가지 차원이 있다(Giddens, 1998, 2001).

첫째, 정부의 개편이다. 빠르게 변화하는 세상에 적응하기 위하여 능동적인 정부가 필요하지만, 상의하달식 관료주의나 국가정책에만 매달려서는 안 된다. 민간기업 부문에서의 경영방식이 정부에도 도입되어야 공공부문이 활기를 찾을 수 있다.

둘째, 시민사회의 육성이다. 정부와 시장의 역할만으로는 후기 근대사회의 문제를 해결하기 어렵다. 국가와 시장 영역과는 다른 시민사회가 강화되어야 한다. 자발적 집단이나 가정이 참여하여 공동체의 문제를 같이 해결하여야 한다.

셋째, 경제개편이다. 정부규제와 탈규제를 적절히 조화시킨 새로운 혼합경제를 추구한다. 탈규제만이 성장의 유일한 길이라는 신자유주의의 견해를 배척한다. 정부의 규제도 필요하다.

넷째, 복지국가의 개혁이다. 복지서비스를 제공하여 약자를 보호하는 것이 매우 중요하지만, 효율을 향상시키기 위한 개혁도 필요하다.

다섯째, 생태학적 근대화이다. 제 3의 길은 경제발전과 환경보호가 양립불가능하다는 견해를 배척한다. 환경을 보호하면서 동시에 일자리를 창출하고 경제성장을 이룰 수 있는 다양한 방법들이 존재한다.

여섯째, 세계체제의 개혁이다. 세계화의 시대에 제 3의 길은 새로운 형태의 세계기구를 추구한다. 범세계적 기구들을 통하여 글로벌 민주주의를 이루고, 글로벌 경제를 조정할 수 있다.

중도파의 목표는 공평과 균형이다. 그래서 중도파의 목표는 "흠잡을 데가 없어 다투기가 곤란하다"는 평(George and Wilding, 1994: 73)을 받고 있기도 하지만, 보수주의자들은 "내용이 없고 구체적인 정책대안이 빈약한 정치적 제스처"라고 비판하고 있다.

(4) 주요 정책가치에 대한 좌파와 우파의 쟁점

① 니드(*Needs*)와 선택권(*Choice*)

분배문제에 대한 좌파의 기준은 니드(*needs*)이다. 니드는 시장이나 가족이 제대로 챙겨줄 수 없기 때문에 국가가 개입하여 해결해주어야 한다고 생각한다. 가령 저임금으로 생활이 곤란 계층은 국가가 나서서 기본적인 생활을 보장해주어야 한다.

반면, 우파는 니드보다는 선택권(*choice*)을 강조한다. 선택권을 강조하는 우파의 논리는 다음과 같다.

- · 니드는 사람마다 다양하여 파악하기 힘들기 때문에 시장이 맡는 것이 좋다.
- · 시장은 니드를 충족시킬 수 있는 다양한 수단을 제공하고 있기 때문에 언제 어디서든 돈만 있으면 문제 해결이 가능하다.
- · 국가가 개입하면, 시장이 망가지게 된다.

그러나 이에 대하여 좌파는 다음과 같은 논리로 우파의 논리를 공격하고 있다.

- · 돈이 없는 이들은 시장에 접근할 수가 없다.
- · 설사 돈이 있더라도 잘못된 선택으로 스스로를 망칠 수 있으므로 국가가 개입하여야 한다.

② 권리(*Rights*)와 의무(*Obligations*)

좌파는 '적극적 권리'(*positive rights*)를 참된 권리로 생각한다. 적극적 권리는 자신의 생존을 위하여 국가나 사회에 요구할 수 있는 권리로, 예를 들어 건강권, 복지청구권 같은 것이다. 장애인, 여성, 소수인종, 미래 세대가 차별 없이 동등한 서비스를 받을 수 있는 권리도 이에 해당된다. 이에 비해, 우파는 적극적 권리보다 '소극적 권리'(*negative rights*)를 강조한다. 소극적 권리는 정부의 간섭이나 규제로부터 자유로울 권리를 의미한다.

의무에 대하여도 좌파와 우파는 생각이 다르다. 권리에는 이에 상응한 의무가 따른다는 점에서는 좌파와 우파가 차이가 없지만, 의무의 범위에 대하여는 차이가 있다. 개인이 법질서를 지키고 자신을 위하여 최선을 다하는 것이 우파의 입장이라면, 좌파는 한 걸음 더 나아가 사회나 국가에 대하여 기여하는 의무까지 기대하고 있다.

③ **사회 정의**(*Social Justice*)

사회정의에 대해서도 양자의 생각은 다르다. 정의는 곧 분배의 문제로 귀속되는데 어떠한 기준으로 분배하는 것이 정의로운 것인지에 대하여 기준이 다르기 때문이다. 사람의 앞일을 알 수가 없기에 고통을 덜 겪기 위해서 부와 소득에 대한 큰 격차 없는 비교적 평등한 사회를 선택하는 것이 정의의 개념일 수도 있다. 존 롤즈(John Rawls, 1972)의 사회정의는 한정된 재화를 어떻게 잘 분배하느냐에 대한 관심에서 시작되었고, 기본적으로 좌파의 이데올로기와 일맥상통한 점이 있다.

그러나 부를 추구하다가 빈곤의 파멸에 빠질 수도 있고, 재능만 있다고 하여 다 부자가 되는 것도 아니다. 따라서 "인간사에서 불평등은 불가피하며, 열심히 일하도록 동기를 부여하는 데 불평등이 오히려 도움이 된다"라는 것이 우파의 시각이다. 우파의 시각에서는 정의란 것은 법이 보장해 주는 것이다. 다시 말해 법을 위반하지 않았으면 정의에 어긋나지 않은 것이다. 그리고 본인의 능력이나 업적에 따른 정당한 보상을 해주는 것이 정의이다. 다만, 본인이 자신의 능력을 발휘할 기회를 가로막는 것은 정의로운 일이 아니다. 따라서 능력을 발휘할 수 있도록 해주는 '기회의 평등'(*equality of opportunity*)은 우파의 핵심이념이자 가치이다. 근로기회, 교육기회, 취업기회, 주택 공급기회 등이 균등하면 사회정의가 실현된 것으로 보는 것이다.

반면, 좌파는 기회의 평등보다는 '결과의 평등'(*equality of outcome*)을 중시한다. 결과의 평등은 정부가 개입한 이후 복지수준에 있어 계층 간 차이가 얼마나 개선되었는지를 보는 것이다. 계층 간 복지수준 차이가 정부개입 이후에도 줄지 않으면 정의로운 정책이 실현되지 않았다고 본다. 반대로, 정부개입 후 계층간의 격차가 개선되었으면, 사회정의가 작동한 것으로 평가한다. 좌파의 사회정책에 대한 관점은 "설사 같은 기회가 제공된다고 하더라도 어차피 불평등은 발생하기 때문에 현실적으로 생긴 불평등을 치유하는 것이 국가의 책무"라는 것이다.

④ 시민권(*Citizenship*)과 사회적 지위(*Status*)

좌파에 있어서 시민권은 복지국가를 통해 구현된 연대감(*solidarity*)을 기초로 한다. 따라서 시민권을 가지기 위해서는 지역사회의 구성원으로서 동질감을 가지고 책임과 의무를 다해야 한다. 지역사회 구성원으로서 참여하는 것이 지역주민의 핵심요건이므로 이에 끼지 못하면 소외계층이나 빈곤계층이 되고 마는 것이다(Townsend, 1979).

이에 비하여 우파는 시민권이란 "법이나 정치제도에 의하여 결정되는 것일 뿐, 사회적 지지와는 무관하다"라는 입장이다. 왜냐하면, 지역사회 내에는 권력, 사회계층, 사회적 지위가 다른 사람들이 같이 살고 있고, 또 이들이 사회적 지위에 따라 끼리끼리 모여지내고 특정한 집단을 배제하기도 하기 때문에 지역사회 멤버십이란 것은 애초부터 기대하기가 어렵다고 보기 때문이다.

〈표 1-5〉 좌파와 우파의 비교

구 분	좌파 (*The Left*)	우파 (*The Right*)
권리의 개념	적극적 권리	소극적 권리
의무의 개념	타인과 사회에 대한 기여	- 자신에 대하여 충실 - 법률 준수
평등의 개념	결과의 평등	- 기회의 평등 - 법적 평등
사회 정의	필요에 의한 분배 (*equal treatment for equal needs*)	법적 기준, 능력, 업적에 따른 분배
분배의 기준	니드(*needs*)	선택(*choice*)
시민권의 요건	지역사회 참여 (*community membership*)	법과 정치제도에서 정한 기준

지금까지 몇 가지 핵심적 항목을 가지고 좌파와 우파의 생각을 비교해 본 결과, 좌파와 우파는 중요한 사회가치에 있어서 입장이 서로 다름을 알 수 있다. 앞서 설명한 것을 간략히 정리하면 〈표 1-5〉와 같다.

7. 매스미디어와 사회정책

현대사회는 매스미디어의 사회이다. 텔레비전, 라디오, 신문, 인터넷에 이르기까지 대양한 매체가 정보를 제공하고, 사회적 이슈에 대한 해설까지 제공하고 있다. 대중들은 자신도 모르게 매스미디어가 제공하는 정보를 토대로 매사를 판단하게 된다. 이렇듯 매스미디어가 사회를 이해하는 데 결정적 역할을 하기 때문에, 언론기관이나 언론인들은 어느 권력기관보다 더 강한 권력을 행사하고 있다.

특히, 사회정책은 국민들의 실생활과 직결되어 있기 때문에 정책체감도가 매우 높고, 사회정책은 그 어느 정책보다도 매스미디어의 영향을 많이 받는다.

1) 매스미디어와 국민여론

매스미디어는 국민여론에 어느 정도 영향을 미칠까? 매스미디어는 다양한 프로그램을 통하여 사회적 이슈를 만들어낸다. 그리고 그 이슈를 다루는 시간이 길면 길수록 국민의 관심은 더 증폭된다. 예를 들면, KBS TV의 〈환경스페셜〉이란 프로그램은 환경문제의 중요성에 대한 국민의 관심을 불러일으킨 바 있다. 이 점에서, 매스미디어는 국민여론을 조성하는 기능을 가지고 있다.

그러나 매스미디어가 국민여론과 동떨어진 이슈를 만들어내는 것은 아니다. TV 시청률, 인터넷 등을 통하여 나타나는 대중의 반응 등을 살펴 프로그램을 꾸미기 때문이다. 실제 국민정서와 맞지 않는 내용으로 방송편성을 했다가 비난을 받고 프로그램을 중도 하차시킨 사례가 허다하다. 이 점에서 국민들은 매스미디어의 영향을 받기도 하지만, 매스미디어에게 영향을 미치고 있다.

2) 매스미디어와 정책결정

매스미디어는 초기 정책입안 단계에서 영향력을 행사하는 경우가 많다. 이해관련 단체나 압력집단에서 매스미디어의 관심을 얻기 위하여 여러 가지 형태의 행동을 취한다. 토론회와 같은 온건한 형태에서부터 집회와 같은 과격한 방법도 활용한다.

특정한 정책을 놓고 찬반양론이 격돌할 경우, 이는 매스미디어에는 좋은 소재가 된다. 토론 프로그램은 엇갈린 여론을 정리하는 긍정적인 측면이 있다. 때때로 매스미디어는 이러한 프로그램을 통하여 서로 다른 의견을 조정하는 역할을 수행하기도 한다.

매스미디어가 독자적인 고발 프로그램이나 문제제기를 통하여 대중의 관심을 불러일으키고, 정책에 영향을 미치는 경우도 허다하다. 이를테면 황우석 박사의 줄기세포 연구결과에 대한 한 방송사의 고발프로그램은 황우석 박사 신드롬을 잠재우면서 생식세포연구 윤리규정이 엄격해지는 결과를 가져왔다.

3) 인터넷과 대중여론

인터넷 매체도 무시할 수 없다. 인터넷 네티즌들의 반응은 공중파 방송 등 오프라인 매체의 보도와 연결되고, 이는 사회적 관심사로 확산된다. 방송이나 신문은 네티즌들의 반응에 민감하므로 오프라인 매체의 영향력이 점차 커져가고 있다.

방송과 신문이 일방적 의사소통 매체라면 인터넷은 쌍방향 의사소통 매체이다. 많은 사람들이 인터넷에 접속하여 자신들의 의견을 실시간으로 주고받기 때문에 의사소통의 공간이 광범위하고 여론형성 속도가 엄청나게 빠르다. 소중한 정보가 여러 사람에게 손쉽고 빠르게 전달될 수 있지만, 잘못된 정보가 일순간 여러 사람에게 전파될 수도 있다.

이런 특성 때문에 권위주의 정부는 인터넷의 확산과 온라인 활동이 국가권위를 무너뜨리고 정부정책을 위협하는 위험한 것이라고 받아들이고 있다. 중국정부는 중국 사이트와 외국 사이트 사이의 직간접적인 연결을 끊고 웹 검열을 통해 뉴스와 정보교환을 감시하고 있다. 미얀마 정부도 인터넷이나 이메일을 통해 정부에 치명적인 정보를 파급시키는 행위를 금지시켰다. 러시아 정부는 모든 인터넷 서비스 제공자들이 연방보안국의 감시를 받도록 의무화했다(Giddens, 2001).

8. 사회정책의 개혁

사회정책은 시대의 변화에 맞게 수정되어야 한다. 부분적으로 소폭 수정이 필요한 경우도 있지만, 때로는 전면적인 손질이 필요한 경우도 있다. 세계화 시대를 맞아 정책의 효율성과 국가경쟁력이 매우 강조되고 있고, 여러 나라들이 경쟁적으로 개혁작업을 진행하고 있다. 비효율적인 구조를 뜯어고치고, 비용 대비 효과를 극대화하기 위하여 정책을 리모델링하고 있다. 개혁작업을 추진할 때 유념하여야 할 사항을 다음과 같이 정리해 보았다.

첫째, 몇몇 전문가들의 생각으로 개혁을 성급하게 진행하여서는 안 된다. 사회정책은 전문적이고 기술적인 요소 못지않게 정치적 요소가 많다. 사회정책의 효과는 수학공식으로 계산을 낼 수 있는 것이 아니다. 사회정책은 국민을 대상으로 이루어지는 것이므로, 고객인 국민이 동의하거나 만족하지 않으면 아무 소용이 없다. 국민이 개혁에 대하여 피로감이나 거부감을 느끼면 그 개혁은 실패한 것이다. 따라서 개혁의 방향설정은 국민 눈높이에서 이루어져야 한다. 정책개혁은 임상실험과는 다르다. 국민들을 대상으로 선부른 정책실험을 하다가 실패하면 그 피해는 고스란히 국민들이 입게 된다.

두 번째로 유념할 사항은 개혁작업은 반드시 중간 중간에 그 성과를 수시로 평가해 보아야 한다는 것이다. 정책대상자나 국민들이 그 정책의 효과를 얼마나 피부로 느끼고 있는지를 조사하고 따져보아야 한다. 가치나 이념에 치우쳐 개혁작업을 추진하다 보면 국민들의 정서와는 동떨어진 '우리끼리의 개혁'이 되고 만다. 개혁은 명분도 중요하지만, 국민정서를 도외시해서는 성공할 수 없다. 국민들이 동참하고 지지하는 개혁작업을 수행하려면 반드시 성과에 대한 평가가 필요하다.

셋째, 공공적 성격을 가진 사회정책을 시장에 넘기거나 민영화할 경우, 시장이 가지고 있는 장단점을 잘 따져보아야 할 것이다. 더구나, 시장화 개혁이 급진적일 경우 더욱 신중하고 면밀한 검토가 필요하다. 개혁의 강은 한 번 건너면 돌아오기 어렵고, 다시 되돌아올 경우 엄청난 경제적 · 사회적 비용을 지불해야 하기 때문이다.

마지막으로, 개혁에는 의사소통이 필수적이다. 아무리 좋은 제도라도 국민들이 그 좋은 점을 제대로 깨닫지 못한 상태에서 추진하면, 개혁의 첫 발을 내디디기도 어렵다. 개혁은 속도 못지않게 사회적 합의와 공감대가 중요하다. 국민들이 개혁의 불가피성을 이해하고 지지를 해주도록 충분한 절차와 과정을 거쳐야 한다. 유럽의 여러 나라들이 수년에 걸쳐, 때로는 정권이 몇 차례 바뀐 이후에 연금개혁이 이루어진 사실을 눈여겨볼 필요가 있다.

제 2 장

사회변화와 보건복지의 미래

오늘날 우리 사회는 여러 가지 변화를 겪고 있다. 세계화, 지방화, 정보화, 민주화, 초저출산, 인구고령화, 초 핵가족화, 위험사회의 등장, 사회적 질병의 증가와 의료의 상품화 등, 이 모든 것들이 보건복지정책과 밀접한 관련이 있다.

1. 세계화

세계화라는 용어는 이제 우리에게 매우 익숙해졌다. 세계화는 해외여행이 자유로워지는 개념으로 인식되기도 하고, 문화적 교류가 활발해지는 것으로 이해되기도 한다. 그러나 가장 중요한 세계화의 개념은 경제적 국경이 없어진다는 것이다. 《네이버 백과사전》은 세계화에 대하여 다음과 같이 설명하고 있다.

> 세계화는 그동안 달랐던 사회가 전세계적으로 서로 밀접한 관계를 갖게 되는 과정이다. 이 과정은 경제적, 과학기술적, 사회문화적, 정치권력과 맞물려 있다. 문명과 사회는 교류하고 충돌하면서 이익과 손해를 보기도 한다. 세계화는 강대국 중심의 세계질서의 재편이다. 이미 정치적, 경제적 권력을 지닌 강대국들이 구조적으로 취약한 제 3세계를 비롯한 타 국가들과 장벽을 허물고 시장을 확대한다. 이는 결국 제 3세계의 구조적 취약성을 더욱 더 강화한다.

분명한 것은 세계화로 국경 없는 시대를 맞았다는 점이다. 시장이 개방되고 상품과 서비스의 교역이 매우 활발해지고 있다. 개발도상국들이나 신흥공업국가들(NICs)은 경쟁력이 막강한 강대국들에게 대적하여 살아남기 위해서 몸부림을 쳐야 한다.

선·후진국을 막론하고 산업 및 기업의 구조조정이 빠르게 이루어지고 있다. 이 과정에서 경쟁력이 취약한 부문은 반드시 생기기 마련이다. 잘나가는 기업에 몸담고 있는 이들은 경제적 부를 즐기게 되는 반면, 취약한 부문에서 일하는 이들은 실직과 소득 감소를 겪게 된다. 대기업과 중소기업, 수출산업과 내수산업, 제조업과 서비스업, 정규직과 비정규직 간의 경제양극화 현상이 심화되고 있다. 사회 전체적으로도 빈부격차가 심화되고, 중산층이 얇아지는 양극화 현상이 발생하고 있다.

1999년 유엔에서 발간한 〈인간개발 보고서〉는 오늘날 국제사회에서 양극화가 어떤 속도로 일어나는지를 잘 보여주고 있다. 유엔 보고서에 따르면, 가장 부유한 나라에 사는 세계인구 1/5의 평균소득이 가장 가난한 나라에 사는 1/5의 평균소득보다 74배가 더 크다. 1990년대 말 세계인구의 20%가 세계전체 소비의 86%를 차지했고, 82%의 수출시장과 74%의 전화회선을 차지했다. 세계 3대 억만장자들의 재산이 모든 저개발국가의 국민총생산과 거기에 살고 있는 6억 명의 재산을 합친 것 보다 더 많다. 세계적으로 부국과 빈국의 차이는 대략 1820년대에는 3 대 1 수준이었으나, 1913년에는 11 대 1, 1950년에는 35 대 1, 1992년에는 72 대 1로 커져가고 있다(UNDP, 1999). 세계화는 소수의 중심국에 소득과 부, 자원을 집중시켜 이러한 양극화 경향을 더 강화시키고 있다.

이러한 양극화 현상은 경제성장과 무관하게 만성적인 경제사회적 문제로 우리 사회에 자리 잡을 것으로 보인다. 세계화를 맞아 외국자본과 인력의 유입은 피할 수 없는 대세이다. 의료시장개방이 본격화되면서 외국의 의료기관, 약국, 제약회사들이 국내시장의 판도를 바꾸어 놓을 것이다. 유망산업으로 여겨지고 있는 노인산업도 외국자본의 관심이 될 것이다. 문제는 외국자본의 유입이 우리나라 보건 및 복지 시장에 어떤 영향을 미칠 것인지 알 수 없다는 점이다.

미국 투자은행 '메릴린치'(Merrill Lynch)가 2004년 발표한 〈세계부자 보고서〉에 의하면, 우리나라의 백만장자가 2003년 기준으로 6만 5천 명이다. 전년의 5만 5천 명보다 18%가 늘었다. 2003년은 내수가 침체하면서 경제성장률도 3.1%에 그쳤던 시기이다. 경기가 좋지 않았는데도 부자가 더욱 늘어났다는 사실은 소득양극화가 심화된 것을 의미한다. 보스턴 컨설팅그룹은 2005년 우리나라 부자들의 금융자산 규모가 대략 290조 원에 이르는 것으로 추정했는데, 이는 우리나라 한 해 예산의 두 배가 넘는 규모이다(LG 경제연구원, 2005).

양극화는 낙오집단 및 개인을 양산하여 사회범죄, 자살 등 사회병리 현상뿐 아니라 소득계층간의 갈등도 불러일으킨다. 현재 국제적으로 일어나고 있는 세계화는 막을 수 있는 변화가 아니다. 세계화를 못 막는다면 양극화는 생길 수밖에 없는 당연한 현상이고, 얼마나 심각하게 생기느냐가 문제이다. 급속한 경제성장을 거듭하는 중국은 지니계수가 이미 0.4를 넘어섰고 하루 1달러 이하로 생활하는 인구가 9천만 명에 이르고 있다고 한다. 산업화에 따른 도시와 농촌 간 지역격차도 심각한 상황이다. 농촌인구의 도시유입으로 인한 사회문제도 심각하다(한국보건사회연구원, 2004). 화려한 성장의 이면에 빈부격차, 실업, 빈곤 문제가 자리 잡고 있다. 우리나라는 지니계수가 중국보다 낮은 0.3 초반이지만 피부로 느끼는 체감 빈부격차는 매우 크다.

2007년 현재 우리나라의 기초생활보장 대상자는 155만 명으로 5년 사이에 약 20만 명이 늘었다(보건복지부, 2007). 내수부진으로 소득이 감소한 탓이다. IMF경제위기 이후 기업들의 구조조정으로 비정규직 비율이 48.4%까지 늘었다. 청년실업률도 7.2%로 올랐다. 비정규직 근로자는 일자리가 불안하고 봉급도 정규직의 절반 정도이다. 경기가 안 좋아지면 일자리를 잃을 가능성이 높고 빈곤층으로 추락할 가능성도 높다(LG 경제연구원, 2005).

세계화는 새로운 차원의 빈곤문제를 야기하고 있다. 우리나라의 빈곤문제는 이제 더 이상 절대적 빈곤문제에 머무르고 있지 않다. 경제발전이 어느 정도 진행된 지금은 빈부격차 또는 상대적 빈곤이 사회문제화 되고 있다. 노동시장의 공급과 수요의 격차가 벌어지면서 비정규직 근로자, 조기은퇴자 등의 일자리 문제와 청년실업의 문제가 고용정책의 현안으로 제기되고 있으며, 이 문제는 앞으로 더욱 심각해 질 것으로 보여 진다.

빈곤대책의 방향은 절대빈곤층의 내실 있는 보호와 사각지대를 해소하는 문제뿐 아니라, 빈곤추락을 예방하고 빈곤탈출을 돕는 정책에 주안점을 두어야 한다. 일자리 부족과 영세자영업자의 몰락현상은 우리 사회에 근로빈곤층(*working poor*)을 늘리고 있다. 일하는 근로인구도 불안정한 일자리로 인하여 소득이 안정되지 않고, 국민연금 및 고용보험의 미가입자로 남는 등 사회보험의 사각지대에 놓여 있다.

소득 하위계층의 전반적인 소득감소로 인하여 빈부격차를 나타내주는 지니계수와 소득5분위 배율은 악화되고 있다. 우리나라의 GDP 대비 사회보장비 지출 비율은 2003년 현재 7.87%를 기록하였으나, OECD 국가 중에서 터키와 멕시코를 제외하면 최하위 수준이다(보건복지부, 2007). 스웨덴은 30%를 넘었고, 미국과 일본도 15~20% 수준이다. 국민소득 1만 달러 시대의 서방국가들과 비교해도 우리나라의 GDP 대비 사회보장비 비율은 매우 낮은 수준이다.

현재 우리나라의 국가재정 중 복지분야가 차지하는 비율도 매우 낮다. 사회간접자본이 차지하는 비중은 선진국의 2배 수준이지만, 복지분야 지출은 선진국의 절반수준에 불과하다. 복지분야 지출비율은 26.6%로서 OECD 회원국 평균 51.7%에 비해 절반 수준에 불과하다

〈그림 2-1〉 GDP 대비 사회보장비 지출 비율(2003)

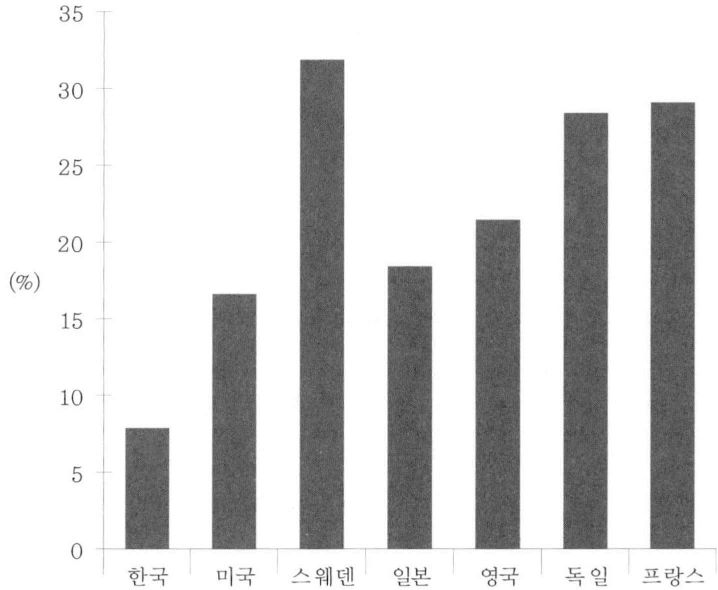

* 자료: OECD, *Social Expenditure Database 2005*.

(기획예산처, 2005). 의료, 교육 등 사회적 비용을 개인에게 부담시키는 문제를 해결하지 않으면 가계경제가 압박을 받고, 경우에 따라 가계가 파탄할 위험성도 있다. 향후 우리나라의 경제성장률이 5% 내외로 유지된다고 가정할 때 1인당 국민소득은 가까운 장래에 현재의 OECD 수준에 이를 것으로 예상된다. 이에 따라 정부재정의 가장 큰 부분도 복지분야가 될 것으로 보인다. 더구나, 고령화가 급속히 진행되기 때문에 복지지출이 OECD 평균치를 넘어설 가능성도 있다.

1인당 국민소득 1만 달러대에서 경제양극화를 맞아 상대적 빈곤현상을 겪게 된 우리나라는 빈곤대책 예산을 늘리지 않을 수 없는 형편에 처하게 되었다. 소요되는 재원을 어떻게 조달할 것인지가 이미 정

〈표 2-1〉 빈곤대책의 과제별 수단(예시)

과 제	주요 정책수단
빈곤층 보호의 사각지대 해소	· 기초수급대상자 선정기준 개선 · 대상자 특성에 맞는 최저생계 지원
빈곤요인의 사전 방지	· 의료비 부담경감 · 의료급여 제공
빈곤탈출을 위한 지원	· 일자리 제공, 창업지원 등 자활기반 조성 · 자녀 보육료 및 학비 지원 · 의료비 보조 및 주거 지원 (주거비 지원 및 임대주택 공급)

부의 중대한 고민거리가 되었고, 일찌감치 정치적 쟁점이 되었다. 부족한 복지재원을 조달하기 위해서는 국가재정 규모를 늘리는 것은 물론, 세출구조도 재편성해야 할 것으로 보인다.

서방국가들은 성장과 분배의 우선순위 논쟁을 이미 졸업했지만, 우리나라에서는 아직도 경제와 복지를 다른 영역 또는 상반된 영역으로 생각하는 경향이 있어 얼마나 더 논쟁을 하게 될 것인지 알 수 없다. 일단 신보수주의의 대표국가인 미국에서 시행하는 근로연계 또는 근로친화적 복지제도를 시행하는 데는 큰 거부감이 없을 것으로 보인다. 그러나 근로연계제도 시행을 계기로 일하지 않는 계층은 보호할 필요가 없다는 과격한 주장도 제기되고 있다.

2. 지방화

지방자치의 정치적 분권에 이어지는 분권은 재정적, 행정적 분권이다. 진정한 의미의 분권은 재정자립을 통하여 이루어진다. 지방정부의 독립적 재정역할 강화는 불가피하고, 당연한 방향이다. 그러나 지방자치단체 간의 재정격차가 해결되지 않아 지역간의 빈부격차가 생기고 있다.

지역간 빈부격차는 결국 노인, 아동, 장애인 등 취약계층에 대한 복지격차로 발전하게 된다. 전체적인 복지수준의 지역간 격차도 문제이지만, 복지대상자 간의 격차도 큰 문제이다. 노인, 장애인 등 목소리가 상대적으로 큰 계층에 대하여는 지방정부가 눈길을 돌리지만, 아동과 같이 목소리가 약한 계층은 소홀히 할 수 있기 때문이다.

복지의 지방화는 새로운 지역갈등을 낳고 있다. 지방자치단체에게 복지재정의 자율권을 부여하였지만, 그 부작용으로 지방자치단체의 지역이기주의가 발생하게 되었다. 지방자치단체는 자기 지역주민만을 위한 복지를 추구하게 되고, 그로 인하여 주소지를 옮기지 않고는 다른 지역에서 복지서비스를 이용하는 것이 거의 불가능해지는 '칸막이 현상'이 생기게 되었다.

복지의 지방분권화는 특히 참여정부 시절에 두드러졌다. 지방자치단체의 재정자립도 격차가 심하고, 지방자치단체의 복지 마인드도 성숙되지 않은 시점인 2005년에 67개 국고보조 복지사업이 지방에 전격 이양되었다. 그동안 국고보조사업으로 지원하던 중앙정부의 재정을 과거 지원실적과 담배소비세 예상수입 등을 따져 지방분권교부세의 이름으로 소요재원을 지방정부에 넘겨준 것이어서, 외형상으로는 합리적인 듯이 보인다.

그러나 총론적으로는 전체 금액이 엇비슷하게 맞지만, 각론으로 들어가면 지역간 사업간 격차가 드러나고 있다. 재정자립도가 좋은 서울을 빼면 대다수의 지역은 이전보다 상황이 나아진 것이 별로 없다. 대표적으로 정신보건시설, 장애인 이용시설, 노인시설에 대한 운영비 지원 사업을 지방정부의 몫으로 넘긴 것에 대한 불만이 제기되고 있다. 운영비 부담을 우려한 지방자치단체들이 이들 취약시설의 설치 자체를 기피하는 경향이 있기 때문이다. 또 다른 사례를 들면, 경로당 활성화 사업 같이 지방자치단체의 관심이 있는 사업은 예산이 400% 가까이 늘어났지만, 장애인시설 지원사업은 그 전보다 지원금액이 줄었다. 결과적으로 복지의 지역간, 대상간 격차가 심화되었다.

지방이양의 이면에는 중앙정부의 복지책임 회피의도가 깔려있다는 비난도 일고 있다. 분권화는 어차피 가야할 방향이고 이상적인 그림이지만, 속도조절이 필요한 사항이다. 시행하기 이전에 복지의 선진국가들이 어떠한 과정을 밟아 복지의 분권화를 이루었으며, 현재는 어떻게 하고 있는지를 살펴보아야 하는데, 지방분권이라는 명분에 치우쳐 이러한 점을 소홀히 하였다.

우리보다 지방정부의 재정형편이 낫고 지방자치의 역사가 깊은 유럽국가들이 사회복지시설에 대하여 아직도 중앙정부 지원을 계속하는 이유가 무엇인지, 미국의 연방정부가 자율권을 가지고 있는 주정부에게 일부 복지예산을 계속 보조하는 이유가 무엇인지 살펴보아야 할 것이다. 시행과정에서 나타난 문세점을 면밀히 검토하여 잘못된 부분은 바로잡아야 한다. 지방화라는 명분을 추구하다가 취약계층들에게 고통을 안겨주는 일이 있어서는 안 되기 때문이다.

3. 정보화

정보화는 21세기 3대 키워드 중 하나이다. 정보화 사회에서는 정보가 유력한 자원이 되고, 정보의 가공과 처리에 의한 가치를 중심으로 사회나 경제가 운영되고 발전한다. 우리나라의 정보화 속도는 매우 빠르다. 또, 인터넷 통신에 대한 국민적 관심은 대단하다. 그 결과 우리나라 정보통신산업은 2004년 연간 20.4%의 성장률을 기록하는 등 계속 두 자리 숫자의 고속성장을 거듭했으며, 국제적 위치도 선두 그룹에 속해 있다.

앞으로 당분간 큰 이변이 없는 한 우리나라의 정보통신산업은 계속 성장할 것이며, 우리 경제를 주도하는 역할을 수행할 것이다. 일상생활의 정보화는 물론, 교육, 보건의료, 복지, 행정 등 각 분야에서 정보화가 진행될 것이다. 그러나 정보화는 행정의 효율성을 촉진시키는 긍정적인 결과를 가져오지만, 한편으로 개인정보의 유출, 인터넷을 통한 신종 범죄의 출현, 정보격차로 인한 세대 간의 관계 단절 등 부정적인 결과도 초래한다.

특히 보건의료와 복지부문에 정보화의 진전이 내포하는 시사점은 매우 크다. 예를 들어 미국의 의료체계 관련경비는 1조 달러가 넘는다. 그 중 20~30%에 이르는 경비가 순전히 서류작업에 들어간다. 종합병원의 경우 전체 비용의 40~50%가 행정적인 데 쓰인다. 그럼에도 불구하고 매년 10억 건 내지 20억 건의 진료비 청구서 중 13% 가량이 잘못 작성되어 보험회사로부터 반송되고 있다고 한다.

이런 현실에 대해 빌게이츠(William H. Gates)는 그의 저서 《생각의 속도》(1999)에서 의료인들이 컴퓨터를 싫어한다고 꼬집으면서, 의료분야야말로 정보화가 시급하다고 지적한다. 컴퓨터를 통해 환자진료정보를 공유해야 불필요한 행정비용을 줄일 수 있다는 이유 때문이다.

빌 게이츠의 말을 굳이 인용하지 않더라도 보건의료의 정보화는 여러 면에서 이점이 있다. 우선, 위기상황에 대한 신속한 대응이 가능하다. 응급의료기관과 소방서가 정보공유를 하게 되면 정보통신망을 통하여 의사의 지도하에 현장 처치가 가능해진다. 환자에 대한 정보를 인터넷으로 얻으면, 검사 절차 없이 바로 처치에 들어갈 수 있고 실수도 막을 수 있다.

이러한 정보망은 복지부문에서도 필수적이다. 진료기록을 전산화하듯이 복지서비스의 기록도 전산화하여야 한다. 앞으로 복지대상자들은 고령화 등으로 인하여 획기적으로 늘어날 전망인 데, 이를 감당하기 위해서 비용효과적인 행정시스템 구축이 필수적이다.

최소한의 인력으로 많은 사람들에게 개별적인 서비스를 제공하기 위해서는 자료관리가 전산화되어야 한다. 한 예를 들면, 위기상황에 처한 가정과 개인을 신속하게 발견하기 위해서 현장확인이 필수적이지만, 현장확인을 위해서는 기초적인 자료가 필요하다. 사회보험료, 전기료 등의 공과금 체납상황, 고액 중증 질환으로 인한 의료비 지출실태, 금융기관의 신용상태, 나아가 민간 후원자의 유무 등이 바로 확인되어야 한다. 사회복지시설도 마찬가지이다. 시설운영의 투명성을 위해서는 지원금의 규모와 형태, 후원금 내역들이 전산으로 관리될 필요가 있다.

취약계층에 대한 정부지원의 중복을 막기 위해서도 대상자에 대한 체계적인 자료관리가 필요하다. 건강보험 및 국민연금의 보험료를 정확하게 매기려면, 소득 및 생활실태 파악을 하게 되는데, 이때 수집한 자료는 취약계층 보호사업의 중요한 자료로 활용될 수 있다. 반대로, 취약계층의 자료가 건강보험이나 국민연금의 자격관리 자료 등으로 활용될 수 있다.

이러한 점들을 고려해볼 때, 미래지향적인 사회복지 행정을 위해서 '공공부조 - 사회복지서비스 - 사회보험 - 조세 - 금융' 부문 간의 디지

털 공유자료 구축과 필요한 정보의 상호연계가 필요하다. 이 경우, 질병이나 소득수준 등 민감한 개인정보의 유출을 사전에 방지할 수 있는 대비책을 정보연계와 함께 강구하여야 할 것이다.

4. 민주화

민주화는 권력의 분산과 다원화된 의사결정을 가져왔다. 정부와 민간 부문 간에도 권력 균형이 생겨 새로운 관계가 형성되었다. 과거 권위주의적인 '지배 - 종속' 관계는 역사 속으로 사라지고, 수평적이고 대등한 관계가 형성되고 있다.

우리나라는 산업화와 함께 민주화를 성취한 나라로 평가된다. 민주화 과정을 거치면서 언론의 자유가 보장되고 정치적 활동도 활발해졌다. 그 결과 여러 이익집단들의 주장과 요구가 서로 부딪치면서 사회적 갈등이 생기고 있다. 정부에 대한 요구와 비판도 커져 이해와 설득을 위한 의사소통과, 투명하고 민주적인 의사결정이 중요한 정책과제로 떠오르고 있다. 정치권에서는 정당지지에 영향을 미치는 여론에 민감하게 대응하고, 시민단체, 언론, 노조의 정치세력화 현상이 두드러진다. 최근에는 사이버 공간을 통한 의사소통이 활발해지면서 정치적 의견을 직접 정부에 전달하려고 하는 새로운 움직임('신 사회운동'이라고도 불리고, '신 직접민주주의'라고 표현되기도 한다)이 나타나고 있다.

그러나 민간단체의 수가 늘고 다양해지면서 그들 단체 간의 경쟁과 갈등도 격화되는 것이 현실이다. 단체들 간의 이해관계가 대립되면서 갈등이 점차 만성화되고 있다. 한때 건강보험 통합을 놓고 이를 지지한 건강연대와 이를 반대한 범국민 대책회의와의 대립이 있었다. 이처럼 민간부문 내에서 이해관계와 이념이 다른 집단들이 서로 대립하는 일이 잦아지면서 정부의 역할도 이러한 이해관계자들의 주장과 요구를 조정하는 데 중점이 주어질 것으로 보인다.

지역사회에서는 주민참여가 증가하고 복지욕구도 다양해질 것으로 예상된다. 인기 위주의 선심정책에 가려 보건 및 복지에 대한 우선순위가 뒤쳐져 있고 주민참여도 미흡한 부분이 있지만, 보건복지에 대한 주민의 욕구가 성숙하면서 점차 주민의 눈높이에 충실한 행정이 이루어질 것으로 전망된다.

최근 들어 과열된 노동운동이 사회 곳곳에서 전개되고, 공공부문 종사자들의 노동쟁의가 이곳저곳에서 일어나는데, 이러한 현상은 얼마간 계속될 것으로 보인다. 그러나 보건의료, 사회보험 등 공공서비스 영역에서 일어나고 있는 불법행동이나 파업에 대하여 이를 비판하고 견제하는 시민세력이 형성되고, 그 결과 파업노조와 시민들 간의 갈등 현상도 생길 것으로 전망된다. 또한, '무임승차'와 '도덕적 해이'(*moral hazard*)에 대한 사회적 통제가 강화될 것으로 보인다. "민주주의의 우산 아래에서 권리만 누리고 의무는 회피하는 얌체족들 때문에 사회적 비용이 발생한다"라는 비판의 목소리가 높기 때문이다.

민주화 과정에서 노동조합, 시민단체, 이해관련 단체 등 비정부기구들(NGOs)의 위상이 크게 제고되었는데, 정책 입안단계에서 비정부기구들의 다양한 목소리를 수렴하려는 시도들도 이루어지고 있다. 국민의 정부 때 시작된 공직의 개방도 점차 확대되고 있다. 그러나 정부의 변화에도 불구하고 비정부기구들은 기본적으로 정부정책에 대하여 부정적인 입장에 서 있는 경우가 많다. 물론 반대할 수밖에 없는 이유가 있을 것이나 전략상 일단 강하게 반대해놓는 것일 수도 있다. 한편으로는 비정부기구의 정책연구역량이 성숙되지 않은 탓도 있을 것이다. 주민 스스로 의사결정을 하기 위해서는 합리적 분석과 판단이 필요한 데, 아직 비정부기구나 주민의 입장은 다분히 정서적인 데가 많다. 삶의 질 향상을 위하여 무엇이 가장 바람직스러운가, 지방정부의 결정은 무엇이 문제인가, 어떻게 감시하고 개선해야 하는가에 대한 지혜가 필요하다.

직접민주정치를 시행하는 대표적인 국가인 스위스의 경우, 유엔(UN) 회원국 가입과 같은 중요한 정책결정이나 찬반양론이 팽팽한 사안은 국민투표에 부친다. 투표로 한 번 결정하면 불만이 있어도 그 결정에 따른다. 우리의 경우, 여론수렴 과정이 많이 개선되었지만 아직은 공청회나 토론회 수준이고, 때로는 형식에 치우치기도 한다. 일단 다수결로 결정된 정책에 대해서도 계속 반대하여 정책의 일관성을 위협하는 경우가 많다.

풀뿌리 민주주의는 민주주의 꽃이라고 했다. 지역의 의사결정은 지역주민에게 맡기는 것이 가장 바람직하다. 그러나 의사결정을 현명하게 할 수 있는 역량도 민주주의의 절차 못지않게 중요하다. 이점에서 2005년 7월에 구성된 시군구 단위의 사회복지협의체는 복지자치의 중요한 시금석이라 할 수 있다.

지역사회복지협의체에서는 시군구의 지역복지계획 수립, 지역사회복지자원 동원 및 대상자 연계, 복지사업 모니터링 등 다양한 기능을 수행하도록 되어 있다. 민간과 공공, 보건과 복지 관련 인사들이 모여 중요한 결정을 하는 것이다. 1년 이상의 시범운영기간을 거치긴 했지만, 앞으로 지역사회복지협의체가 형식적 운영으로 유명무실화 될 것이지, 아니면 주민자치기구로서 선구자적 역할을 할 것인지는 전적으로 해당지역의 관심과 의지에 달려있다 할 것이다.

아직도 관주도적인 마인드를 가지고 있는 지방자치단체에서는 민간인들과 머리를 맞대고 정책을 결정하는 것을 부담스럽게 생각하는 것 같다. 한편으로는 잘하고 싶은데 마땅한 민간 위원을 찾기 어려운 지역도 있다고 한다.

5. 초저출산

여성들이 아이를 낳지 않는 '출산파업' 현상이 벌어지고 있다. 유럽연합(EU)의 각 언론들은 낮은 출산율이 유럽연합의 미래를 암울하게 만들 것이라고 경고하고 있다. 이탈리아의 출산율은 1.24명, 독일이 1.29명, 영국이 1.63명, 프랑스는 1.9명으로 모두 적정인구를 유지하기 위한 대체출산수준(*replacement level*)인 2.1명을 밑돌고 있다. 그러나 유럽연합은 우리나라에 비하면 덜 심각한 편이다.

우리나라의 2006년 현재 합계출산율은 1.13명으로 OECD 국가들 중 가장 낮고, 세계 최저 출산 그룹에 속해 있다. 우리나라의 출산력 하락속도는 지구상 어느 국가보다 더 빠르게 진행되고 있다. 압축성장에 따른 빠른 산업화와 가족계획사업의 효과로 1983년에는 출산율이 2.1명에 이르렀으며, 1987년에는 1.6명까지 떨어졌다. 그 결과 1970년 한 해에 100만 명에 이르던 출생아수가 2004년에는 47만 명으로 줄어들었다. 이러한 저출산 추세가 계속되면, 2020년 이후에는 인구가 감소할 것으로 전망된다. 1960년만 해도 우리나라의 출산율은 6.0명으로 무척 높은 수준이었다.

출산율 하락의 원인은 한때 강력하게 추진되었던 가족계획사업의 효과 때문만은 아니다. 보육료, 사교육비 등 자녀양육에 따른 경제적 부담, 가정과 직장의 양립이 어려운 사회적 환경, 젊은 세대들의 자기중심적인 가치관, 경기침체와 구직난 등이 총체적으로 작용하여 결혼연령을 상승시키고, 출산해야겠다는 마음을 접게 만든 것이다.

출산율 저하는 인구의 고령화를 가속화시키는 핵심요인이다. 그러나 출산율을 낮추는 데 걸린 시간 못지않게 출산율 회복에도 상당한 시간이 걸린다. 과거 우리나라는 강력한 출산억제 정책을 펴나갔지만 지금은 너무 낮은 출산율을 앞에 놓고 출산을 장려해야 하는 시대에 살고 있다. 이 점에서 우리나라는 변화가 매우 빠른 나라임에 분명하다. 20년 만에 정책을 180도로 바꾸어야 하는 상황을 맞았다. 인구구조는 피라미드형이면 안정적이지만 역삼각형이면 매우 불안하다. 저출산이 지속되면 인구구조가 역삼각형이 되어 노인은 많고 일할 사람은 적어 나라 경제를 지탱할 수가 없다.

우리나라는 2020년 이후부터 인구가 감소하고 40년 후면 인구가 천만 명 이상 줄어들게 된다. 인구학적으로 보면 출산력 1.0이 계속되면 한 세대가 지날 때마다 인구수가 절반으로 줄기 때문에 인구반감기를 40년이라고 가정하면, 400년 후면 우리나라 인구는 5만 명 정도만 남는다는 수리적인 계산이 나온다.

출산율 하락은 우리 사회 전체에 그 책임이 있고, 따라서 그 해법도 공동의 대응으로 찾아야 한다. 쥐를 대상으로 한 고전적인 실험에 의하면 초기에 일정공간에서 기하급수적으로 늘어나던 쥐의 개체수는 어느 시점을 지나자 출산율이 급격히 떨어지면서 기하급수적으로 감소하여 마침내 한 마리도 살아남지 않았다고 한다. 번식력이 왕성한 쥐도 저출산의 재앙에서 자유로울 수 없다는 것인데, 참으로 무서운 결과이다. 저출산문제를 계속 방치할 경우, 그 대가는 자칫 인류공멸로 나타날 수 있다.

저출산문제의 해결책은 간단하지 않다. 출산력에 영향을 미치는 사회경제적 요인은 다양하다. 경제학적으로는 자녀를 낳아 기를 때의 효용이 자녀양육비용보다 클 때 출산이 이루어진다. 자녀양육비용과 교육비용이 늘어나고, 노후소득보장제도 등으로 자녀에 대한 가치관이 달라지면서 자녀효용은 감소하고 있다. 이러한 상황에서 자녀양육으로 인한 심리적 만족감, 가족유대의 증진, 모성애·부성애와 같은 정신적 요소들마저 작용하지 않는다면, 사실상 출산 가능성은 제로에 가깝다.

그러나 출산이 가정에서 이루어진다는 사실은 명백하다. 따라서 앞으로의 출산지원정책은 무엇보다 가정친화적이 되어야 한다. 가정을 위하여 자녀가 소중한 존재라는 국민의식의 변화가 이루어져야 한다. 우선, 가정의 소중함이 사회의 가치관으로 확고히 자리잡아야 한다. 우리 사회의 가장 기본적이고 정서적인 사회단위가 바로 가정이라는 사회적 인식이 공유되어야 한다.

물론, 자녀 양육이 어려운 환경을 방치하고 자녀가치만 강조한다고 문제가 해결되는 것은 아니다. 자녀양육을 지원할 수 있는 사회적 인프라가 함께 구축되어야 한다. 보육시설의 확충, 보육을 위한 경제적 지원, 자녀양육으로 인한 불이익 철폐 등의 조치가 과감하게 이루어져야 한다. 사회간접자본이자 사회경제적 투자로서, 보육환경을 조성한다는 정책마인드가 없이는 출산율 회복을 기대하기 곤란하다.

가정에 대한 출산지원정책은 단기간 내에 효과를 보기가 어렵다. 따라서 지속적인 노력과 인내가 필요하다. 다만, 사회적 투자 여력에 한계가 있으므로 정책의 효과성에 대하여 면밀한 분석과 중간평가가 필요하다. 연령별 계층별로 사고와 지향점이 다르기 때문에 차별적인 접근이 필요하다.

특히, 대만, 홍콩, 싱가포르와 같은 동양권 국가들이 저출산문제에 대하여 어떻게 대처하는지, 성공한 정책과 실패한 정책은 무엇이었는지를 살펴볼 필요가 있다. 스웨덴, 프랑스가 출산율 회복에 성공하였지만, 이들의 모형을 그대로 받아들일 것인지에 대하여 견해가 일치하는 것은 아니다. 같은 것은 같은 것대로 다른 것인 다른 것대로, 사회문화적 환경의 공통점과 차이점을 따져서 최선의 대안을 선택해야 할 것이다. '선택과 집중'을 통하여 한정된 재원으로 정책효과를 최대화하는 전략이 강구되어야 한다.

6. 인구고령화

2002년 4월 8일, 스페인 마드리드에서 열린 유엔 제2차 세계고령화 회의에 참석한 코피아난 전 유엔 사무총장은 연설에서 "인구고령화의 급속한 진전은 시한폭탄이 되고 있다"라고 말했다. 고령화의 충격 앞에 선진국 사회보장제도가 위태롭게 되었다는 말도 덧붙였다. 세계보건기구(WHO)는 고령화를 "조용하게, 눈에 띄지 않게 진행되지만, 25년 후에는 그 윤곽이 분명해질 사회혁명"이라고 지적하였다. 세계보건기구는 고령화 현상이 가족, 일상생활, 고용정책, 의료보험, 연금제도, 재정, 산업 등 사회경제 전 분야에 영향을 미칠 것이라고 분석하고 있다. 고령화는 필연적으로 미래세대의 부담을 늘린다. 시간이 갈수록 노인인구를 떠받쳐야 하는 젊은 세대들의 수가 줄기 때문이다. 기대수명이 연장됨에 따라 연금, 의료, 복지비용은 기하급수적으로 늘어날 것이고 정부는 이 비용을 마련하기 위하여 젊은 세대들에게 세금과 보험료 등 공과금을 부과할 수밖에 없다. 세계은행은 "고령화로 인한 국민부담 증가현상은 선진국이나 개발도상국에서 동시에 나타날 것"으로 전망하고 있다.

우리나라는 세계에 유례가 없는 빠른 속도로 고령화가 진행되고 있다. 2000년에 65세 이상 노인인구 비율이 전체 국민의 7%에 도달하여 고령화사회가 되었다. 통계청 인구추계에 의하면, 2018년에는 노인인구비율이 14%에 도달하여 고령사회가 되고, 2026년에는 노인인구비율 20%가 넘어 초고령사회가 된다고 한다. 2050년에는 세계최고령국가가 된다는 전망이 나오고 있다. 농촌사회는 이미 노인인구 20%가 넘는 초고령사회에 돌입하여, 노인들의 건강, 소득, 여가 등 복합적인 노인문제가 심각하게 대두되고 있다.

고령화가 진행됨에 따라 노인 1명에 대한 부양자 수도 늘어나고 있다. 2005년에는 노인 1명을 7.7명이 부양하였으나, 2050년에는 1.4명으로 줄어들게 된다. 인구집단의 나이를 대표하는 값인 중위연령(*median age*)은 2000년 31.8세에서 2006년 35.4세로 높아졌고, 향후에도 계속 높아져 2020년 이후 선진국을 앞지르게 된다. 2020년에는 43.7세, 2030년 49.0세, 2040년 53.1세, 2050년 56.2세에 이를 것으로 예측된다(김승권, 2006).

고령화가 일어나면 노동력이 감소한다. 그리하여 국가경쟁력이 약화될 뿐 만 아니라, 노인복지비용 증가 등 사회보장의 부담이 늘어난다. 투자가 감소하고 신규고용창출이 이루어지지 않아 전반적으로 사회의 활력도 떨어지게 된다. 이외에도 일자리 부족 및 정신적 소외 등의 노인문제가 발생한다. 그러나 또 다른 측면에서는 노인보건, 주택, 여가 등 실버산업시장이 성장하게 되는 경제적 효과도 있다.

우리나라 전체의료비 중 노인의료비는 2006년 현재 25.9%로 이미 높은 비율을 차지하고 있으나, 시간이 갈수록 그 비율이 증가하여 위험수위에 이르게 될 것이다. 평균수명이 늘어남에 따라 치매, 중풍 등 거동이 불편한 노인들의 수도 큰 폭으로 늘어날 것으로 전망된다.

미래사회의 단면들을 그린 베르나르 베르베르(Bernard Werber)의 소설 《나무》(2002)에는 무장한 노인들이 그들의 생존을 위협하는 젊은 세대들과 맞서 싸우는 이야기가 나온다. 베르베르의 이야기는 고령화사회에서 노인들을 부양해야 하는 청년층들과 당사자인 노인세대들과의 갈등이 예사롭지 않을 것이라는 점을 시사한다. 현 세대 노인들을 부양하기 위하여 청년세대들의 건강보험료, 연금보험료 등 각종 사회적 부담이 자꾸 늘어나게 되면, 노인세대와 청년세대간의 갈등이 커질 수밖에 없다. 노인인구집단은 투표권 등을 무기로 하여 정치적 영향력을 발휘할 것으로 보이고, 청년세대들은 무작정 늘어나는 비용부담을 집단으로 거부할지도 모른다.

사회보장과 관련된 고령화의 첫 번째 쇼크는 연금문제이다. 우선,

연금의 급여지출이 늘어나고 보험료 납부인구는 상대적으로 줄어들면서 장기적으로 기금재정을 압박할 것이다. 연금기금고갈시기가 앞당겨지는 것을 막기 위하여 보험료부담을 올리고 급여를 줄이는 재정안정조치가 더욱 불가피해진다. 이미 고령사회에 접어든지 오래인 서구에서는 재정안정을 위한 연금개혁조치가 진행되고 있다. 그러나 '더 많이 내고 더 적게 받는' 연금개혁이 현 세대에게 부담이 되기 때문에 정치적인 합의가 그리 쉽지 않을 것으로 보인다.

스웨덴의 경우, 1980년대 초반에 연금재정안정을 위한 개혁을 시도하였으나 실패하였고 1993년에 다시 시도하여 5년이 지난 1998년에 정치적 합의를 통하여 어렵사리 개혁이 이루어졌다. 반면, 이탈리아는 고급여 연금구조를 해소하지 못하고 있다가 벼랑 끝 상황에 이르러 엄청난 정치적 갈등과 사회적 비용을 치르면서 연금개혁을 일부 단행하였지만, 아직도 가야할 길이 많이 남아 있다.

프랑스 또한 늦은 연금제도개혁으로 몸살을 앓고 있다. 1991년 백서를 내놓은 데 이어 수차례 연금관련 개혁안을 마련하였지만, 노동인구가 감소하고 있어 위기를 극복하는 것이 쉽지 않아 보인다. 현행 연금제도를 유지할 경우, 2020년 연금적자는 63조원에 이를 전망이다. "회색빛 프랑스 연금제도는 시한폭탄"이라는 비판도 제기되고 있다(박동석 외, 2003).

조기 퇴직한 젊은 노인들에 대한 일자리 문제도 사회복지의 현안으로 등장하고 있다. 우리나라의 고령인재풀은 나쁘지 않다. 교육수준이 향상되고 의학이 발달함에 따라 건강하고 능력있는 노인들이 많다. 과거의 노인들과 달리 6·25 전쟁이후 태어난 베이비붐 세대 노인들은 요긴한 인적 자원이 될 수 있다. 노동력 부족으로 해외인력을 수입하거나 출산율을 높이는 방안이 강구되지만, 이런 정책은 그 효과가 제한적이다. 아이를 많이 낳는 문제는 육아환경과 관련이 있고, 해외인력의 수혈은 이들의 사회적응문제가 새로운 비용으로 작용할 것이다. 임금피크제와 같은 급여시스템 개선과 단계적 퇴직제도(*phased retirement*)가 중요한 대안으로 등장할 것이다. 정부는 이 제도를 장려하기 위하여 연금지급규정을 부분적으로 손질하고 기업들에게도 세제혜택 등 인센티브를 줄 것으로 보인다. 초기 시행과정에서 연공서열문화와 상충하는 측면이 있어 약간의 갈등을 겪을 것으로 보이나 점차 정착될 것으로 보인다.

고령화의 다음 쇼크는 의료문제이다. 질병구조의 특성상 노인의료비는 타 연령층에 비하여 높을 수밖에 없는데, 노인인구의 증가에 따라 전체의료비 중 노인의료비가 차지하는 비율도 자연히 높아지게 된다. 이러한 현상을 방치할 경우, 의료비 상승 때문에 국가재정이 흔들리는 상황이 올지 모른다. 스웨덴의 경우 지방 소득세 세수의 90% 가량이 보건부문에 투입되고 있다. 미국의 경우에도 GDP 대비 의료비의 비율은 OECD 국가 중 1위를 차지하고 있으나 실질적인 국민건강의 향상은 없다. 노인의료비에 대한 대책 없이는 복지재정의 대부분을 보건부문이 삼켜 버릴 지도 모른다. 이러한 선진외국의 사례에 비추어 고령사회를 앞 둔 우리나라의 경우 노인의료체계를 비용절감형으로 관리하지 않을 수 없다.

노인의료비의 증가와 함께 제기되는 것은 노인요양문제이다. 치매, 중풍노인들이 증가하여 노인요양 수요가 늘어나고 있으나, 핵가족화, 여성취업의 증가, 경제난 등으로 치매, 중풍 등 거동 불편 노인을 가정에서 돌보기가 어렵게 되었다. 돌본다 하더라도 노인간병을 위하여 가족들이 소득활동을 포기해야 하고, 병원에 입원할 경우 엄청난 비용을 감당하기가 어렵다. 따라서 이 문제를 사회나 국가가 부담할 수밖에 없는 상황을 맞았다.

이러한 문제를 해결하기 위해 노인장기요양보험제도가 2008년 7월 시행되어 거동이 불가능한 중증 장애노인들에게 요양서비스를 제공하게 되었다. 재정사정상 초기에는 혼자서 거동이 어려운 중증 치매와 중풍노인(1~3급)을 대상으로 서비스를 제한할 수밖에 없지만, 서비스 인프라가 늘어나고 수요가 증가하면 급여대상이 점차 확대될 것으로 보인다.

한편, 노인들이 수가 늘어나면서 노인들을 고객으로 한 산업(고령친화산업 또는 실버산업이라고 부른다)이 크게 성장하고, 반면에 고객들이 줄어드는 아동시장은 상대적으로 위축될 것으로 보인다. 특히, 1950년대 후반에 태어난 베이비붐 세대들이 노인인구층으로 들어가는 2010년대 후반에는 실버시장의 규모가 커질 것으로 예상된다.

7. 초 핵가족화

경제적 문제, 가족가치관의 변화 등으로 가정해체현상이 급격히 증가하고 있다. 이혼, 별거 가정이 급증하고 독신가정도 늘고 있는데 이러한 현상은 계속될 것으로 전망된다.

독신가구의 비율이 점차 높아지고 있다. 1975년 전체가구의 4.2%에 불과했던 1인 가구는 1995년에 12.7%로 증가하였고, 2005년에는 20.0%로 증가하였다(통계청, 2007). 이렇게 독신가구가 급격히 늘어난 것은 과거보다 미혼과 이혼이 급격하게 증가한 탓으로 보인다.

통계청의 자료에 의하면, 2005년 우리나라 한 가구당 평균가족수는 2.9명으로 부부 외에 자녀가 한 명이 안 되는 셈이다. 1960년 한 가구당 평균 5.6명에 비하면 거의 절반 수준이다. 가구구성원의 수가 줄어드는 것은 근대화 과정에서 나타나는 현상이긴 하지만, 가정 및 사회의 안정성 측면에서 보면 바람직스럽지 않다. 가구구성원이 세 명도 안 되는 가정에서는 서로를 돌봐줄 사람도 부족하고, 집안일을 분담하기도 쉽지 않다.

2005년의 혼인건수는 31만 6,400쌍으로, 15년 전에 비하여 8만 건이 줄었음에 반해, 이혼건수는 12만 8천 건으로 15년에 비하여 8만 건 이상 늘어났다. 전통적인 효 가치관은 핵가족화와 개인주의, 경제난 등으로 날이 갈수록 쇠퇴하고 있다. 2004년 한국보건사회연구원의 조사결과에 의하면, 65세 이상 노인가구 중 4분의 1이 독신가구인 것으로 나타났다. 노인인구의 이혼도 크게 늘어나고 있는데, 1996년 971건이던 것이 2006년에는 4,338건으로 4배 이상 증가하였다(통계청, 2007).

세계화 추세에 따라 새로운 가족현상이 생기고 있다. 속칭 '기러기 아빠' 현상이다. 기러기 아빠란 "자녀유학을 위하여 가족들을 해외에

〈표 2-2〉 가구원 수별 가구분포(1975~2005)

연도	가구수 (천 가구)	1인 가구 비율(%)	2인 가구 비율(%)	평균 가구원 수(명)
1975	6,648	4.2	8.3	5.0
1985	9,571	6.9	12.3	4.1
1995	12,958	12.7	16.9	3.3
2005	15,887	20.0	22.2	2.9

＊자료: 통계청, 〈인구주택 총조사〉(1975, 1985, 1995, 2005).

보내고, 자신은 돈을 벌어 그들에게 송금하기 위하여 국내에 혼자 남아 있는 현상"을 말한다. 2007년 현재 전국의 기러기 아빠가 20여만 명으로 추정될 정도로 우리 주변에 기러기 아빠가 흔해졌다. 기러기 아빠 현상이 장기화되면서 가족이 해체되는 경우도 발생하고 있다. 결국, 세계화의 여파로 핵가족의 결속력마저 쇠퇴하고 있으며 부부도 별거하는 세태를 보이고 있다.

사회경제적 문제로 가족구성원 간 갈등도 증가하여 가정폭력, 성폭력이 늘어나고 있다. 이에 따라 가족붕괴, 청소년 일탈현상이 새로운 사회문제로 대두되고 있고, 앞으로 중요한 사회적 부담으로 작용할 것으로 예상된다.

8. 위험사회의 등장

현대사회에서 기술 발전이 빠르게 이루어지면서 많은 위험들이 인위적으로 만들어지고 있다. 지구온난화, 환경오염, 광우병 위기, 유전자 변형식품, 교통사고, 산업재해, 인간성 파괴 등이 인류문명의 발달과 함께 사회적 위험으로 등장하고 있다. 울리히 벡(Ulrich Beck)은 그의 저서 《위험사회》(*Risk Society*, 1992)에서 이러한 위험들이 전 지구적으로 확산된다고 보고 있다. 그는 현대 서구사회를 "마치 화산위에서 살아가는 것과 같은 위험한 사회"라고 정의하고 있다. 한 마디로 오늘날 우리 사회는 개인적, 사회적 위험요인이 도처에 깔려있는 '위험사회'이다.

과학과 기술의 발전은 우리에게 물질적 풍요를 안겨주었지만, 이제는 위험의 원인이 되어가고 있다. 특히, 세계화로 인하여 위험은 한 나라에만 그치는 것이 아니라 여러 나라로 번져 지구전체가 단일한 '위험공동체'가 되고 있다. 예를 들면, 자동차의 배기가스는 대기 중의 이산화탄소를 증가시켜 전 지구의 기후를 변화시키고 있다. 또, 브라질 등 남미국가들의 산림훼손은 지구 오존층의 파괴를 가져오고 있다.

인위적으로 만들어진 위험은 여러 가지가 있지만, 그 중에서도 식품이 인간의 건강에 어떤 영향을 미치는지에 대한 사회적 관심이 급증하고 있다. 살충제와 제초제가 농산물재배에 널리 사용되고, 소, 닭, 돼지, 어류를 사육할 때 호르몬과 항생제가 투여되고 있다. 과학자들은 1986년 영국 소들에게서 최초로 발견된 광우병의 원인이 동물성 사료에 있다고 밝혀냈다. 영국에서 소 수천 마리가 도살되었고 축산과 소고기 판매를 규제하는 엄격한 법률이 제정되었다. 광우병이 인간에게 미치는 위험을 파악하기 위하여 광범위한 과학적 연구가 실시되었지만 아직 결론을 내리지 못하고 있다. 새롭게 발생하는 위험들에 대하여 개인과 국가가 어떻게 대응하여야 하는지에 대한 분명한 로드맵이 없기 때문에 어떤 위험을 감수하여야 하는지에 대한 혼선이 따를 수밖에 없다(Giddens, 2001). 오늘날의 먹거리에는 사실상 절대적인 안전지대가 거의 없기에 소비자들은 위험치와 편익치를 비교하여 무엇을 얼마나 먹을 것인가를 판단해야 하는 상황에 처하게 되었다.

산업화의 영향으로 각종 사고가 증가하고 있고, 이러한 추세는 계속될 것으로 전망된다. 산업구조의 변화로 제조업이 위축되고 있는 것은 사실이지만, 교통사고, 산재사고, 어린이 안전사고로 인한 사망과 장애는 크게 줄어들지 않고 있다. 새로운 화이트칼라 직업병도 늘어나고 있다.

위험요인 중 교통사고 발생률은 OECD 국가 중 우리나라가 단연 으뜸이다. 경찰청 통계에 의하면, 2007년 한 해 동안 교통사고건수는 21만 1,662건이며, 6,166명이 사망하였고 33만 5,906명이 부상을 당하였다. 산재사고의 경우, 2007년 한 해 동안 9만 147명이 사고를 당하였고, 이 가운데 2,406명이 사망했다(노동부, 2008). 노동자 1만 명 당 사망비율은 1.9명으로, 미국의 0.53명, 일본의 0.3명, 독일의 0.26명, 영국의 0.07명에 비추어 매우 높은 수준이다. 우리나라 장애인구의 약 90%가 질병, 사고 등 후천적 요인 때문이라는 분석도 있다. 후천적 장애요인을 예방하기 위하여 교통안전관리체계를 정립하고, 산업재해 및 산업안전관리를 위한 지도 지원 활동을 강화하여야 한다. 또한, 지역별 응급의료체계와 응급환자 이송을 위한 정보관리체계를 구축하고, 응급의료 전문인력과 장비 등 인프라를 강화하는 것이 필요하다.

한편, 사회관계가 복잡해지고 갈등요인이 증가하면서 가정폭력은 물론, 살인, 강간, 린치 등 다양한 형태의 사회적 폭력이 발생하고 있다. 사회학적으로 볼 때, 과거에 비해 경제적 안정성은 향상되었지만 사회관계의 안정성은 취약해졌으며, 이것이 개인이나 가정의 위험요인으로 발전하고 있다. 대검찰청의 자료에 의하면, 1980년 우리나라의 범죄발생건수는 59만 5천 건(인구 10만 명당 1,561건)이던 것이 2004년에 이르러 208만 1천 건(인구 10만 명당 4,328건)으로 3.5배 증가하였고, 살인, 폭행, 강도, 강간 등 형법범죄 발생건수는 30만 5천 건에서 82만 7천 건으로 3배 가까이 증가하였다.

미국에서 발생한 버지니아 총기난사사건은 학교폭력의 한 산물이다. 우리나라도 미국의 총기사고가 남의 일만은 아니다. 일진회와 같은 조직이 학교 내에 자리잡고 있어 폭력이 일상화되고 있고, 그 폐해도 도를 넘고 있다. 학부모들이 자녀들을 학교보내기가 무섭다고 하는데도 학교에서는 학교폭력을 은폐하거나 방관하고 있어 문제를 더 키우고 있다. 금품상납, 집단 괴롭힘, 신체적 학대, 협박 등으로 나타나고 있는 학교폭력은 초등학교에서부터 고등학교에 이르기까지 광범위하게 퍼져있다. 2008년 대구의 한 초등학교에서 일어난 집단 성폭력 사건은 어른들을 아연실색하게 만들었다.

가정폭력도 여전하다. 가정폭력이란 “남편이 아내에게, 아내가 남편에게, 부모가 자식에게, 자식이 부모에게 행하는 신체적 정서적 폭력”을 말한다. 한국보건사회연구원이 여성부의 의뢰를 받아 2008년에 실시한 〈한국가정폭력 실태조사〉에 의하면, 부부 2.5쌍 중 1쌍이 최근 1년간 배우자로부터 가정폭력을 당한 경험이 있다고 한다. 외국 배우자가 한국인과 같이 사는 다문화가정의 가정폭력은 일반가정보다 더 높은 것으로 조사되었다. 아동학대의 빈도도 높은데, 지난 1년간 아동학대 경험률은 66.9%에 이른다. 노인학대를 경험한 비율은 6%로 비교적 낮지만 자식들의 정서폭력과 방임의 정도가 심각하여 사회적 문제가 되고 있다. 가정폭력은 가해자와 피해자 모두에게 자신감, 자존심의 상실 등 인격파괴를 가져오고 가족해체를 부추긴다.

9. 사회적 질병의 증가

사회적 질병이란 주어진 사회적 역할을 제대로 수행하지 못하고 일탈상태에 놓이는 것을 의미한다. 따라서 신체적으로 건강하더라도 사회적 질병상태에 놓일 수 있다. 경제적 능력이 없는 가장, 사지가 멀쩡한 노숙자, 근로의욕을 상실한 청년 등이 사회적 질병이 의심되는 사례들이다.

사회적 질병은 단순한 부적응에서 그치지 않는다. 적개심과 분노가 외부로 향할 때는 폭력, 납치, 살인, 테러 등 극단적인 공격적 행동으로 나타나기도 하고, 자신에 대한 저주나 분노로 나타날 경우 자해, 자살 등으로 나타난다. 어느 경우에도 사회적 질병은 바람직스럽지 않다. 사회적 질병이 집단화될 경우 반체제집단, 폭력단체 등의 형태로 나타나게 된다. 특정 집단에 대한 적개심으로 발전할 수도 있다. 우리 사회에서도 지존파 등 폭력조직이 등장하여 부유층에 대한 적개심을 납치살인으로 표출한 바 있다. 최근에는 그냥 세상이 싫어서 아무에게나 흉기를 휘두르는 '묻지마 살인'이 일어나고 있다.

비록 극단적인 공격행위로 발전하지 않더라도 잠재적인 폭력성향은 우리 사회 곳곳에서 나타나고 있다. 무한경쟁을 강요하는 직장문화는 동료와의 관계를 라이벌로 설정하게 만든다. 대화와 타협보다는 대립과 승부를 통해 자기를 실현해 나가는 것이 오늘의 현실이다.

치열한 경쟁사회에서 많은 사람들이 '세계화 스트레스'라고 불리는 증후군을 겪고 있다. 국제노동기구(ILO)에 의하면, 근로자 10명 중 1명이 우울증, 정서불안, 신경쇠약 등 각종 정신질환으로 고통을 받고 있다고 한다(문창진, 2003). 또한, 스트레스로 인한 암, 뇌졸중, 심근경색증과 고혈압, 당뇨 등 장기만성질환자들이 증가하여 의료비가 상승하고 있다.

개인주의적 가치관이 만연하면서 고립화 현상도 대두될 것이다. 자살과 같은 극단적인 현실도피와 약물 등에 의존하여 정신적 문제를 해결하려는 경향이 늘어나고 정신질환자의 비율도 증가할 것으로 예상된다. 세계보건기구에 의하면 2000년 한 해 동안 전세계에서 81만 5천 명이 스스로 목숨을 끊었다고 한다. 40초당 1명, 인구 10만 명당 14.5명꼴로 자살이 일어난 셈이다. 우리나라의 경우 2007년 한 해 자살자 수는 1만 3,407명으로 하루 36.7명꼴로 목숨을 끊은 것으로 나타나고 있는데, 연령이 높아질수록 자살률이 증가하고 있다.

학교 청소년들의 교내폭력, 약물남용, 범죄 등 일탈행위도 중대한 사회문제로 부상하고 있다. 청소년의 일탈행위는 그 원인이 다양하지만, 모방심리를 통해 또래집단에서 급속히 전파되는 특징을 가지고 있다. 일탈행위는 가출, 흡연, 음주, 성 문란, 학업중단 등의 형태를 보이고 있고, 극단적으로는 범죄, 자해, 자살과 같은 모습으로 나타나기도 한다.

10. 의료의 상품화

전통적으로 의료는 공공재로 여겨왔다. 그래서 국민들 모두가 건강하게 살 권리인 '건강권'은 국가가 보장을 해주어야 하는 것으로 이해되고 있다. 그러나 세계화와 시장의 논리가 강조되면서 보건의료를 민간시장의 원리에 의하여 운영해야 한다는 주장이 대두되고 있다. 일찍이 의료문제를 사회보험 방식으로 해결해온 일부 유럽국가들도 효율성을 추구하기 위하여 공적 보험에 시장원리를 도입하고 있는 중이다.

의사와 환자와의 관계도 변해가고 있다. 건강보험의 도입으로 병원 문턱이 낮아지면서 환자들의 목소리는 커지고 정부의 통제도 쉬워졌다. 병원경영에 대기업이 참여하면서 의사들은 인술을 베푸는 허준 선생의 후예가 아닌 의료기술자로 전락할 위기에 처해 있다. 의료는 교육수준과 소득이 높아진 소비자들이 주도하는 시장으로 바뀌어가고 있다. "돈을 내고 그 대가로 진료서비스를 받는 소비자로서 그 권리를 제대로 행사해야 한다"는 소비자주의가 의사와 환자 관계를 바꾸어놓고 있다. 한마디로 의사의 힘이 빠지고 환자의 힘이 커지고 있다. 이렇듯 의료는 지금 상품화의 길을 가고 있다.

이러한 상황에서 의료를 현명한 소비자가 있는 시장에 맡기자는 신자유주의적 발상이 나오고 있다. 규제가 심한 의료법과 국민건강보험법을 고치자고 한다. "병의원을 건강보험 요양기관으로 강제 지정하는 것은 부당하니 폐지해야한다", "의료기관을 비영리기관으로 묶어두는 것은 의료의 발전을 제한하는 것이다", "지금의 건강보험으로는 국민 건강을 확보할 수 없으니 민간보험을 도입하여야한다" 라는 주장이 일고 있다. 이 모든 주장들이 의료의 상품화 현상과 무관하지 않다.

이러한 주장과 관련하여, 제주특별자치도와 인천경제특구에 외국인 영리병원을 유치하는 정책이 참여정부시절에 이미 시작되었다. 우리나라의 경제성장 잠재력을 키우기 위하여 불가피한 조치라는 설명도 있지만, 건강권을 훼손하는 요인이 될 것 아니냐는 우려도 크다. 의료의 질을 강조하는 미국식 의료제도가 좋은가, 의료의 사회성을 강조하는 북유럽식 의료제도가 좋은가 하는 논란도 제기되고 있다. 건강보험의 보장성을 유지하면서 민간 의료시장을 조금 확대하면 되지 않겠느냐는 절충안도 등장하고 있다.

자본의 국제적 이동문제는 이미 기정사실화 되었지만, 의료인력의 국제이동에 대하여는 경제적 득실을 따지느라 선진국들이 신중한 입장을 보이고 있다. 선진국들의 신중한 태도는 의료시장개방이 자국에 어떠한 영향을 미칠지에 대한 확신이 없기 때문이기도 하다. 이러한 상황에서 기존의 건강보장제도를 흔들면서까지 의료산업을 발전시켜야 하는 것인지, 그 정도로 우리의 상황이 급박한 것인지, 그리하면 과연 대단한 효과가 있는 것인지, 그 것 외에는 대안이 없는지에 대해 현재 뜨거운 논쟁이 일고 있다.

생명공학연구에 열중하고 있는 영국, 스웨덴 등 북유럽국가들이 사회주의적 의료제도를 포기하지 않는 이유는 무엇일까? 미국과 사실상 같은 경제권인 캐나다가 미국식 의료제도를 마다하고 국가책임을 강조하는 이유는 무엇인가? 이렇듯 서구의 의료상업화 개념은 자국 의료시장의 무제한 개방이 아니라 의료산업기술 발전과 새로운 의약품 개발에 치중해 있음을 중시해야 할 것이다.

현재 우리나라 의료시장은 사실상 건강보험제도에 의하여 좌우되고 있다. 민간(개인) 보험은 암보험 같은 정액보상형 보험의 비중이 크고, 아직까지는 전체 의료시장에서 차지하는 비중이 크지 않다. 그러나 건강보험의 보장성 확대를 중지하고 보장성의 사각지대인 비급여 부분을 책임지는 실손형 민간보험이 지나치게 발전할 경우, 건강보험제도가 자동차보험에 있어 책임보험 정도로 전락해버릴 가능성도 있다. 어렵사리 구축해온 건강보험제도가 민간보험시장의 제물이 될지도 모른다는 우려도 나오고 있다. 보건의료산업의 발전을 위하여 의료시장은 더 커져야 하지만, 그 방법과 범위에 대하여는 매우 신중한 검토가 필요하다.

그렇다면, 대안은 무엇인가? 그것은 건강보험의 급여원칙을 확실히 설정하는 것이다. 먼저, 의학적으로 꼭 필요한 서비스와 그렇지 않은 서비스를 구분하여 의학적으로 필요한 서비스는 공적 보험에서 수행하고, 1인 병실료와 같이 환자의 개인적 선택과 관련된 사항은 민간보험 시장에 그 역할을 부여하는 것이다. 물론 세부적인 사항을 따지다 보면 명쾌하지 않은 부분이 드러나겠지만, 전문적인 검토와 사회적 공론과정을 거쳐 충분히 정리할 수 있다고 본다.

제 3 장

한국사회의 과제와 보건복지

사회정책과 경제정책을 대립적 관계로 보는 시각이 있었지만, 이것은 분명 잘못된 것이다. 오늘날의 세계적인 대세는 두 정책이 서로 하나가 되고 있다는 것이다. 한마디로, 사회정책은 경제정책과 선순환관계이자 동반성장의 관계에 있다.

1. 보건복지정책의 특성

보건복지정책만큼 우리 국민들의 실생활과 직결된 정책은 드물다. 또, 국민들의 관심이 이렇듯 높은 정책도 많지 않다. 선진국의 경우, 보건복지정책의 성패는 정권의 존망과 직결되어 있다. 특히, 연금개혁과 같은 사회보장 이슈는 선거에 직접적인 영향을 미칠 정도로 폭발력이 강하다. 그러면, 보건복지정책의 특성을 차례로 살펴보기로 하자.

첫째, 보건복지정책은 생애 전 과정에 걸쳐있다. 태어나기 이전부터 죽은 이후까지 보건복지와 무관한 사람은 아무도 없다. 생로병사와 인생의 희로애락이 보건복지정책과 인연을 맺고 있다. 엄마 뱃속의 태아는 산전관리라는 보건정책의 대상이 되고, 죽고 나서도 장례문제는 복지정책의 대상이 되고 있다.

둘째, 보건복지정책은 국민전체가 고객이다. 건강문제는 모든 국민의 관심사이다. 이 점에서 다른 사회정책과 차별성을 가진다. 예를 들면 교육문제는 학생이나 학부형이 정책고객이고, 농업정책은 농민들이, 노동정책은 근로자들이 주요 정책고객이다. 이에 비해 건강 및 복지와 관련된 정책은 대한민국 국민전체가 정책고객이다. 국민건강보험에는 국민 대부분이 가입하고 있고 보건의료정책은 의료기관을 이용하고 있는 모든 환자와 관련이 있다. 식품안전문제는 우리국민 모두의 관심사이다.

셋째, 보건복지정책은 잘못되면 치명적인 영향을 미친다. 어느 공공정책이나 사회적 영향력은 크다. 그러나 보건복지정책은 한번 삐끗하면, 우리 사회에 엄청난 피해를 초래할 수 있다. 예를 들면 조류인플루엔자 방역체계에 구멍이 뚫려 많은 국민들이 감염되었을 경우 그 상황은 참으로 엄청나다. 식품오염사고가 터져 수천 명이 집단식중독에 걸렸다면 과연 우리국민들이 편안할까? 조그마한 실수가 국민들에게 엄청난 영향을 줄 수 있다는 점에서 보건복지정책의 중요성은 아무리 강조해도 지나침이 없을 것이다.

넷째, 보건복지정책은 갈등요인이 상존하고 있다. 보건분야 정책은 전문가집단의 이해관계가 상이하다. 그래서 민감한 사항은 의견이 갈리고 단체 간의 갈등이 일어난다. 대표적인 예가 한약분쟁과 의약분업이다. 복지분야 정책의 경우는 복지대상자가 다양하고 욕구가 각양각색이다. 다양한 대상자들의 욕구를 골고루 충족시키는 일은 결코 쉽지 않다. 특히, 장애특성별로 필요한 복지서비스를 계획하고 제공하는 일은 매우 어렵다. 지역주민들의 복지시설설치 반대도 사회적 갈등요인이다. 장애인시설이나 노인시설을 설치하려 할 때마다 지역주민들의 반대가 따른다. 화장장, 영안실과 같은 지역주민들이 이용하는 시설도 강한 반대에 부딪쳐 설치하지 못하는 경우가 허다하다.

2. 우리 사회의 당면과제

1) 양극화 문제

우리 사회의 양극화현상은 다양하다. 산업양극화, 기업양극화, 고용양극화, 소득양극화가 대표적인 것들이다. 산업양극화, 기업양극화는 고용 및 소득의 양극화로 이어진다. 인적 자본의 격차와 차별은 고용 상 지위와 임금에 영향을 미친다. 이러한 양극화는 영세자영자, 비정규직 및 근로빈곤층을 양산하고, 이들의 계층상승 이동성(*upward mobility*)이 제한되어 빈곤의 악순환을 가져오게 된다.

산업 양극화현상을 살펴보기로 하자. 2004년의 경우 제조업은 연간 11.4% 성장하였으나, 서비스업은 겨우 1.3% 성장하였다. 호텔업은 매출증가세인 반면 여관업은 2003년 이후 계속 매출 부진현상을 보이고 있다. 자동차, 반도체, 무선통신, 컴퓨터, 선박 등은 산업을 선도하고 있으나 섬유, 생활용품은 계속 위축세이다.

기업 양극화현상은 어떠한가? 대기업과 중소기업 간에 수익성, 재무구조, 성장성, 자금조달여건, 투자 등 여러 측면에서 격차가 확대되고 있다. 소수 우량기업의 수익편중현상이 두드러지는 가운데 기업 간에 수익성, 재무구조 등의 차별화가 심화되었다(이재열, 2008). 제조업 부문에서의 대기업과 중소기업의 수익률 격차를 살펴보면 1990년 이후 2005년까지 대기업의 매출액영업이익률(7.8%)은 중소기업(4.9%)보다 훨씬 높고, 특히 2002~2004년 동안에는 대기업의 영업이익률은 상승한 반면, 중소기업은 하락해 그 격차가 5.3% 포인트까지 벌어졌다(주연, 2007).

비정규직 비율은 2005년 8월 현재 36.6%로서 2001년의 26.8%에 비해 증가했다(노동부, 2005). 비정규직의 대부분이 중소기업에 근무하고 있으며 정규직에 비하여 낮은 임금을 받고 있다. 외환위기 이후 구조조정이 상시화 됨에 따라 자영업 종사자들이 늘어났는데, 이들의 평균 실질소득이 100만 원 미만인 것으로 나타나고 있다(한국노동연구원, 2005).

소득양극화를 나타내는 소득불평등지수(빈곤율 및 지니계수)는 외환위기 이전으로 회복되지 못하고 있다. 빈곤율은 외환위기 이후 감소하다가 2003년부터 다시 상승하였다. 도시근로자 가구의 경상소득기준 지니계수도 외환위기 이전수준으로 회복되지 못하고 있다(2007년 현재 도시가구 가처분 소득 기준지니계수는 0.3으로 나타나고 있다).

한편, 신광영(2008)이 인용한 자료에 의하면 우리나라의 지니계수는 1996년 0.298에서 2000년 0.358로 증가하였고, 2004년에는 0.352로

〈표 3-1〉 주요국의 소득불평등 정도(전체가구소득)

국 가	연 도	지니계수	10분위소득 / 1분위소득비
노르웨이	2000	0.251	2.80
독일	2000	0.252	3.18
스웨덴	2000	0.252	2.96
네덜란드	1994	0.248	3.15
프랑스	1994	0.288	3.54
스페인	1999	0.303	3.96
캐나다	1998	0.302	4.13
스위스	1992	0.307	3.62
호주	1994	0.311	4.44
이탈리아	2000	0.333	4.48
영국	1999	0.345	4.58
미국	2000	0.368	5.45
멕시코	1998	0.494	11.53
한국	2004	0.352	7.44

* 자료: Nolan, *Brian and Timothy*(2005). 신광영(2008)에서 재인용.

나타나고 있다. 이 수치는 소득불평등 정도가 미국과 멕시코를 제외한 모든 OECD 국가들보다 더 심한 수준이다. 미국의 지니계수가 1979년 0.301에서 2000년 0.368로 21년 동안 0.057 증가한 반면, 우리나라의 지니계수는 1996년 0.298이던 것이 2000년 0.358이 되어 4년 사이에 무려 0.06이 증가하였다.

양극화를 측정하는 울프슨(Wolfson)지수는 1993년에만 해도 0.25이었으나 외환위기 직후인 1999년에는 0.29로 최고점에 도달했으며, 아직까지 그 수준을 유지하고 있다. 소득계층별로 보면 1997년에 중간층 비율은 64.8%에 달했지만, 2000년에는 61.9%, 2005년에는 59.5%로 계속 줄어든 반면 하위층 비율은 같은 기간에 13,4%에서 14.9%, 17.1%로 계속 증가하여 소득계층이 양극화 되어가는 현상을 보이고 있다(이재열, 2008; 삼성경제연구소, 2006).

2) 고령화와 노인복지 문제

첫째, 노인들의 일자리 및 소득 보장이 문제이다. 전체 노인 중 취업노인의 비율은 일부에 불과하여 노인인력 활용의 필요성이 절실한 실정이다. 설상가상으로 조기 은퇴로 인하여 일자리가 없는 예비노인들이 많이 생기고 있다. 1988년 출범한 국민연금제도는 2008년에 이르러 노령연금지급이 개시되었지만, 아직 제도 미적용 노인이 많다. 현재 일하고 있는 노인들은 10명 중 3명꼴로서 외국에 비하여 높으나 대부분 농림, 어업, 단순노무직에 종사하고 있다. 노인 가구 중 4분의 1이 최저생계비 이하 계층으로 나타나고 있다.

다음은 노인건강 문제이다. 평균수명은 연장되었으나, 당뇨, 고혈압, 암 등 질병으로 의료비가 증가하고 있다. 전체의료비 중 노인의료비 비율은 2006년 현재 25.9%이며, 노인 1인당 진료비는 지난 10년 동안 약 6배 증가하였다. 평균수명이 연장됨에 따라 노후에 질병에 시달리게 되는 '질병수명'도 길어지게 된다. 한국보건사회연구원의 2004년 조사결과에 의하면 전체노인 10명 중 9명이 관절염, 고혈압, 요통, 좌골통 등 한 가지 이상의 만성질환으로 고통을 받고 있다고 한다. 치매노인의 수도 1995년 22만 명에서 2020년에는 70만 명 가까이 늘어날 것으로 전망되고 있다.

소외, 외로움 등으로 인한 정신 건강 문제도 심각하다. 스스로 목숨을 끊는 노인의 수가 해마다 증가하는 것이 오늘의 현실이다. 우리나라 노인자살률은 OECD 국가 중 최고수준이다. 80대 노인들의 자살률은 특히 높아 10년 전에 비하여 5배 이상 늘어났다. 노인들의 자살이 이렇게 늘어가는 것은 대부분 질병과 경제적 궁핍, 독거에 따른 외로움, 가족과 사회의 무관심 때문인 것으로 분석된다.

3) 지역 불균형 발전 문제

정치적으로는 지방자치를 이룩하였으나, 지역 간 불균형발전 현상은 여전하다. 지방자치단체의 자치역량이 아직 선진화되지 못하고 지역균형발전을 위한 여건도 성숙되지 않았다.

지방화는 세계화와 더불어 21세기의 중요한 화두로 등장하고 있다(세계화와 지방화의 두 개념을 합친 'Glocalization'이라는 합성어까지 등장하였다). 제 1의 민주화가 정치적 민주화로 의회정치를 실현하는 것이라면, 제 2의 민주화는 지방자치를 이루는 것이다. 유럽, 미국 등 선진국의 지방자치는 오랜 세월에 걸쳐 완성된 상태이지만 우리나라의 지방자치는 아직 미성숙 상태에 있다. 진정한 지방자치의 의미는 무엇일까? 그것은 지역주민들이 비교적 균등한 삶의 질을 누릴 수 있도록 하는 것이다.

삶의 질의 기본은 의·식·주 및 의료와 같은 기본적인 안전욕구이다. 문제는 삶의 질과 관련된 이 복지수준이 지방자치단체별로 격차가 많이 생긴다는 점이다. 복지욕구는 커가는데 재정이 어려운 지방자치단체는 따라가기도 어렵고, 따라가자니 전체 재정의 절반 이상을 복지에 투입해야 할 지경이다. 지방자치단체마다 관심사가 다르고 인구구성도 달라서 일률적인 복지행정을 펴기도 어려운 실정이다.

사회안전망과 같은 공통적인 사업은 전국적인 기준에 따르고, 노인, 장애인, 아동복지와 같은 사회복지서비스는 지역실정에 맞게 알아서 하는 것이 원칙이다. 그러나 현재 이러한 것을 실천할 지방자치단체의 수용능력이 완전히 갖추어지지 않았다. 지방자치단체의 실정을 보면 복지부서는 그다지 인기 있는 부서가 아니어서 배치된 공무원들은 딴 자리로 이동하기 바쁘다. 지방자치단체의 복지행정 수행역량을 끌어올리는 것이 시급하다. 지방자치단체의 수용태세를 고려하지 않고 복지를 분권화한다는 취지에만 충실하여 참여정부에서 보건복지부의 67개 국고보조사업을 지방에 이양했는데, 초기에 충격과 혼선이 컸고 아직도 후유증이 남아 있다.

4) 사회갈등 문제

민주화와 더불어 국민기대치가 급상승하였다. 노동, 복지, 환경 분야의 목소리가 당연히 커질 수밖에 없다. 그러나 복지에 대한 관심과 욕구가 커짐에도 불구하고 세금이나 사회보험료의 인상에 대하여는 거부감이 존재하고 있는 것이 현실이다. “부담은 적게 하고 혜택은 많이 받자”는 의식이 우리 사회에 알게 모르게 자리 잡고 있다. 이러한 의식은 정부와 정책고객 간의 갈등을 초래하는 요인으로 작용하고 있다.

또한, 이해단체, 시민단체, 노동계, 소비자 단체 등 비정부기구의 활동이 크게 늘어나고 이익단체간의 갈등도 증가하고 있다. 반면에 타협과 협상의 문화는 아직 선진국 수준에 이르지 못하고 있다. 보건분야 직능단체간의 갈등사례를 살펴보면 참으로 복잡하고 다양하다.

〈표 3-2〉 보건분야 직능단체 간의 갈등사례

직능단체	갈등대상 정책
의사와 약사	의약분업
의사와 한의사	의료일원화
약사와 한의사	한약분쟁
미용사와 피부미용사	피부미용영업
한의사와 침구사	침구시술
안마사	마사지 영업

1993년에 촉발된 한약분쟁은 한약조제권을 놓고 한의사들과 약사들이 정면충돌한 사건이다. 2000년에 실시된 의약분업은 그 실시방법을 놓고 의사와 약사들이 치열한 접전을 벌였다. 의사들과 한의사들은 진료영역을 놓고 시비를 벌이고 있는데 언제 폭발할지 모르는 시한폭탄을 안고 있다. 폐지된 침구사제도의 부활을 주장하는 침구사들과 이에 반대하는 한의사들은 오랜 갈등의 역사를 가지고 있다.

불만이 잘 조정되고 해결되면 사회갈등은 사회발전의 촉진제가 된다. 그러나 사회갈등이 너무 잦고 파국으로 치달으면 사회발전을 저해하는 독소가 된다. 경쟁력이 화두가 된 현대사회에서 사회갈등 조정역량은 핵심적인 경쟁력 요소이다. 사회갈등 조정에 실패하면 생산성이 향상될 수 없다. 우리나라의 사회갈등은 과거 민주화의 이름으로 명분을 찾아 왔으나 이제는 새로운 국면에 접어들었다. 성숙된 대화와 타협을 통한 합의정신이 필요하다. 민주주의는 반대할 권리도 있지만 국민여론과 사회적 합의에 승복할 의무도 요구하고 있다. 우리 사회는 아직까지 타협하는 것에 대하여 그다지 익숙하지 않다. 타협하거나 양보하면 "비겁하다", "밀린다"는 식의 거부감이 있는 것이 사실이다. 그러나 이러한 의식을 극복하지 않으면 사회갈등의 조정은 매우 어려워진다.

3. 보건복지정책의 방향

앞에서 언급한 사회변동의 흐름에 따른 문제점과 대응방향을 정리하면 〈표 3-3〉과 같다. 인구고령화 문제에 대해서는 노인복지대책으로, 사회양극화 문제에 대해서는 사회안전망의 확충으로, 지역불균형 문제에 대해서는 지역균형복지실현으로 대응하고, 정보화의 부작용에 대해서는 정보격차해소와 개인정보보호대책을 강구하고, 저출산문제에 대해서는 출산 및 육아친화적 사회환경을 조성하고, 사회갈등에 대해서는 선진협상문화를 구축하고 정부조정 역할을 강화해야 할 것이다.

〈표 3-3〉 사회변동의 흐름과 대응방향

구분	부작용 및 문제	대응방향
고령화	· 노인들의 3고 문제 (병고, 생활고, 고독)	· 노인일자리 마련 · 노후소득보장체계 구축 · 노인건강 관리 강화 · 노인여가 대책 마련 · 실버산업 육성
세계화	· 소득불균형 · 지역발전 불균형	· 사회안전망 확충 및 내실화 · 지역균형 복지 실현
정보화	· 정보양극화 · 개인사생활 침해 · 사이버 범죄	· 정보격차 해소 · 개인정보보호 · 사이버 안전망 구축 · 행정전산망 정비
저출산	· 고령화 가속 · 노동인구 부족 · 잠재성장률 저하	· 출산 친화적 사회 환경 조성 · 육아 인프라 구축 · 범국민적인 교육 홍보 · 여성 및 해외인력 활용
민주화	· 사회갈등 심화 · 정책결정 지연	· 선진 협상 문화 구축 · 정부 조정역할 강화

1) '동반성장'으로 가자

성장과 분배는 어떠한 관계에 있는가? 성장이 없으면 분배도 없다는 논리가 옳은 것인가? 분배에 실패하면 성장도 어렵다는 논리가 맞는 것인가?

과거에는 '선 성장 - 후 분배' 논리가 지배적이었다. 그러나 지금은 '선 성장 - 후 분배' 논리가 설득력을 잃었다. 1990년대 후반부터는 지속적으로 경제가 성장함에도 불구하고 하위 20% 계층의 소득이 전체 소득에서 차지하고 있는 비율이 계속 나빠지고 있기 때문이다.

미국도 우리와 같이 포드주의 이후 'trickle-down effect'(국물효과)가 단절되었다고 한다(심상용, 2006).

사회정책은 경제정책과 배치되는 것일까? 사회정책과 경제정책을 대립적 관계로 보는 시각이 있었지만, 이것은 분명 잘못된 것이다. 두 정책의 양분법적 구도는 오늘날 맞지 않는다. 오늘날 세계적인 대세는 두 정책이 하나가 되어가고 있다는 것이다. 한마디로 말하면, 사회정책은 경제정책과 선순환관계이자 '동반성장'의 관계에 있다.

그렇다면 '동반성장'의 개념은 무엇인가? 우리 사회는 약육강식의 정글사회에서 페어플레이의 스포츠사회로, 스포츠사회에서 화합과 통합의 오케스트라사회로 진화해가고 있다. 오케스트라사회는 승부의 개념이 아니다. 오케스트라사회는 "같이 살자"는 개념에서 시작된다. "연주자들이 서로 다른 악기를 지휘자의 지시에 맞추어 충실히 연주하면 좋은 음악이 나오는 것처럼, 우리 사회도 크고 작은 자기의 소임을 충실히 수행하면 조화롭고 균형 잡힌 사회가 이루어진다"는 것이 오케스트라사회의 기본철학이다. "죽기 아니면 살기"식의 정신은 무한경쟁에서 비롯된 것이다. 그러나 "같이 살자"는 정신은 서로가 같이 살 수 있는 '상생'(*win-win*)의 개념이다.

이 점에서 일자리를 나누는 것은 오케스트라 사회의 철학과 부합

된다. 정년을 연장하거나 은퇴노인들에게 적절한 일자리를 주면 사회전체의 생산성도 증진되고 사회복지비용도 절감된다. 대기업이 서비스산업을 모조리 독점하지 않고 여지를 남겨놓으면, 중소기업이나 영세상인들도 설 곳이 있다. 프랑스, 스위스는 굴지의 유통기업이 있으나 재래시장까지 넘보지는 않는다. 유럽을 여행해보면 아직도 활발한 재래시장을 볼 수 있다.

동반성장은 '고용 있는 성장'에서 시작된다. 경제가 성장한다고 하여 시장에서 일자리가 그저 생기는 것은 아니다. 경쟁과 효율만 추구하다보면 일자리는 제한될 수밖에 없고, 인원감축으로 직장을 그만두는 근로자들도 생긴다. 다시 말해, 경제는 계속 성장하는데 일자리는 늘지 않는 '고용 없는 성장'(*jobless growth*) 현상이 생기는 것이다. 그렇다면, 고용 없는 성장의 일자리 대안은 무엇인가? 그 답은 사회서비스이다. 사회서비스는 "개인과 사회전체의 복지증진 및 삶의 질 향상을 위하여 사회적으로 제공하는 서비스"이다. 대표적인 예로는 보육, 아동, 장애인, 노인보호 등과 같은 사회복지서비스, 방과후 활동, 특수교육 등 교육서비스, 도서관, 박물관 운영 등 문화예술서비스 등이 있다.

사회서비스의 고용창출효과는 10억 원당 38.1명으로 전체산업평균에 비하여 2.6배 높다. 경제성장에 기여하는 효과도 높다. 교육 및 보건부문에 1조원을 투자할 경우 성장률 제고효과는 0.227로서, 건설부문 1조원 투자효과 0.212보다 높다. 한 실태조사 결과에 의하면 2005년 기준으로 90만 명의 사회서비스인력이 부족하다고 한다. 특히, 공급이 부족한 분야는 사회복지가 30만 4천 명, 보건의료가 24만 5천 명이다. 2003년 기준으로 우리나라의 사회서비스 고용비중은 12.8%로서 스웨덴 52.5%, 미국 27.7%에 비하여 낮은 수준이다. 보건분야는 우리나라가 2.4%로서 스웨덴 15.7%, 미국 10.1%에 비하여 턱없이 낮은 수준이다. 일반적으로 국민소득이 높은 선진국일수록 사회서비스 고용비중이 높게 나타나고 있다.

2) 노인들을 '3고'(三苦)로부터 해방

노인들은 '3고'(三苦)에 시달리고 있다. '3고'란 몸이 쇠약하고 아픈 '병고'(病苦), 소득이 없는 '생활고', 외로움으로 인한 '고독'을 말한다.

첫째, '병고' 문제와 관련해서는 건강보험에서 기본적인 의료문제를 해결할 수 있다고 하지만, 와병상태에 있거나 치매에 걸려 있는 경우는 돌보아 줄 이가 필요하다. 둘째, '생활고' 문제에 대해서는 국민연금이 있다고는 하지만, 연금수급의 사각지대에 놓인 저소득 노인들이 많아 별도의 소득보장 대책이 필요하다. 셋째, '고독'문제에 대해서는 지역사회에 노인복지관과 경로당이 있다고 하지만, 서비스도 다 미치지 못할 뿐더러 다양한 욕구를 해결해주지 못하고 있다.

그런데, 이 3고에도 양극화 현상이 생기고 있다. 고소득노인(일명 '범털노인')과 저소득노인(일명 '개털노인')은 생활고와 병고에 대한 노출도가 다르다. 당연히 저소득노인이 빈곤과 질병에 시달릴 가능성이 높다. 과거에 직업이 있었던 노인들은 나이가 들어서도 빈곤에 노출될 위험이 상대적으로 적다는 것은 연구결과에서도 잘 나타나고 있다(최옥금, 2007: 5~25).

여하튼 소득계층에 관계없이 일할 수 있는 노인들은 일하는 것이 좋다. 일할 수 있는데 나이가 많다는 이유만으로 본인의 뜻과 다르게 쉬게 되면 건강에도 좋지 않다. 자신의 역량에 맞는 일을 찾아 일하는 것은 본인뿐 아니라 사회전체를 위해서도 바람직하다. 여러 형태의 노인일자리들을 개발하여 본인에게 적합한 일을 할 수 있도록 하는 것이 중요하다. 택배 업무, 주차관리 등 단순한 일자리는 젊은 사람들보다는 노인들에게 적합한 것으로 여겨지고 있다. 은퇴 고령의사들을 의료취약지역이나 1차 보건분야에서 활동할 수 있도록 지원하는 것도 바람직하다.

은퇴한 노인들은 임금 피크제를 통하여 자신에게 맞는 일을 하는 것이 좋은데, 본인뿐 아니라 주변의 지원과 협조가 필요하다. 우리 사회는 체면의식이 있어 잘 나갔던 시절을 생각하고 퇴직 후에도 그럴듯한 자리만 추구하는 경향이 있는데, 이것을 과감하게 벗어나지 않으면 노인 일자리의 해법이 없다.

노인들의 여가문제, 성문제도 관심을 가져야 한다. 평균수명이 길어짐에 따라 인생의 황혼기도 길어지고 있다. 동반자와 행복하게 노년을 보낼 수 있도록 도와주는 프로그램이 필요하다. 이혼, 사별 등으로 독신이 된 노인에 대하여 독거에 따른 정서적 문제를 사전에 예방할 수 있는 프로그램이 필요하다.

최근 조사에 의하면 60대의 젊은 노인들은 노후를 활기차게 보내기를 희망하고 새로운 것을 배우려는 의욕이 강하게 나타나고 있다(정경희 외, 2005). 노인들의 여가활동은 사회봉사, 문화예술활동, 생활체육활동, 학습활동 등 다양한 형태로 이루어지는 것이 바람직하고, 사회통합에 기여할 수 있도록 설계되어야 할 것이다(오영희, 2006). 이러한 프로그램 중 시장성이 있는 것은 민간에 맡기도록 하되, 그렇지 않은 것은 정부의 개입이 필요하다.

3) 튼튼한 사회안전망 만들기

양극화문제에 대하여는 일단 사회안전망이 해법이다. 사회안전망이란 "사회적 위험에 노출된 취약계층에게 국가와 사회가 제공하는 다양한 형태의 보호 및 지원체계"를 말한다. 근로안전망, 건강안전망, 소득안전망이 주된 안전망이다.

사회안전망은 1·2·3차로 구성되어 있다. 1차 안전망은 아래 표에서 보듯이 건강보험, 국민연금, 고용보험, 산재보험 등 사회보험을 말한다. 2차 안전망은 취약계층의 소득 및 건강을 보장하는 것으로, 국민기초생활보장제도와 의료급여제도, 사회복지서비스 등이 있다.

〈표 3-4〉 사회안전망의 형태

1차 안전망	2차 안전망	3차 안전망
· 건강보험 · 국민연금 · 산재보험 · 고용보험	· 공공부조 · 사회복지서비스	· 긴급복지지원 · 재해구호

3차 안전망은 갑작스럽게 빈곤이나 질병의 위험에 빠진 대상자들을 일시적으로 도와주는 것으로 긴급복지지원제도와 재해구호제도가 있다. 사회안전망에 있어서 사후적 안전망 보다는 예방 위주의 사전적 안전망이 더 효율적이다. 이런 점에서 1, 2, 3차 안전망 중 1차 안전망을 최대한 튼튼히 하여 가급적 초기에 많은 부분이 해소될 수 있도록 해야 한다. 우선 1차 안전망을 통하여 문제를 해결하되, 1차 안전망으로 해결되지 못하는 경우 2차 안전망을 가동하고, 2차 안전망으로도 해결되지 않으면 최후의 수단으로 3차 안전망을 가동해야 할 것이다.

그러나 우리나라는 1차 안전망이 아직 성숙되어 있지 못하다. 우리나라의 사회보험은 제도의 시행시기도 외국에 비하여 늦었지만, 가입률 자체가 낮아 사회적 위험이 발생했을 때 그 혜택을 받을 수 없는 이들이 다수 발생하는 것이 문제이다. 특히, 고용상태가 안정되어 있지 않은 비정규직들과 영세자영업자들의 경우는 정규직근로자들에 비하여 사회보험 가입률이 현저히 낮다. 특히, 국민연금의 경우 비상시근로자들과 자영업자들의 빈번한 소득상실은 가입기간 단절로 이어져 국민연금의 사각지대로 작용할 소지가 농후하다.

사회안전망의 확충도 중요하지만 사회안전망의 비효율적인 요인을 제거하는 것도 그 못지않게 중요하다. 기초생활보장제도의 급여체계를 보기로 하자. 현재 기초생활수급자로 선정되면 생계비, 의료급여, 수업료, 주거비, 자활급여, 영세민 아파트 입주권 등의 혜택이 일괄적으로 지원되고 있다. 그런데, 이러한 일괄급여 방식은 행정적으로는 간편하지만 수급자에게 혜택이 집중되어 빈곤상태로부터 벗어나려고 하지 않는 '빈곤의 함정'이 심화되고, 차상위계층에 대한 지원이 제한되는 문제가 생긴다. 따라서 급여내용을 생계, 의료, 주거, 교육, 자활 등으로 나누되, 급여의 특성별로 대상자 선정기준을 달리 하는 맞춤형 생계급여체계로 개편할 필요가 있다.

또 하나 지적할 사항은 사회복지전달체계가 개편되어야 한다는 것이다. 중앙정부는 보건복지가족부, 여성부, 문화체육관광부 등 관련부처에서 사업지침을 작성하여 지방자치단체로 내려보내고 있다. 그러나 시군구나 읍면동의 일선 현장에서는 이러한 일들이 몇몇 사람에게 집중되는 '깔때기 현상'이 발생하고 있다. 일선 읍면동에는 수많은 대상자를 조사해야 하고 지침도 읽어보아야 한다. 그런데, 사업을 수행하는 부서마다 제각기 지침을 내려보내고, 그 지침은 수백 페이지에 이르기도 한다. 지침 다 읽고 소화하는 데 몇 개월이 걸리는데, 그 지침을 익힐 만하면 다른 자리로 발령이 나버리는 것이 현실이다. 사회복지직 공무원들이 서류처리에 시간을 보내느라 현장을 가 볼 시간이 없다는 이야기도 들린다.

마지막으로 언급할 사항은 소득격차문제는 사회안전망뿐 아니라 조세정책 등을 통한 소득재분배 기전이 같이 작용해야 성과를 거둘 수 있다는 것이다. 스웨덴의 경우 소득재분배 전 지니계수는 우리보다 크나, 정부정책을 통한 가처분소득 지니계수는 우리보다 낮다. 이는 스웨덴정부가 적극적인 정책개입을 통하여 소득격차를 줄여나가고 있다는 것을 의미한다.

4) 사회복지의 지역균형발전

지방자치단체들 간의 재정자립도 격차가 크다는 것은 이미 잘 알려진 사실이다. 서울에는 재정자립도 90% 이상의 서초구가 있지만,

전북에는 재정자립도 20%대의 영세한 군지역도 있다.

재정자립도의 차이는 주민들의 삶의 질 격차와 연결된다. 재정자립도가 낮으면 인건비와 꼭 필요한 사업비 외에 지역발전을 위한 여력이 없다. 그러다 보면, 자연히 보건이나 복지분야의 재정투입은 후순위로 밀릴 수밖에 없다. 이러한 문제를 해소하기 위해서는 근본적으로 지방재정이 좋아져야 하지만 단기간에 해결될 수 있는 사항이 아니다. 중앙정부에서 수행하는 생계급여, 의료급여와 같은 대형 국고보조사업의 경우 국고와 지방비의 부담비율을 법령으로 정하고 있다. 예를 들면, 서울은 국고 대 지방비 부담이 '5 : 5', 기타지역은 '8 : 2'라고 하는 식이다. 대형 국고보조사업은 법으로 꼭 이행하여야 하는 사업이므로 지방정부가 이를 회피할 수 없다. 그러다보니 재정자립도가 낮은 지방자치단체는 여간 힘든 것이 아니다. 재정은 어렵고 취약계층은 많은 지방자치단체에서는 몇몇 필수적인 복지사업에 대하여 예산을 편성하다 보면, 곳간이 텅 빈다는 푸념이 제기된다.

현 시점에서는 대형 국고보조사업이 지방재정에 미치는 영향을 고려하여 재정자립도에 따른 차별적 국고지원을 하는 것이 우선적인 대안이 될 것이다. 즉, 재정자립도가 좋은 지방자치단체는 현재보다 지방비부담을 좀 더 하도록 하고, 재정자립도가 취약한 지방자치단체는 지금보다 더 낮은 비율로 지방비 부담을 하도록 하는 것이다. 이렇게 되면, 재정사정이 어려운 지방자치단체는 상대적으로 대형 국고보조사업비의 지방비부담압박이 줄어들어 자율적인 복지사업을 펼 수 있는 여력이 조금 생길 것으로 기대된다.

캐나다 연방정부의 경우, 주 정부의 재정자립도에 차이가 나기 때문에, '평준화 공식'(*Equalization formula*)을 적용하여 지방정부에 국고를 차등 보조하고 있는데, 이때 고려되는 변수가 재정상태, 면적, 인구수 등이라고 한다. 미국 연방정부는 일부사업에 대하여 주정부에 포괄 보조금(*Block grant*)을 지원하고 있는데, 이는 사업내용을 연방정부에서 세부적으로 정하지 않고 지방정부의 책임으로 사업을 수행하도록 한 것이다.

5) 출산 및 육아를 편안하게

저출산문제를 극복하기 위하여 유럽국가들은 일찌감치 출산을 지원하는 정책을 펴왔다. 이에 비해 우리나라 정부는 출산지원정책의 도입시기가 상당히 늦은 편인데, 이는 급격한 출산율 감소를 미리 예상하지 못하였기 때문이다(합계출산율은 외환위기를 거치면서 1998년 처음으로 1.5명 미만으로 떨어졌으며, 2001년부터는 1.3명의 초저출산 현상이 지속되고 있다).

극도로 낮아진 출산율을 회복하기 위해서는 각종 대책들이 강도 높게 추진되어야 한다. 하지만 물리적이고 강제적 수단으로는 그 효과를 거둘 수 없다. 강력한 출산억제정책을 폈던 과거와는 달리 이제는 출산에 유리한 환경을 적극 조성하고 출산 및 양육이 개인의 삶의 질과 연계되도록 하는 것이 바람직하다(이삼식, 2006: 5~17).

일부 저출산국가들이 출산율 회복정책을 펴왔으나, 비용에 비해 효과가 크지 않은 경우도 발생하고 있다. 출산과 양육을 위한 경제적 지원뿐만 아니라 의식교육, 의료 및 육아 인프라 확충, 출산친화적인 고용제도개혁 등이 같이 이루어져야 한다. 다시 말해, 저출산대책에는 인구정책, 가족정책, 여성정책, 보건정책, 복지정책, 교육정책, 고용정책, 주택정책, 조세정책 등 관련정책들이 모두 다 포함되어 한 방향으로 움직이는 것이 옳다.

저출산대책은 생애주기별로 추진될 필요가 있다. 즉, 초·중·고등학교과정에부터 아이를 낳고 기르는 시기에 이르기까지 과정별로 접근하는 것이 필요하다. 아동기 때부터 결혼과 출산에 대한 우호적인 태도가 형성되어야 하고, 결혼 준비기에는 결혼을 가로막는 장애

〈표 3-5〉 생애주기별 저출산대책

정책대상	저출산의 원인	대책의 기본방향
가치형성기 (초·중·대학생)	· 결혼관/가족관 약화	· 결혼 및 출산에 대한 우호적 가치관 형성 (학교교육, 홍보, 상담)
결혼준비기 (미혼 남녀)	· 소득 고용 불안정 · 결혼비용 부족 · 일/결혼의 양립 곤란	· 결혼 장애요인의 제거 (결혼문화개선, 결혼 친화적 고용정책)
출산양육기	· 자녀양육비용 과다 · 보육인프라 미흡 · 불임 · 부부간 역할분담 · 소득 고용 불안정	· 출산 친화적 사회여건 조성 (임신 출산 관련 의료지원) · 육아인프라 확충 · 자녀양육비 부담 경감 · 일과 가정의 양립 가능한 고용제도

* 자료: 이삼식(2006:15)을 재구성.

요인을 제거하여야 한다. 출산양육기에는 출산을 억제하는 요인들을 막고 편안하고 부담 없이 아이를 낳고 기를 수 있도록 해주어야 한다. 이러한 생애주기별 정책방향을 정리하면 〈표 3-5〉와 같다.

6) 보건의료정책의 뉴 패러다임

우리나라의 건강보험제도는 사실상 보건의료제도와 같은 의미로 보아도 무방하다. 의료서비스의 대부분이 건강보험 급여를 통하여 이루어지기 때문에 건강보험과 분리된 별도의 보건의료정책은 큰 의미가 없다고 해도 과언이 아니다.

그런데 이 건강보험의 재정적자가 지금 우려할 수준에 와 있다. 2003년 당기흑자를 기록했으나 2006년부터 당기적자로 들어갔고, 잠재부채는 5조 6천억 원에 이른다. 보험급여비 증가속도는 매년 11% 이상으로 빠른 속도로 늘고 있다. 고령화, 만성질환, 보장성 확대가 주요한 증가요인으로 지적되고 있다.

2007년 현재 건강보험재정은 25조원이고, 민간보험규모는 약 10조원 정도로 추계된다. 국민의료비는 2008년 29조원으로 추계되며, GDP 대비 6% 수준에 와 있다. 우리나라의 건강보험은 비교적 적은 재원으로 의료서비스의 접근성을 낮추었다는 점에서는 국제적으로 긍정적 평가를 받고 있다. 그러나 건강보험의 급여수준은 아직 선진국에 비하여 낮고, '행위별 수가제'(*fee for service*)로 인한 의료의 왜곡현상도 심각하여 효율성 면에서는 좋은 점수를 받지 못하고 있다. 건강보험 가입자들은 보장성 강화를 요구하면서도 보험료를 인상하는 것은 반대하며(보험료는 2008년 현재 5.08%로, 일본의 8~9%, 독일 프랑스의 13~15%선에 비하면 아직 낮은 수준이다), 의료공급자들은 정부의 저수가 정책을 비난하면서 해마다 수가인상을 요구하고 있다.

이러한 상황에서 건강보험제도를 지속가능한 제도로 운영할 수 있는 방법은 무엇인가? 무엇보다 보험료와 수가인상의 상호연계적인 합의구조가 필요하다. 해마다 건강보험정책심의위원회에서 밀고 당기는 협상방식의 심의구조를 계속 가져가야 하는지에 대한 반성이 필요한 시점이다. 물가수준과 연동하여 수가를 조정하고 그에 맞추어 보험료를 인상하는 방식은 없는지, 정부의 재정지원은 어느 정도로 맞출 것인지, 준비금은 얼마나 두면 좋은지 등 보험재정 관리에 대한 세밀한 고민이 필요하다.

다음은 급여의 패러다임을 바꿀 필요가 있다. 치료 중심에서 예방, 건강증진으로 이행하면 분명히 비용효과적이다. 암, 뇌혈관질환, 심장질환, 고혈압, 당뇨와 같은 순환계 질환 등은 치료 못지않게 조기발견 및 관리에 역점을 두어야 한다. 2005년 현재 사망순위 1위는 암, 2위는 순환계질환으로 두 질병이 전체사망의 50%를 차지하고 있고, 2005년 기준으로 고혈압과 당뇨 두 질환의 진료비가 전체 건강보험 진료비의 20%를 차지하며 이는 암 진료비의 4배나 되고 있다. 예방

관리의 중요성에 대해서는 아무도 이견을 제기하고 있지 않지만, 아직까지 보험급여의 우선순위는 질병의 치료에 있다. 예방관리의 의료비 절감효과를 면밀히 분석하여 큰 틀에서 재정절감형 보험급여설계를 해 볼 필요가 있다.

의료비 증가로 애를 먹는 선진 외국의 개혁동향도 눈 여겨 보아야 할 것이다. 여러 가지 대안이 제시되고 있으나 우리 현실에 맞는 의료개혁이 이루어져야 국민들의 건강수준이 향상되고 제도의 만족도도 높아질 것이다.

현재 보건의료서비스에 대한 가치관이 대립되어 있는 상태이다. 보건의료를 공공재로 여기는 시각과 산업을 강조하는 시각이 충돌하고, 의료의 질과 형평성 간의 우선순위 논쟁도 일고 있다. 이러한 상황에서 두 가치관의 절충점을 찾아보는 노력이 필요하다. 제3의 길로 제시되고 있는 민간(개인)의료보험의 활성화 논의는 해볼 필요가 있지만 단순하게 미국과 같은 모델을 벤치마킹하는 것은 위험이 따르니 조심하여야 한다. 민간보험 중심의 미국이 1인당 의료비는 세계 최고 수준인 반면, 평균적인 건강수준은 계층간·인종간 건강격차로 인하여 그다지 높지 못한 점을 잘 살펴보아야 한다. 국민건강의 양극화를 불러오는 의료산업의 발전모델은 피하는 것이 좋다.

건강보장에 있어 기본적인 역할은 어디까지나 사회보험의 몫이고, 민간보험은 보완적인 역할을 담당하는 것이 바람직하다. 따라서 건강보험제도의 근간을 흔들지 않으면서 실질적으로 국민과 의료공급자를 만족시킬 수 있는 '보충형 민간의료보험'에 대한 심도 있는 검토가 이루어져야 한다.

7) 경쟁력 있는 갈등관리

갈등관리의 중요성은 아무리 강조해도 지나치지 않다. 세계화 시대에서는 경쟁과 능률이 생존을 위한 필수요건이다. 노사갈등, 정치갈등, 지역갈등, 학내분규, 세대갈등, 개발분쟁, 가정갈등에 이르기까지 여기저기서 생기는 갈등들을 잘 관리하면 우리 사회에 도움이 될 수도 있지만 갈등이 과격해지거나 장기화 되면 부작용이 심각해진다. 생산성이 떨어지고 경제적 손실이 생기는 것은 물론, 국제사회에서 신용이 떨어지고, 산업경쟁력이 가라앉고 만다. 사회적으로도 지나친 갈등은 사회통합을 저해한다. 신뢰가 무너지고 사회관계가 악화된다. 따라서 갈등관리는 지속가능한 발전을 위하여 매우 중요한 개념이다.

성공적인 갈등관리는 타협과 협상에서부터 비롯된다. 민주사회에서 모든 사람들이 같은 생각을 하도록 강요할 수는 없다. 그렇다고 자기 입장만 강조할 경우 의견조정은 불가능해진다. 따라서 서로 양보하고 최선이 안 되면 차선을 강구하는 자세가 필요하다. 지나친 원칙주의는 자신뿐 아니라 사회전체에 부담이 된다.

현대사회에서 이해집단 간의 갈등은 원천적으로 생길 수밖에 없다. 당사자들끼리 문제를 해결하는 것이 바람직스럽긴 하지만 그렇다고 집단 간의 갈등을 마냥 내버려두는 것이 능사는 아니다. 당사자 간에 합의가 잘되면 더할 나위가 없겠지만 갈등이 장기화, 일상화되어 공익을 해치는 심각한 수준까지 가면 정부가 나서는 것이 합당하다. 다만, 이 경우 분쟁조정의 법적 근거가 확실해야 하고, 정부의 조정안을 당사자들이 받아들일 수 있는 제도적 구조가 만들어져야 한다.

해당기관의 분쟁조정경험과 기술도 중요한 요소이다. 21세기에는 선진적인 분쟁조정모델을 만들어 갈등관리에서도 국제경쟁력을 갖도록 해야 할 것이다. 네덜란드, 스웨덴 등에서 채택한 사회협약, 노사정 합의체와 같은 것도 갈등관리의 좋은 모델이 될 것이다.

제 2 부 사회문제와 복지정책

제 4 장

저출산의 원인과 정책과제

저출산은 국가의 미래를 위협하는 시한폭탄이다. 출산율이 1.0명이 되면 한 세대가 바뀔 때마다 인구가 반으로 준다. 저출산 현상을 계속 방치할 경우 그 대가는 자칫 인류공멸로 나타날 수 있다.

1. 우리나라의 출산율 동향

2006년 우리나라의 출산율은 1.13명으로 OECD 최저수준이며, 2004년 출생아수 47만 명은 1970년 100만 명의 절반수준도 안 된다. 이는 한 나라의 인구구조를 그대로 유지하기 위해 필요한 대체출산수준(*replacement level*)인 2.1명에 크게 미달하는 것이며 OECD 국가 평균 출산율인 1.6명에 비해 훨씬 낮은 수준이다.

미국 인구조회국(Population Reference Bureau)은 한국을 대만, 폴란드, 우크라이나, 체코 등과 함께 세계적으로 출산율이 낮은 10개국 중 하나로 분류하고 있다. 출산율이 이대로라면 2050년까지 생산인구의 감소와 노령인구의 대폭증가 추세가 동시에 진행되고, 15~64세 생산인구의 평균연령도 40대 후반으로 노령화될 것으로 전망된다. 총인구수는 2020년을 정점으로 4,996만 명까지 증가하나 그 이후에는 지속적으로 감소할 것으로 보인다.

〈그림 4-1〉 합계출산율 추이

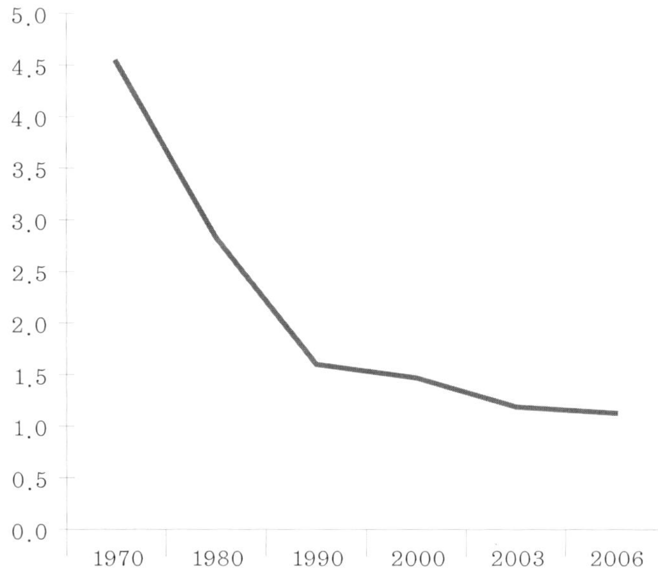

＊자료: 통계청, 2007. 5, 2006년 출생통계잠정결과.

〈표 4-1〉 총인구 및 인구성장률 추이

(단위: 천 명, %)

구 분	1970	1980	1990	2000	2005	2010	2020	2030	2050
총인구	32, 241	38, 124	42, 869	47, 008	48, 294	49, 220	49, 956	49, 329	42, 348
성장률	2. 21	1. 57	0. 99	0. 84	0. 44	0. 34	0. 01	-0. 28	-1. 18

＊자료: 통계청, 2005. 1, 〈장래인구 특별추계〉.

〈그림 4-2〉 가임여성 변화 추이

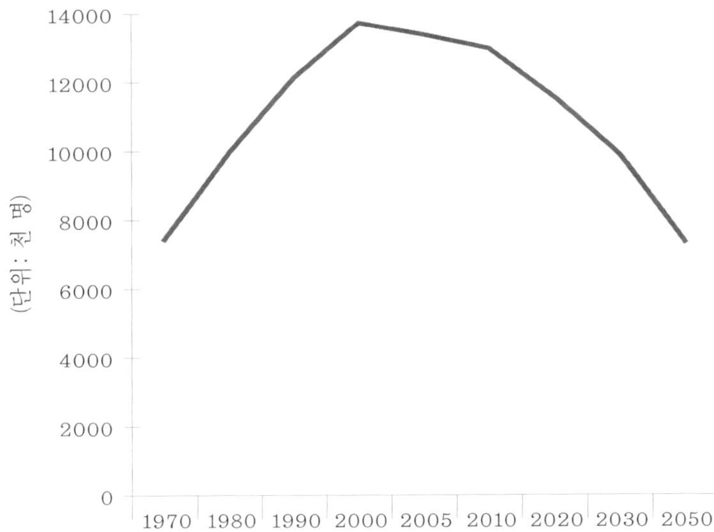

* 자료: 안명옥, 2004. 10, 〈출산율 제고를 위한 정책과제〉.

〈표 4-2〉 관련 인구지표

지 표	개 념
중위연령	특정 인구의 나이를 측정하는 대표값 중의 하나. 연령별 인구구조가 정규분포를 나타내고 있지 않은 경우, 평균연령(*mean age*)보다 더 대표성이 높다.
생산가능인구	육체적으로 생산 가능한 연령층의 인구. 국제적으로 15세 이상 64세 이하의 연령층을 일컫는다.
노인인구	65세 이상의 연령층을 말한다.
유년인구	14세 이하의 연령층을 말한다.
노인부양비	노인인구수를 생산가능인구수로 나눈 값을 말한다.
유년부양비	유년인구수를 생산가능인구수로 나눈 값을 말한다.
총부양비	노인부양비와 유년부양비를 합친 값을 말한다.
고령화지수	노인인구수를 유년인구수로 나눈 값을 말한다.

〈그림 4-2〉에서 보듯이 가임여성수는 2000년 1,371만 5천 명을 정점으로 감소세로 돌아서 2005년 1,337만 3천 명으로 줄어들고, 2030년에는 989만 1천 명으로 1천만 명을 밑돌게 되고, 2050년에는 734만 6천 명으로 지금의 절반으로 떨어지게 된다.

생산주축 계층인 25~49세 인구는 2008년부터 매년 20만 명씩 감소해 2005년 2천만 명 수준에서 2050년에는 절반수준인 1천만 명으로 줄어들게 된다. 생산가능인구가 줄고 노령인구가 대폭 증가하면 노령인구 부양비가 크게 높아지는데, 2005년에는 생산가능인구 7.9명당 1명의 노인을 부양하던 것을 2050년이 되면 생산가능인구 1.4명당 1명을 부양해야 한다. 이렇게 되면 2050년 우리나라의 총부양비는 86%에 이르게 되는데, 일본(98%), 이탈리아(90%)에 이어 세계에서 가장 높은 수준이 되고, 미국(63%)과 프랑스(67%)를 크게 상회할 것이다.

일과 가정의 양립이 곤란한 사회경제적 여건을 그대로 방치할 경우 앞으로의 출산율은 현재보다 더 낮아질 것이다. 인구학적으로, 출산율이 1명일 경우 한 세대가 바뀔 때마다 인구가 반감하는 현상이 발생하게 된다. 예를 들어, 한 세대의 교체주기를 40년으로 본다면 80년 후면 인구가 4분의 1로 줄고, 120년 후면 인구가 8분의 1로 줄어드는 결과가 나오게 된다. "식량은 산술급수적으로 늘어나고 인구는 기하급수적으로 늘어난다"는 맬서스의 인구론을 거꾸로 적용해야 할 판이다. 이탈리아의 인구학자 안토니오 골리니(Antonio Golini)는 "이탈리아의 출산율이 30년이나 40년 동안 변화가 없다면 인구가 지금의 3분의 1로 줄어들 것이다"라고 예측했다. 일본의 국립사회보장·인구문제 연구소는 합계출산율 1.29명이 지속되면, 300년 후인 서기 2330년에는 인구 100만 명 선이 붕괴되고, 서기 3200년에는 일본인구가 제로가 된다는 계산을 내놓았다(니혼게이자이 신문사, 2006). 이와 관련해 도요타 자동차의 명예회장이자 재계지도자인 도요타 쇼이치로는 "800년 후에 일본은 지구상에 남아있지 않을 것"이라고 예언해 화제가 되기도 했다.

〈그림 4-3〉 15~64세 생산가능인구추이

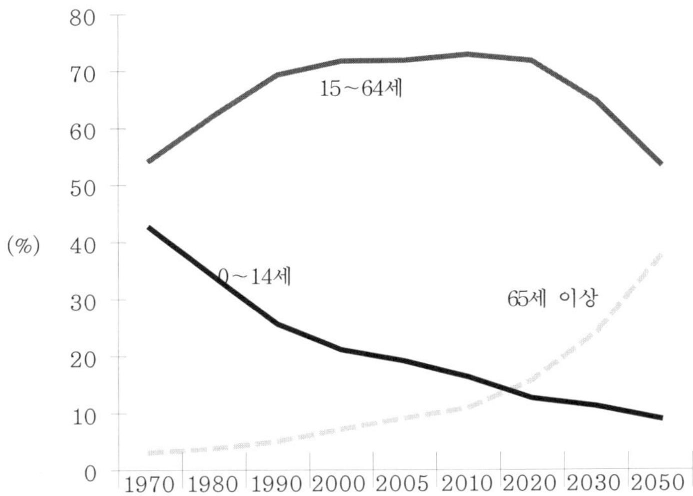

* 자료: 통계청, 2005. 1, 〈장래인구 특별추계〉.

〈그림 4-4〉 부양비 추이

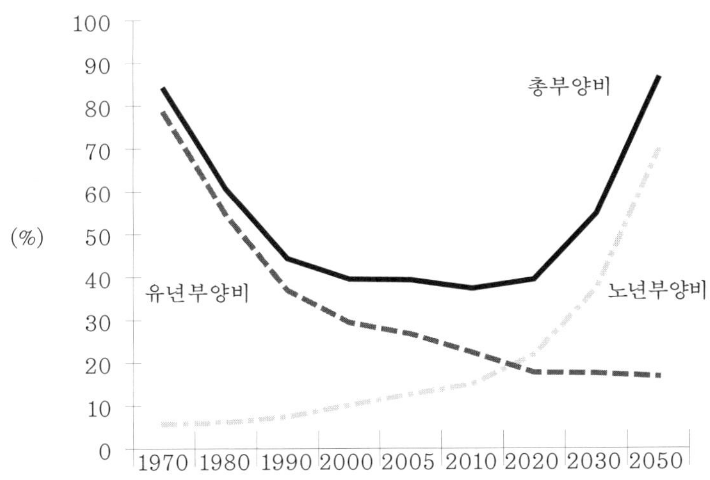

* 자료: 통계청, 2005. 1, 〈장래인구 특별추계〉.

2. 저출산의 사회경제적 문제점

1) 노동력 감소와 질 저하로 성장잠재력 훼손

OECD는 회원국들이 저출산으로 향후 50년간 노동력 증가는 4%에 불과하고, 노령인구가 많아져 성장잠재력이 크게 훼손될 것이라고 전망하고 있다. 미국처럼 출산율이 양호한 나라는 노령화로 인한 잠재성장률 하락폭이 크지 않으나 유럽국가의 경우는 잠재성장률이 1% 이하 수준으로 급락할 전망이어서 문제가 심각하다. 높은 출산율이 잠재성장률에 미치는 영향은 그 나라의 사회경제적 여건과 인력의 질에 따라 다를 수 있지만, 출산율이 일정 수준 이하로 내려가면 낮은 출산율은 잠재성장률을 잠식하는 것으로 알려지고 있다. 장기적으로 인구구조가 생산활동인구보다 부양인구가 많아지는 역삼각형 형태가 되기 때문이다.

대표적인 저출산 국가인 우리나라도 예외는 아니다. 우리나라의 잠재성장률은 2005년 5% 수준에서 2030년에는 2.3% 수준으로 하락할 것이라는 전망이 나오고(문형표·김동석, 2004), 2040년대에는 1.53%로 낮아질 것이라는 비관적인 전망도 있다(한국보건사회연구원, 2006).

〈표 4-3〉 합계출산율이 1.08로 유지될 경우 잠재성장률 전망

연 도	2000년대	2010년대	2020년대	2030년대	2040년대
잠재성장률(%)	5.08	4.47	3.04	2.16	1.53

* 자료: 한국보건사회연구원, 2006, 〈5개년 저출산고령사회기본계획 수립연구(1차)〉.

〈그림 4-5〉 GDP 대비 고령화관련 지출비 추이

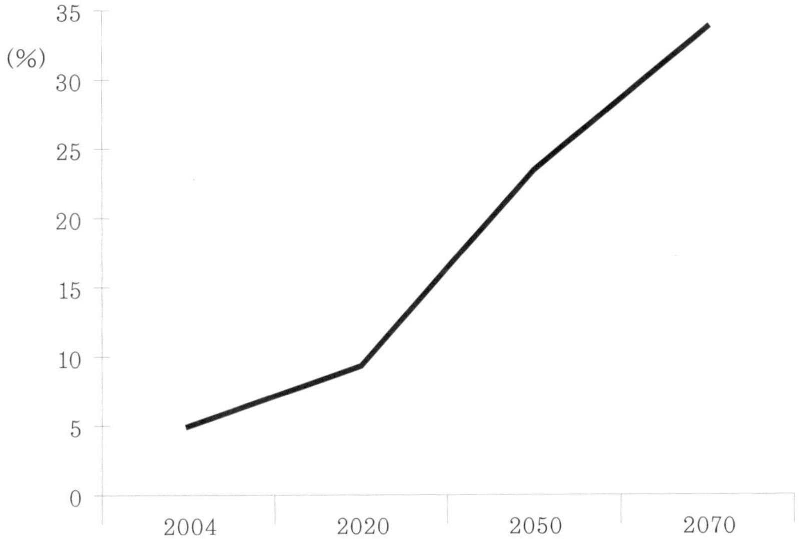

* 자료: 한국개발연구원(2004. 12).

2) 정부 재정위기

조세연구원에 의하면, 급격한 고령화로 국민부담이 대폭 증가하고, 2040년 중반부터 GDP의 10% 내외에 이르는 재정적자로 재정안정성이 크게 위협을 받을 것으로 보인다. 현재의 정부재정이 GDP의 30% 수준임을 감안하면, 전체 나라살림의 3분의 1이 적자라는 것이다.

한편, 사회보장재원도 빠르게 고갈되어 공적 연금과 건강보험은 적자상태에 빠지고, 후세대는 소득의 30~40%를 사회보험료로 납부해야 하는 현상이 발생할 것이다. 이대로 가면 국민연금은 2060년경에 고갈될 것으로 전망되어 50년 후의 사회보장제도는 매우 불확실할 것으로 예상된다.

한국개발연구원에 의하면 2004년 고령화관련 지출은 GDP 대비 4.95%이던 것이 2020년에는 9.3%로 늘어나고, 2050년에는 23.4%, 2070년에는 33.7%로 늘어날 것으로 예견된다. 이렇듯 근로계층의 사회적 부담이 증가하게 되면 고소득계층들은 세금부담을 피하여 해외로 떠나버릴 가능성이 있다는 주장도 제기되고 있다(안명옥, 2005).

3) 가족연대성 파괴로 인한 세대간 갈등 심화

현재와 같이 한 가정에서 1명 정도의 자녀를 출산할 경우, 형제, 이모, 고모, 4촌, 6촌 등 방계혈족이 줄어들거나 사라지게 되어 혈연기반 공동체가 소멸될 것이다.

이에 따라 혈연에 기반을 둔 가족간 상호부양체계에서 공적 연금 등을 통한 세대간 사회적 부양체제로의 전환이 불가피하게 된다. 혈연기반이 없는 사회적 부양체계에서는 후세대의 사회보장 재원부담이 커질 수밖에 없고 이에 따라 세대 간 갈등이 격화될 가능성이 농후하다. 노령세대는 당연히 사회적 부양을 요구할 것이고, 젊은 세대는 부양에 필요한 사회적 부담을 거부할 가능성이 있다.

4) 한 자녀출산으로 인한 '소황제 신드롬'

'소황제'란 독자로 태어난 자녀가 성장과정에서 부모의 지나친 관심과 보호를 받아 적극적 능동적인 생활태도 대신 소극적이고 자기중심적인 인생관을 가지게 되는 것을 말한다, '소황제 신드롬'을 겪고 있는 중국은 1970년대 중반부터 강력한 인구억제정책인 '한 자녀 운동'을 전개하였다. 1980년 이전에 출생한 독자수가 9천만 명을 상회하고 1981년 이후 출생한 독자수는 3억 2천만 명에 이른다(니혼게이자이 신문사, 2006). 이렇게 혼자 부모의 관심과 애정을 독차지 하고 자란 소황제 세대들은 자기중심적이고 독단적이어서 타인과의 공유가 무엇을 의미하는지를 모르며, 경쟁력이 약하고 심리적으로 유약해지기 쉽다고 한다. '소황제 신드롬'은 중국 경제의 성장잠재력을 위협하는 요인으로 작용하고 있다. 우리나라의 경우에도 한 자녀 가정이 점차 늘어나고 있어 중국의 '소황제 신드롬'이 결코 남의 일이 아니다.

3. 출산율 저하의 원인

1) 출산율 변동의 이론

(1) 신가정경제 모형(*New Home Economics Model*)

신가정경제 모형은 "개인은 자신의 효용을 극대화하는 방향으로 의사결정을 하며, 자녀출산 및 양육도 예외가 아니다"라는 관점에서 출발한다. 자녀를 가짐으로서 생기는 만족은 자녀의 질에 의하여 좌우된다는 것이다. 자녀는 시간집약적인 재화인데, 자녀양육에 소요되는 시간의 한계생산성이 증가하지 않을 경우 자녀양육보다 시간이 덜 소요되는 재화를 선택할 것이다. 또, 소득이 늘어나면 날수록 자녀의 수보다는 자녀의 질을 중요시하는 방향으로 진행될 것이다. 이렇게 볼 때 사회가 발달하면 할수록, 자녀의 질에 대한 기대가 크면 클수록 출산율은 떨어질 수밖에 없다(Namboodiri & Luying, 1997).

(2) 인구변동과 대응이론(*Theory of Demographic Change and Response*)

평균수명이 증가하면서 인간은 장래를 위하여 열심히 일하거나 가족규모를 줄이거나 결혼을 연기하여 자신의 의무에서 탈피하려 한다(Davis, 1963). 이론적으로 보면 출산율은 '0'까지 도달할 수 있다.

(3) 상대적 소득가설(*Relative Income Hypothesis*)

상대적 소득가설에 의하면, 출산율은 기대되는 소득과 자원의 영향을 받는다. 부부가 충분한 경제적 자원을 가지고 있는 경우 자유롭게 자녀들을 둘 수 있으나, 그렇지 못한 경우 자녀 두기를 주저할 것이라는 것이다(Easterlin, 1978). 이와 비슷한 설명으로 "출산율은 자녀에 대한 수요와 공급에 의하여 결정된다"는 '사회경제적 출산력 이론'(*Socio-economic Theory of Fertility*)이 있다. 이 이론은 "자녀가 아닌 다른 쪽에서 삶의 행복을 찾을 수 있다면, 자녀출산을 포기할 수 있다"고 설명한다. 직장생활, 교육, 레저, 문화, 기타 생활환경 등이 자녀양육보다 이득이 클 경우 자녀수요가 줄어들게 된다는 것이다.

(4) 항상성 가설(*Hypothesis of Homeostasis*)

생활여건이 좋아지면 출산율이 높아지고 생활여건이 나빠지면 출산율이 낮아진다는 것이 인구경제학의 일반적인 이론이다. 그러나 항상성 가설은 인구증가율이 계속 낮아지면, 기술진보 등 여러 가지 지지요인들이 작용하여 인구증가율이 일정하게 유지될 것이라고 보고 있다(Lee, 1994). 이와 유사한 관점으로 "어느 사회든지 최소한의 가족규범이 있으므로 출산율이 가족의 소멸을 의미하는 제로수준까지 줄지는 않는다"는 낙관론도 있다(Blake, 1968).

2) 저출산 유발요인

저출산을 유발하는 요인은 소득 · 재산 등과 관련된 경제적 요인, 교육적 요인, 사회문화적 요인, 개인적 요인 등으로 분류할 수 있다.

(1) 경제적 요인

여성들의 취업이 늘어나고 직장에서의 성공을 추구하면서 자녀출산은 기회비용으로 작용한다. 고급직종에서 일하는 고학력여성의 경우 자녀출산으로 인한 기회비용이 더욱 커진다(Atoh, 1998). 남성의 가사역할 분담이 제대로 이루어지지 않으면 직장여성들은 일과 가사를 동시에 수행해야 하므로 자녀의 기회비용은 증가한다(Beets, 1997).

거시적으로는 고용상태의 불안정과 불경기도 저출산의 원인이 된다. 영국의 경우 1970년 초반 이후 노동시장의 불안정으로 출산율이 낮아졌으며, 스웨덴의 경우 1990년대 사회복지비용 삭감과 경기침체로 출산율이 줄어들었다(Hoem & Hoem, 1996). 동독은 통일 후 출산율이 급격히 줄어들었는데, 사회경제적 변화에 대응하기 위하여 자녀출산을 억제한 것으로 보인다.

(2) 교육 요인

여성의 교육수준과 출산율과의 관계는 시간과 장소에 따라 다르다(UN, 1995). 그러나 대부분의 연구들은 고학력 여성들의 출산율이 저학력 여성보다 낮다는 것을 보여주고 있다(Beets, 1997). 교육은 그 자체로 혼인연령을 상승시켜 출산시기를 늦추는 효과가 있다. 또한, 교육은 새로운 사상과 가치관, 정보를 제공하여 여성들의 태도와 행태에 영향을 미친다. 교육은 경제활동참가를 높이고 결혼선호도와 자녀에 대한 가치를 낮추는 쪽으로 유도한다. 또한, 학력이 높아지게 되면 그에 걸맞은 배우자를 선택하려는 경향이 생기기 때문에 적절한 배우자를 만날 때까지 혼인을 늦추거나 나타나지 않을 경우 혼인을 포기하는 사례가 생긴다(Kim and Li, 1997).

교육비의 증가도 저출산의 원인이 되고 있다. 자녀교육에 필요한 재원이 엄청나므로 부모들은 자녀의 질을 우선시할 수밖에 없어 선호하는 자녀수(*preferred number of children*)가 줄어든다. 도시근로자 가구의 월평균 소비지출 중에서 교육비가 차지하는 비율은 1993년 8.7%에서 2003년 11.4%로 증가하였다. 특히 교육비 중 사교육비의 비중은 2004년에 64.6%를 기록해 가장 큰 부담요인으로 나타났으며, 2000년의 56.0%에 비해 8.6% 포인트가 증가하였다(최숙희, 2005b).

(3) 사회문화적 요인

경제성장으로 생활이 풍족해지면 개인주의와 물질주의가 발달한다. 개인의 자아실현과 삶의 질을 중시하는 경향이 확산되어감에 따라 자녀에 대한 가치가 감소하고 남아선호사상도 퇴조하고 있다. 젊은 인구집단은 소비활동이 증가하여 결혼과 출산을 미루는 성향이 생긴다. 물질만능주의와 개인주의적 가치가 자녀에 대한 가치보다 클 경우 출산은 억제될 수밖에 없다(Palomba et al., 1997). 설사 출산을 희망한다 하더라도 직장, 양육, 가사 등의 병행이 쉽지 않다. 역할 병행이 어려운 상황에서 기혼직장여성들은 직장과 가사 중 하나를 선택해야 하는 형편에 처해 있다. 실증분석에 따르면 외환위기 이후의 소득요인도 출산율 감소에 영향을 미치고 있는 것으로 나타났다. 이는 과거 고도 성장기에 형성된 평생직장의 개념이 퇴색하면서 가계의 불안정성이 높아지고 미래에 대한 불안이 고조된 것과 관련이 있는 것으로 보인다(최숙희, 2005b).

(4) 개인적 요인

대표적인 개인적 요인으로는 불임(不姙)을 들 수 있다. 자녀출산을 원하는데도 불임으로 고통 받는 이들이 상당수 있는 것으로 추계된다. 2003년 한국보건사회연구원의 통계에 의하면, 우리나라 부부 7쌍 중 1쌍이 불임부부라고 한다. 불임의 원인은 개인에 따라 다르지만 선천적 요인 외에 환경호르몬과 만혼(晩婚) 때문에 불임이 늘고 있다는 분석도 있다.

다음으로는 종교적 요인으로, 낙태에 대한 태도를 들 수 있다. 원치 않는 임신을 종결짓는 것에 대한 종교의 영향력이 크다고 하겠다. 가톨릭교회는 다른 종교에 비하여 인공임신중절을 엄격하게 금지하고 있다. 또 다른 요인으로는 개인의 특별한 가치관을 들 수 있다. 독신주의, 결혼기피증, 자녀기피증 등 정신적 요소가 작용할 경우 출산율에 부정적 영향을 미칠 것이다.

4. OECD 국가의 출산율 분석

대부분의 OECD 국가들이 저출산 현상을 보이고 있는 가운데, 국가 간에 출산율의 차이가 나타나고 있다.

유럽국가는 대체출산수준(*replacement level* : 2.1명) 이하로 출산율이 떨어진 것이 30년 이상 지속되었으며, 출산율이 1.3명 이하인 초저출산 국가가 1990년대 이후 늘어나고 있다. 2002년 현재 초저출산 국가는 총 19개국 2억 4천만 명에 이른다. 특히, 남유럽과 독어권 국가들은 출산율이 1.3명 수준으로 출산율 저하가 상당히 심각한 상태이며, 미국, 프랑스, 북유럽국가들은 비교적 높은 출산율을 유지하고 있다.

사회경제적 발전과 여성경제활동참가율은 일반적으로 비례관계에 있다. 일반적으로 경제가 발전하면 여성의 경제활동이 활발해지고, 여성의 경제활동이 활발해지면 직장인과 가정주부의 역할을 동시에 수행해야 하는 이중적 부담(*double burden*)이 생겨 출산을 억제하는 결과를 초래한다.

이러한 관계 요인 속에서 사회발전을 거듭하게 되면, 출산율은 초기에 계속 낮아지다가 자녀에 대한 경제적 부담을 줄여주는 사회 환경이 조성되면 출산율이 다시 증가하게 된다. 그리하여 출산율과 여성경제활동은 U자형의 모습을 보인다. 그러나 출산율과 여성경제활동은 항상 U자형 관계는 아니며, 그 사회가 처한 환경에 따라 계속 하강하는 모습을 보이기도 한다.

1) 출산율이 낮은 국가의 경우

이탈리아, 스페인, 그리스 등 남유럽국가들은 출산과 양육을 가족에게만 맡기고, 가정과 직장의 병행을 가능케 하는 정책적 대응이 미흡하여 출산율이 급격히 감소했다. 이렇게 감소한 출산율은 회복되지 못하고 1990년 중반 이후 1.2~1.3명 수준으로 저출산 현상이 계속되고 있다. 스페인의 경우 여성의 노동시장참가율은 1990년 40.4%에서 2000년 51.7%로 증가하였으나, 여성에게 불리한 경직적인 노동시장구조가 남아 있고, 보육시설도 미흡하며, 가부장적 문화도 잔존하고 있다. 노동시장참가율 증가는 필연적으로 출산율의 감소를 가져오는데, 스페인을 비롯한 남유럽국가의 사례는 이러한 영향을 상쇄시킬 수 있는 조치를 하지 않으면 출산율 저하를 막을 수 없다는 점을 보여준다.

한편, 독일, 오스트리아, 네덜란드 등 독일어권 국가들은 결혼율 하락, 독거혼 확산 등 전통적인 가족개념이 약화되고, 전업직장 여성이 증가하는 등 시대적 환경이 바뀌고 있음에도 불구하고 이에 대한 대응이 부족하여 출산율 하락을 가져오게 되었다. 그 결과 1970년대 중반 이후 1.3~1.4명 수준의 낮은 출산율이 지속되고 있다.

이들 독일어권 국가에서는 남성은 외벌이 가장으로 생계를 책임지고 주부는 자녀양육에 전념하는 전통적 가족지원제도를 고수하고 있다. 출산한 여성들이 풀타임으로 직장을 유지하기 어려워 독일과 스위스의 대졸여성 중 40%가 직장을 다니기 위하여 출산을 포기하는 실정이다.

다만, 이들 국가 중에서 네덜란드는 여성의 시간고용제(파트타임)를 확대하는 등 출산장려정책을 추진해 출산율이 최근 1.7명까지 상승했다. 네덜란드의 시간제 고용률은 2002년 현재 58.8%로 OECD 평균치 24.7%를 크게 상회하고 있다.

한편, 체코, 폴란드, 헝가리 등 동유럽국가들은 사회주의 시절에는 2.1명 정도의 출산율을 유지하였으나, 체제전환 이후 경제적 어려움과 국가지원 감소로 1.3명 이하 수준으로 급격히 하락하였다.

〈그림 4-6〉 남유럽국가의 출산율(2005)

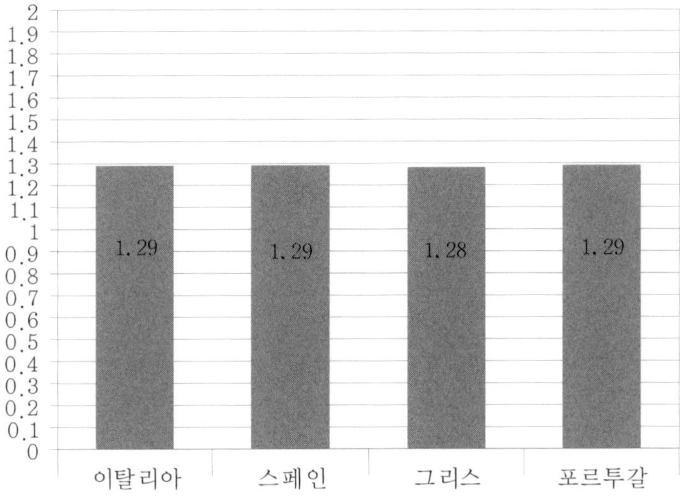

* 자료: 통계청 국가통계포털(http://www.kosis.kr).

〈그림 4-7〉 독일어권 국가의 출산율(2005)

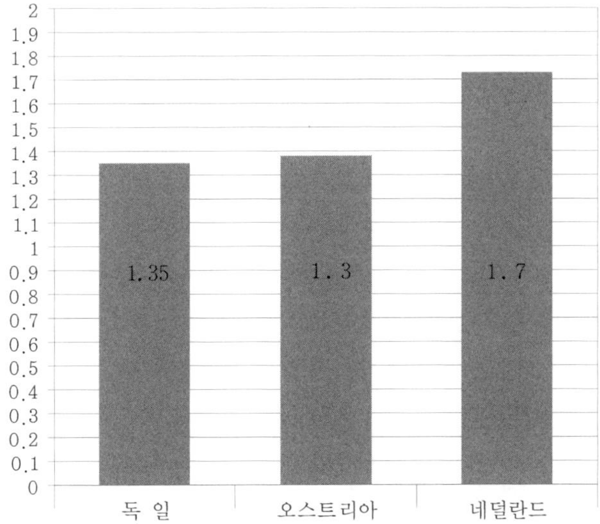

* 자료: 통계청 국가통계포털 (http://www.kosis.kr).

〈그림 4-8〉 동유럽국가의 출산율(2005)

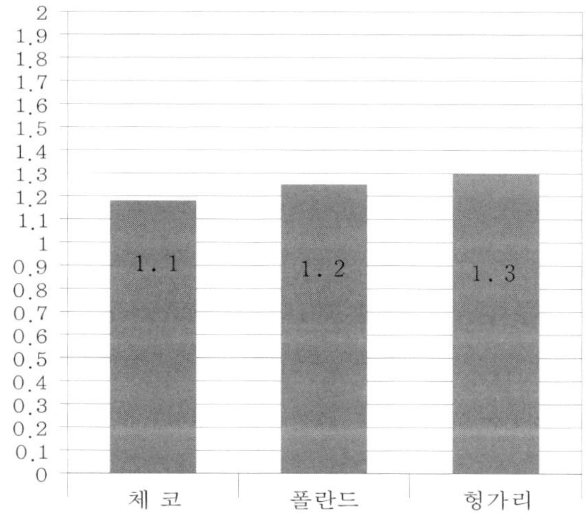

* 자료: 통계청 국가통계포털(http://www. kosis. kr).

〈그림 4-9〉 아시아권 국가의 출산율(2005)

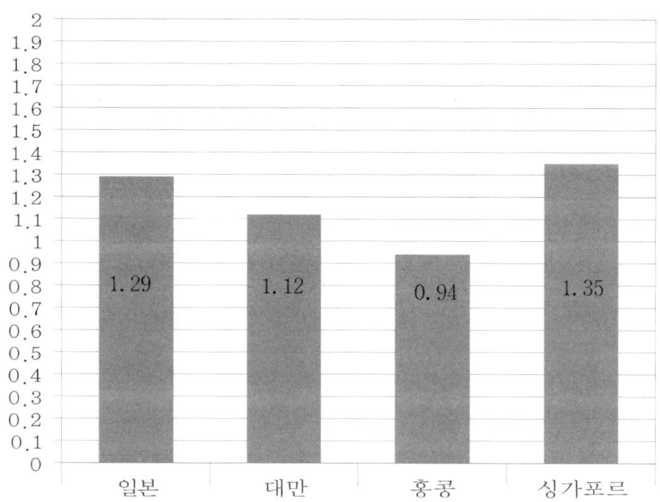

* 자료: 통계청 국가통계포털(http://www. kosis. kr).

한국, 일본, 싱가포르 등 일부 아시아권 국가들은 노동시장의 경직성, 일과 가정을 병행하기 어려운 사회 환경, 높은 교육비 부담 때문에 출산율이 하락하고 있다.

일본은 10년간의 출산대책에도 불구하고 2005년부터 인구가 감소하고 있다. 무엇보다 노동시장의 유연성이 부족하여 여성들이 직장을 구하기가 쉽지 않고, 직장 여성들은 출산으로 직장을 그만둔 다음에는 재취업이 어려워 결혼이나 출산을 기피하는 경향이 확산되고 있다. 2000년 현재 통계를 보면 25~29세 일본여성들 중 78%가 미혼이며, 30~34세 여성들 중 47%가 미혼이다. 이 비율은 우리나라의 46%, 13%에 비해 무척 높은 수준이다. 놀랍게도 일본 여성의 70%가 결혼 또는 첫 아이 출산 때 퇴직하고 있는데, 이는 고용불안감, 보육시설 부족, 가족친화적 직장문화 부재 등 사회적 여건이 미비하기 때문인 것으로 보인다.

2) 출산율 회복국가의 경우

스웨덴, 핀란드, 덴마크, 노르웨이 등 북유럽국가 등은 양성평등의 생활화와 보편적 복지제도를 통하여 일과 가정의 병행을 제도적으로 지원하여 비교적 높은 수준의 출산율인 1.6~1.8명을 기록하고 있다. 높은 조세부담과 공동체 의식의 토대 하에 부모의 결혼여부나 재산유무를 따지지 않고 출생아동의 양육에 필요한 사항을 사회에서 지원하고 있다.

이를테면, 넉넉한 육아휴가, 잘 정비된 공공보육제도로 여성취업을 뒷받침하고 있다. GDP 대비 공보육시설에 대한 정부지출을 보면, 2002년 기준으로 스웨덴은 2.0%, 핀란드는 2001년 기준으로 1.1%에 이르고 있다. 또한, 여성들이 공공부문에 많이 종사하고 있어 가족친화적인 제도창출에 최우선 순위를 부여하는 측면도 있다.

〈그림 4-10〉 북유럽국가의 출산율(2005)

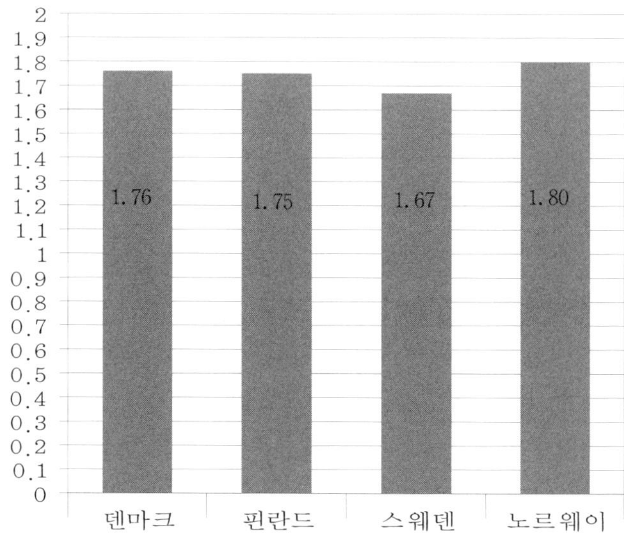

* 자료: 통계청 국가통계포털(http://www.kosis.kr).

〈그림 4-11〉 프랑스어권 국가의 출산율(2005)

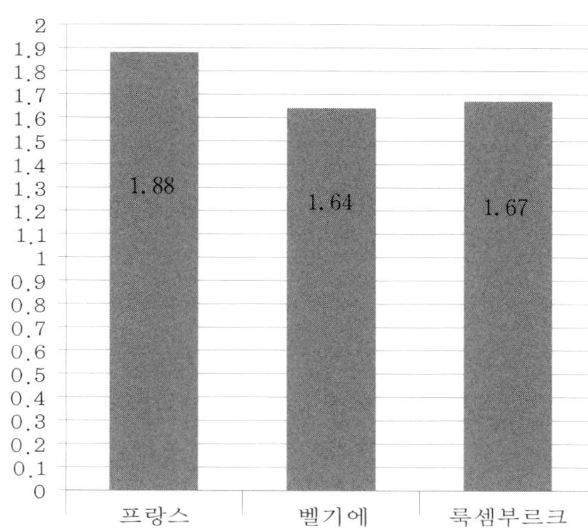

* 자료: 통계청 국가통계포털(http://www.kosis.kr).

〈그림 4-12〉 영미권 국가의 출산율(2005)

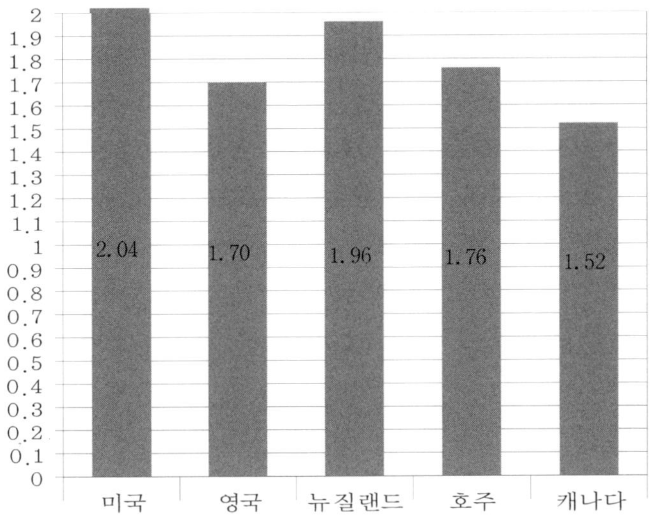

* 자료: 통계청 국가통계포털(http://www.kosis.kr).

프랑스, 벨기에, 룩셈부르크 등 프랑스권 국가들은 자녀양육과 직장을 병행할 수 있는 사회적 환경조성에 국가가 적극 기여하여 비교적 높은 출산율을 기록하고 있다. 프랑스의 경우, 1991~1995년 1.71명이던 출산율이 2000년에는 1.89명으로 증가하였고 2004년에는 1.92명으로 다시 증가하였다. 이들 국가들은 출산과 자녀양육을 국가차원의 문제로 인식하고 자녀출산과 가족형성을 위한 정책을 지속적으로 추진하였다. 이들 국가에서의 출산율 회복은 건실한 공보육 제도와 넉넉한 가족수당 지급, 탄력근무제 등 가족친화적인 환경조성에 국가가 적극 나선 결과로 볼 수 있다. 2001년 GDP 대비 가족수당 비율을 보면, 프랑스는 2.8%, 벨기에는 2.3%, 룩셈부르크는 3.4%로 나타나고 있다.

한편, 미국, 호주, 캐나다, 뉴질랜드 등 영미권 국가들은 이민세대의 높은 출산율과 유연한 노동시장 덕분에 출산율을 유지하고 있다. 미국은 2.0명, 뉴질랜드와 호주는 1.7~2.0명, 캐나다는 1.5명의 출산율을 보이고 있다. 이들 국가들은 가족에 대한 정부의 지원은 북유럽이나 불어권 국가들에 비하여 떨어지나 민간 중심의 보육 인프라는 잘 구축되어 있다. 이들 국가들의 2001년 GDP 대비 가족수당 비율을 보면, 미국은 0.4%, 캐나다는 0.9%, 영국은 2.2%, 뉴질랜드는 2.2%, 호주는 2.8%로 나타나고 있다. 또한, 구직 및 재취업과 근무시간 조절이 용이하여 직장과 육아의 병행이 가능한 노동시장 구조를 갖추고 있다.

5. 정책적 시사점

1) OECD 국가로부터의 교훈

OECD 회원국 중 동독, 폴란드, 체코는 우리나라와 같은 경제적 불안정 때문에 1990년대에 출산율이 매년 10%씩 하락하였다. 다만, 취업여성이 증가하고 가치관이 바뀌어 가고 있는데, 이에 대하여 제대로 적응하지 못하여 출산율 저하를 막지 못한 것으로 보인다. 이 점에서 사회변화 추세에 대응한 종합적인 대책을 지속적으로 시행하여 국민들에게 분명한 메시지를 일관성 있게 전달하는 것이 중요하다는 교훈을 얻을 수 있다.

OECD의 2005년 보고서는 출산율 회복은 하나의 정책만으로 성공할 수 없으며, 국가정책이 전반적으로 개선되어야 가능하다는 점을 강조하고 있다. 출산지원 정책이 출산율에 미치는 효과를 분석한 바에 의하면 자녀양육 비용지원 등 재정지원의 효과가 가장 높은 것으로 분석하고 있다. OECD의 보고서를 감안해볼 때, 임신, 출산, 자녀양육, 교육에 대한 국가부담 수준이 낮은 우리나라의 경우 출산율 제고 및 지속가능한 성장을 위하여 자녀양육에 대한 국가책임을 일정 수준까지 확대할 필요가 있다는 점을 알 수 있다.

한국리서치에서 2005년 11월 만 25~29세 미혼 및 기혼 남녀 502명을 대상으로 실시한 조사결과에 의하면, 결혼과 출산을 가장 어렵게 하는 요인은 교육비용, 육아비용 순으로 나타나고 있다. 도시가구의 경우, 연간 소비지출 중 교육비가 차지하는 비중이 2003년에는 11.4%까지 증가하고 있다. 2004년 현재 전체 가구주 중 77.2%가 교육비 부담을 느끼는 것으로 나타났다(통계청, 2005).

2030년의 인구구조는 이미 2005년에 결정되어 있으므로 이민정책

외에는 현재 취할 수 있는 별다른 대안이 없으나, 향후 통일요인과 현재 영국, 프랑스 정부가 겪고 있는 이민집단과의 갈등을 고려하면 이민정책을 적극 추진하는 데 현실적인 한계가 있는 것이 사실이다. 따라서 2030년에서 2050년 사이 20년간에 인구구조가 급격히 악화되는 것을 최대한 막을 수 있도록 2005~2020년의 기간 중 출산율이 늘어나도록 하는 데 정책의 초점을 맞추어야 한다.

OECD 국가의 사례에서 보는 정책적 시사점을 정리하면 다음과 같다.

첫째, 출산·육아는 사회적 인적 자본형성을 위한 투자이므로, 공공부문뿐 아니라 민간부문에도 관심을 갖고 사회 전체적 차원에서 지원하는 것이 필요하다. 출산·육아는 여성들의 경제활동과 직결되어 있으므로 공공정책만으로는 한계가 있다. 민간부문(특히 기업)의 관심과 지원이 필요하다.

둘째, 교육·주택·고용·가족 정책을 포함한 범부처적인 종합대책을 장기적 관점에서 일관성 있게 추진해야 한다. 출산지원 정책은 여러 정책들이 같이 가야 시너지 효과를 거둘 수 있다.

셋째, 국가재정 지원과 함께 비재정적인 수단도 적극적으로 활용하여야 한다. 일정수준의 양육인프라를 조성하기 위해서 국가재정 투입이 이루어져야 하며, 연금, 건강보험, 세제, 주택분양 등에서 결혼과 출산을 지원하는 다양한 인센티브의 도입이 필요하다.

마지막으로, 출산친화적인 문화의 조성이 필요하다. 출산지원정책은 남녀 간의 가사분담의 평등화, 가부장적 문화의 청산 등 성 역할과 관련된 의식의 전환 없이 제대로 그 효과를 발휘하기 어렵다.

2) 검토가능한 정책대안

지금까지 OECD 국가들의 사례를 살펴보고, 출산지원정책의 방향을 논의하였다. 여기서는 그 동안의 논의를 토대로 보다 구체적인 정책대안들을 모색해보기로 한다.

(1) 다자녀 가정에 대한 가계부담 경감

자녀출산과 육아에 따르는 가계부담을 줄여주는 정책들이 강구되어야 한다. 아동수당제도를 시행할 경우, 우선 둘째자녀부터 지급하는 방안이 있을 수 있다. 재원이 허락할 경우 자녀수에 따라 차등지원하는 방안이 바람직하다. 수당형태의 경제적 지원방법 이외에 연말근로소득세 정산 시 가족수에 따라 공제액을 차등화하거나 피부양자 수당 지급 시 자녀수에 따라 수당액을 차등지급하는 방안도 검토할 필요가 있다.

출산한 엄마에게는 연금지급 시 납부기간 가산제도 등 크레딧 혜택을 자녀수에 따라 부여하도록 하는 방안도 검토되어야 한다. 건강보험의 경우에도 3자녀 이상 가정에 대하여는 보험료 경감이나 진료비 본인 부담분 경감과 같은 인센티브가 검토될 필요가 있다. 다자녀 가정에 대하여 교통비 할인, 입장료 할인 등의 혜택을 부여하는 방안은 결정적인 효과는 없겠지만 분위기 조성을 위하여 생각해봄직은 하다.

(2) 임신 및 출산 지원

첫째, 불임부부에 대한 지원정책을 적극 추진하여야 한다. 경제능력이 부족한 불임부부에 대하여는 시험관 아기의 출산이 가능하도록 의료비를 일정 부분 정부에서 지원하는 것이 바람직하다. 2006년부터 보건복지가족부에서 저소득층 불임부부에 대하여 인공수정 시술비 지원사업을 시행하고 있는데, 과학기술의 발달로 불임치료율이 점차 올라가고 있고 쌍생아 출생가능성도 높아 출산유발 효과가 적지 않다고 본다.

다음으로, 산전산후 관리, 분만비, 아동에 대한 진료비 경감 등의 조치를 건강보험제도에서 지속적으로 실시할 필요가 있다. 예방접종, 보건교육 등의 서비스를 공공부문에서 직접 제공하거나 경비의 일부를 지원하는 방안도 있다.

다음으로 검토되어야 할 사항은 미혼모에 대한 지원문제이다. 미혼모는 사회적 낙인의 대상이 되고 있고, 법적으로 이들에 대한 지원을 보장하고 있지도 않다. 혼전임신을 권장하는 것은 문제가 있지만 보호나 지원의 사각지대에 처해 있는 미혼모나 미혼부도 결혼부부에 준하는 지원을 받을 수 있도록 하는 정책적 배려가 필요하다.

(3) 일과 가정의 양립 지원

우선, 육아휴직기간을 확대하고, 육아휴직에 따른 승진보류 등 인사상의 불이익을 금지하는 조치가 필요하다. 공공부문의 경우 육아휴직제도가 정착해가고 있지만, 민간기업의 경우에는 육아휴직을 허용하고 있는 곳이 많지 않다. 남성의 경우 육아휴직사례가 거의 없다시피 하지만, 부모가 공동으로 육아 책임을 져야 한다는 점에서 남성육아휴직을 보장해주는 방안도 검토될 필요가 있다. 0~3세 아동을 둔 부모의 경우, 출산모와 아빠가 탄력근무를 할 수 있도록 여건을 조성할 필요가 있다.

(4) 육아 인프라 구축

공공보육시설에 대한 사회적 투자를 확대할 필요가 있다. 공공보육시설 확충을 위한 인프라 구축을 위하여 기존의 교육시설, 종교시설, 소규모 그룹 홈 등을 활용하는 것이 바람직하다. 민간보육시설의 시설과 프로그램을 업그레이드 시키는 것도 중요하다. 민간보육시설은 양적인 팽창을 해왔지만 질적 개선이 이루어지지 않아 실제로 아이를 믿고 맡길 곳이 마땅치 않다는 반응이 젊은 엄마들로부터 나오고 있다.

기업 내에서 보육시설을 설치하는 것도 좋은 대안이 될 것이다. 무엇보다 공간적으로 직장과 매우 가까워야 효과가 있을 것이다. 기업의 보육시설 설치를 장려하기 위하여 현재 7%인 세액공제를 더 늘리는 방안도 검토되어야 한다.

(5) 교육비 경감

사교육비는 저출산을 초래하는 중요한 요인이다. 사교육비 감소를 위한 교육제도의 근본적인 개선과 현행 사교육비 부담을 덜어줄 수 있는 세제조치가 필요하다. 또한, 대학생 교육비에 대한 학부모의 부담을 덜어주기 위한 다양한 지원책(교육비 세액공제 확대 등)도 검토되어야 한다.

(6) 주거지원

다자녀 가정에 대한 아파트 우선입주 혜택을 부여하는 정책은 효과적일 것이다. 부분적으로 시행되고 있는 이러한 제도를 더욱 강화할 필요가 있다. 공공주택을 건설하여 다자녀 가정에 최우선적으로 임대해주는 방안도 검토되어야 한다.

(7) 국민인식 전환

국민인식 전환에는 상당한 기간이 걸린다. 우선, 정치지도자의 관심과 예산배분이 뒷받침되어야 한다. 사회지도자들의 지속적인 노력도 필요하다. 저출산 극복비용을 정부, 기업, 개인이 분담하는 시스템을 구축할 필요가 있다.

맞벌이 시대에는 남녀가 가사역할을 분담할 수밖에 없다. 과거 홑벌이 시대에는 집안일을 여성이 전담하여 하였지만, 지금의 현실은 과거와 다르다. 시대변화에 맞게 남녀의 역할이 새롭게 정립되어야 하며 이를 위한 사회문화운동과 학교교육이 이루어져야 한다.

6. 선택과 집중의 저출산 대책

저출산 문제가 우리에게 심각한 위기로 다가온 것은 사실이나, OECD 선진국들이 이미 경험했고 현재에도 진행되는 현상이다. 따라서 이들 저출산 선배국가들이 취한 조치들을 참고하여 우리가 가야 할 방향을 모색해볼 수 있다. 다만, 우리의 상황에 가장 적합한 대안을 찾기 위하여 배울 것은 배우고 버릴 것은 버려야 할 것이다. 우리의 경제적 역량을 고려하여 가장 비용효과적으로 실효성 있는 정책을 개발하여 시행하여야 한다.

저출산 시대에 적응하기 위해서는 앞서 언급한 바와 같이 출산친화적, 양육친화적인 정책을 추진해야 한다. 그러나 '저출산 적응정책'도 병행할 필요가 있다. 왜냐하면 아무리 출산지원책을 강력하게 가동한다 하더라도 출산율을 과거 수준으로 다시 올리는 것은 불가능하기 때문이다. 우선은 출산율이 계속 하락하는 극단적인 상황을 피해야 한다. 이를 위하여 근무형태의 유연화 등을 통하여 가족친화적 근로형태를 적극적으로 도입해야 한다. 중장기적으로는 평생직업을 가질 수 있도록 사회인프라를 구축하여 미래소득의 불안정성을 해소시켜 주어야 한다. 고등교육의 경쟁력을 향상시키고 잠재노동력인 여성과 고령자를 적극 활용하는 방안도 단기적인 대응책이 될 것이다(최숙희 외, 2005a).

출산율을 높이는 정책과 함께 이미 출생한 자녀들을 정부나 사회가 나서서 보호하고 지원하는 것이 필요하다. 6·25 전쟁고아들을 위해 자선사업 형태로 시작되었던 해외입양이 아직도 계속되고 있는데, 참으로 사리에 맞지 않고 부끄러운 일이다. 출생아 수가 부족하여 출산을 장려하는 마당에 그나마 출생한 아동도 거두지 못하고 외국으로 보낸다는 것은 말이 되지 않는다. 또 하나는 미혼모의 문제이다.

미혼모들이 출산한 자녀를 직접 또는 맡겨 키울 수 있도록 해주는 지원책이 필요하다. 이를 위해서는 미혼모를 경원시하는 사회적 낙인이 없어져야 하고, 어떠한 형태로든 미혼모들의 양육부담을 덜어줄 수 있는 경제적, 심리적 지원이 이루어져야 한다.

또 하나의 변수는 이민문제와 통일문제이다. IMF(2004)는 "현재의 출산율을 전제로 할 경우, 한국이 2050년에도 현재의 노동력 공급수준을 유지하려면 인구의 35%를 이민자로 채워야 한다"고 지적하고 있다. IMF가 지적한 것처럼 이민을 통하여 노동력 부족현상을 해결할 수는 있다. 그러나 이민으로 인한 인종갈등, 종교갈등 등의 새로운 문제를 맞게 된다. 200년 이상의 이민역사를 가진 미국도 인종간의 갈등은 끊이지 않고 있다. 따라서 불가피한 이민은 추진하되, 우리나라의 실정에 맞는 적절한 이민정책이 필요하다. 최근 한국배우자와 결혼한 외국 이민여성들이 늘어나고 있는데, 이들이 한국사회에서 성공적으로 적응하는지 여부가 좋은 시금석이 될 수 있을 것이다. 현재 크고 작은 어려움을 겪고 있는 이들 다문화가정의 여성들이 한국인으로 자연스레 자리 잡아갈 때 이민정책의 대안 가능성은 열릴 것이다.

통일은 저출산 대책에 있어 또 하나의 큰 변수이다. 통일이 우리사회에 주는 사회적, 경제적, 문화적 충격은 매우 다양하고 예측하기도 쉽지 않다. 북한의 경제 인구학적 지표들도 우리와 다르다. 따라서 현재의 출산력회복 시나리오에 통일 이후의 한국 상황을 예측하여 담아내기에는 불확실성이 너무 크다. 통일 상황에서는 그 상황에 맞는 새로운 출산정책을 설계하여야 할 것이다. 북한의 인구학적, 사회심리적, 문화인류학적 요인을 잘 분석하여 통일 한국에 맞는 출산정책을 마련하는 것은 앞으로 우리에게 남겨진 숙제라고 하겠다.

제 5 장

인구고령화와 노인문제

우리나라는 사회보장제도가 발달하지 못한 상태에서 고령화를 맞았기 때문에 정부가 직접 지원해야 할 빈곤노인이 늘어날 가능성이 대단히 높다. 공적부조 프로그램을 통한 생계지원과 의료지원 비용이 눈덩이처럼 불어날지 모른다.

1. 인구고령화의 원인

2005년 현재 우리나라 65세 이상 노인인구의 비율은 9.1%이다. 일본의 20.0%, 미국의 12.4%, 노르웨이의 14.7%, 독일의 19.2%, 스웨덴의 17.3%에 비하면 낮은 수준이다(OECD, 2007). 그러나 아래 표에서 보듯이 우리나라는 서구국가들과는 달리 노인인구 비율의 증가속도가 매우 빠르다는 데 문제가 있다. 우리나라는 2000년에 노인인구 7%의 고령화사회에 들어섰고, 2018년에는 노인인구 14%의 고령사회, 2026년에는 노인인구 20%의 초고령사회로 이행할 것으로 전망되고 있다(통계청, 2006). 프랑스가 고령화사회에서 초고령사회로 가는 데 154년이 걸렸고, 미국이 94년 걸린 것에 비하면 우리의 고령화 진행속도는 너무나 빠르다고 할 수 있다.

인구의 고령화가 계속 진행되면 유년인구가 적고 노년인구가 많은 역피라미드형 인구구조가 되어 경제적 생산성이 떨어지고 인구가 감소한다. 극단적인 인구고령화가 지속되면 수 세대 후에는 인구가 소멸해버린다는 가설도 현실화될 수 있다.

〈표 5-1〉 OECD 국가의 65세 이상 인구비율(2005)

국 가 명	비율(%)	국 가 명	비율(%)
일본	20.0	노르웨이	14.7
이탈리아	19.3	룩셈부르크	14.3
독일	19.2	체코	14.0
그리스	17.7	네덜란드	13.8
스웨덴	17.3	폴란드	13.2
벨기에	17.0	호주	13.1
포르투갈	17.0	캐나다	13.1
스페인	16.7	미국	12.4
프랑스	16.4	뉴질랜드	12.1
오스트리아	16.3	아이슬란드	11.7
스위스	16.2	슬로바키아	11.7
영국	16.0	아일랜드	11.2
핀란드	15.9	한국	9.1
헝가리	15.7	멕시코	5.9
덴마크	15.1	터키	5.9

* 자료: *OECD Health Data 2007.*

〈표 5-2〉 고령화 진행속도 국제비교

구분	고령화사회 도달연도	고령사회 도달연도	초고령사회 도달연도	고령사회 소요연수	초고령사회 소요연수
일본	1970	1994	2006	24	36
프랑스	1864	1979	2018	115	154
독일	1932	1972	2009	40	77
이탈리아	1927	1988	2006	61	79
미국	1942	2015	2036	73	94
한국	2000	2018	2026	18	26

* 자료: 통계청, 〈장래인구 추계결과〉, 2006. 11.

더구나 우리나라의 경우, 인구의 고령화 속도가 매우 빠르게 진행되고 있어 정부는 물론이고 우리 국민 모두가 고령화의 심각성을 깨닫고 신속하고 강력한 대응을 하지 않는다면 우리의 미래는 감당할 수 없는 상황에 빠질지도 모른다. 이렇게 급속히 진행되는 인구고령화의 원인은 무엇일까?

1) 출산율 저하

인구고령화는 기대수명이 늘어나고, 출산율이 줄어드는 데서 생긴다. 기대수명이 늘어나 노령인구가 많더라도 출산이 활발하게 이루어지는 '다산소사형'(多産少死型)에서는 인구고령화의 충격이 대단하지 않다. 왜냐하면 생산가능인구가 계속 출생하므로 경제를 받쳐줄 수 있기 때문이다. 반면에, 사망도 적고 출산도 적은 '소산소사형'(少産少死型)에서는 인구가 급격히 노령화하게 된다. 따라서 출산율은 인구고령화에 가장 영향을 많이 미치는 요인이다.

출산율의 인구학적 정의는 결혼여부에 관계없이 가임여성(15~49세)이 평생 동안 낳는 자녀의 수를 말한다. 우리나라의 출산율은 1960대 평균 6.0명에서 1970년 4.53명, 1980년 2.83명으로 꾸준히 감소하였으며, 1983년에는 2.08명을 기록하여 인구대체수준(*replacement level*: 2.1명)이하로 떨어졌다. 이후 출산율은 계속 2.0명 이하로 유지되어 오다가 드디어 2006년에는 출산율이 1.13명으로 OECD 최저수준을 기록하였다. 저출산문제가 사회적 이슈로 떠오른 이후에도 출산율은 계속 1.2명 이하의 낮은 수준으로 유지되고 있다.

현재 정부는 2020년까지 우리나라 출산율 목표를 OECD 국가 평균수준인 1.6명으로 회복한다는 목표를 정하고 출산지원대책을 추진하고 있다. 2005년 9월부터 '저출산 · 고령사회기본법'이 시행되고 있고, 2006년 7월에는 제 1차 저출산 · 고령사회 기본계획인 '새로마지

〈표 5-3〉 출생율과 사망률로 분류한 인구유형

유 형	내 용
다산다사형	인구변천의 1단계에 해당되며, 전통적으로 높은 출생율과 사망률을 나타낸다. 산업혁명 이전의 세계 모든 나라들과 오늘날의 중부 아프리카가 이에 속한다.
다산소사형	인구변천의 2단계에 해당된다. 높은 출생율과 낮은 사망률을 나타낸다. 사망률은 떨어지기 시작하나 아직 높은 나라도 있을 수 있다. 한국, 일본, 대만, 홍콩, 태국을 제외한 대부분의 아시아 국가와 중남미 국가가 이에 속한다.
소산다사형	낮은 출생율과 높은 사망률을 나타낸다. 이론적으로는 있을 수 있으나, 현재 이러한 유형의 국가는 찾아보기 힘들다. 전쟁, 기아, 질병 등의 이유로 나타날 수는 있다.
소산소사형	인구변천의 마지막 단계로서, 낮은 출생율과 낮은 사망률을 나타낸다. 한국, 일본, 홍콩, 싱가포르와 선진공업국들이 이에 속한다.

＊자료: 권태환 · 김두섭(2002: 48~51)을 재구성.

2010'이 발표되었다. 2006년부터 2010년까지 5년간 총 32조 746억 원의 재정을 투입할 계획도 세워놓고 있다.

2) 가임여성 감소

가임여성(15~49세)은 인구변동에 직접적인 영향을 준다. 전체인구의 절반을 차지하는 여성인구가 약 27년 후(초혼연령이 상승하면 이 기간은 더 늘어날 수 있다)에 다시 출산을 하게 된다. 그런데, 2003년부터 우리나라의 가임여성인구가 감소하기 시작했다. 가임여성의 수가 이렇게 감소한 것은 1983년에 이미 출산율이 상당히 낮아져 이 무렵 이후 태어난 여아들의 수가 그 이전보다 줄어들었기 때문이다. 인구학에서는 출생이 늘어난 '베이비붐 세대'와 반대되는 의미로 적게 출생한 이러한 세대를 '베이비버스트 세대'라고 부른다.

〈표 5-4〉 가임여성 인구의 변화추이 (출산율 중위수준 가정)

(단위: 천 명)

연령구분	2000	2010	2030	2050
15~19	1,855.4	1,594.3	993.2	736.2
20~24	1,864.5	1,439.5	1,060.9	833.7
25~29	2,120.8	1,839.4	1,164.2	871.3
30~34	2,071.1	1,858.9	1,463.1	881.1
35~39	2,092.5	2,106.3	1,567.3	977.4
40~44	1,975.3	2,044.2	1,418.6	1,047.0
45~49	1,438.3	2,063.0	1,802.6	1,139.7
계	13,417.9	12,945.6	9,469.9	6,486.3

* 자료: 통계청, 〈장래인구특별추계〉, 2005. 1.

이 베이비버스트 세대의 충격은 오랫동안 지속된다. 2003년 베이비 버스트 세대인 가임여성들은 2030년경 엄마세대가 되는데, 이 때 출생아의 수가 줄어들게 된다. 한 번 저출산으로 출생아수가 줄어들면 그 이후에 출생아수 감소가 주기적으로 나타나는 '저출산 사이클'이 일어나게 된다. 이런 상황에서는 출산율이 올라가더라도 출생하는 아이들의 전체 숫자는 감소하게 된다.

3) 평균수명연장

전반적인 경제수준이 나아지면 건강수준도 향상되는 것이 일반적 현상이다. 영양과 위생수준 개선으로 영아사망률이 감소하고, 의학의 발달로 감염성 질환으로 인한 사망이 줄었다. 또한, 건강에 대한 관심이 증가하고 있다. 암, 사고, 자살 등으로 인한 사망을 감안하더라도 전체적으로 우리나라 국민의 평균수명은 지속적으로 상승하고 있다.

1971년 62.3세이던 평균수명은 2005년 78.6세로 늘어났고, 2050년

〈그림 5-1〉 평균수명의 변화 추세(1971~2050)

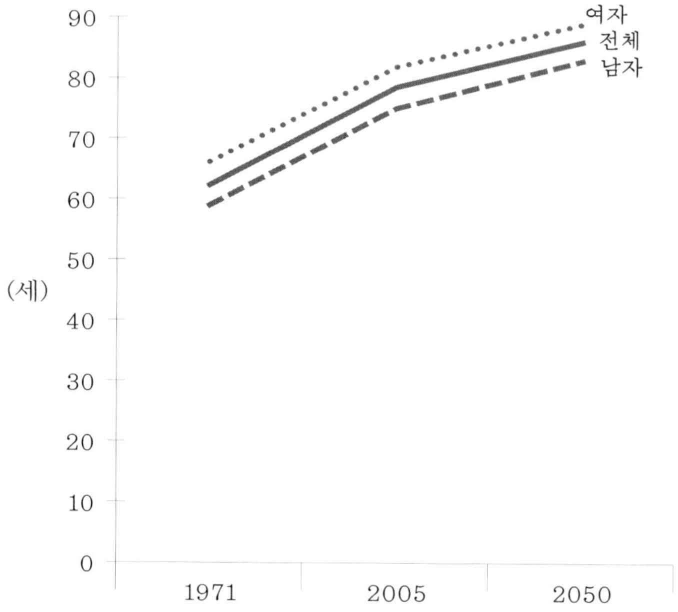

* 자료: 통계청, *KOSIS DB.*

에는 86.0세로 늘어날 것으로 전망된다. 남성의 평균수명은 동 기간 중 59.0세에서 75.1세, 82.9세로 늘어나고, 여성의 평균수명은 동 기간 중 66.1세에서 81.9세, 88.9세로 늘어날 것으로 전망된다.

2. 인구지표로 본 고령화 실태

1) 중위연령 상승

통계청(2005)에 의하면, 중위연령은 2000년 31.8세에서 2006년 35.4세로 높아졌고, 앞으로도 계속 상승하여 2020년 이후에는 선진국보다 높은 수준이 된다고 한다. 2050년에는 56.2세가 되어 세계에서 가장 연령이 높은 국가가 될 것으로 예측된다.

〈표 5-5〉 중위연령의 연도별 변화(2000~2050)

(단위: 세)

연 도	한국	선진국
2000	31.8	-
2006	35.4	-
2010	37.9	40.3
2030	49.0	44.2
2050	56.2	45.2

* 자료: 통계청, 〈장래인구특별추계〉, 2005.1.

2) 생산가능인구 감소

15~64세의 생산가능인구는 2016년 3,649만 명으로 정점에 도달한 이후 계속 줄어들 것으로 전망된다. 매 10년 마다 약 400만 명씩 감소하여 2050년에는 2,275만 명으로 줄어들 전망이다. 현실적으로 생산이 가능한 연령그룹(25~49세)은 2007년 2,082만 명으로 가장 많았다가, 2008년부터 감소될 것으로 전망된다.

〈그림 5-2〉 생산가능인구의 변화추이(2000~2050)

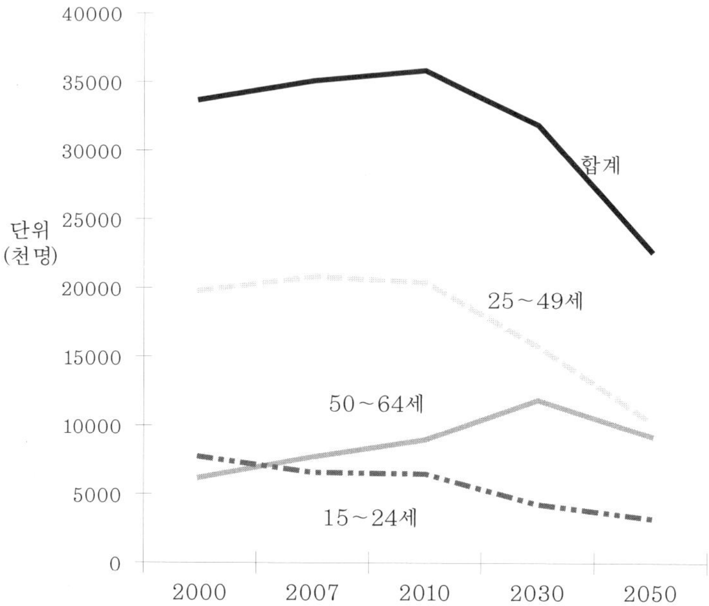

* 자료: 통계청, 〈장래인구특별추계〉, 2005. 1.

이 그룹의 인구는 2020년 1,839만 명, 2030년 1,576만 명, 2040년 1,315만 명, 그리고 2050년에는 1,029만 명으로 매 10년마다 약 200~300만 명씩 감소할 것으로 보인다. 생산가능인구가 감소하므로 현 노동수요가 변동이 없다고 가정할 때, 오늘과 같은 청년실업 문제는 없어질 것으로 보이지만 국내 노동인구의 부족문제가 대두될 것으로 전망된다.

3) 노인부양비의 급증

노인부양비는 생산가능인구(15~64세) 대비 노인인구(65세 이상)의 비율을 의미한다. 노인부양비가 크다는 것은 생산가능인구가 부양하

〈그림 5-3〉 부양비의 연도별 추이 (2000~2050)

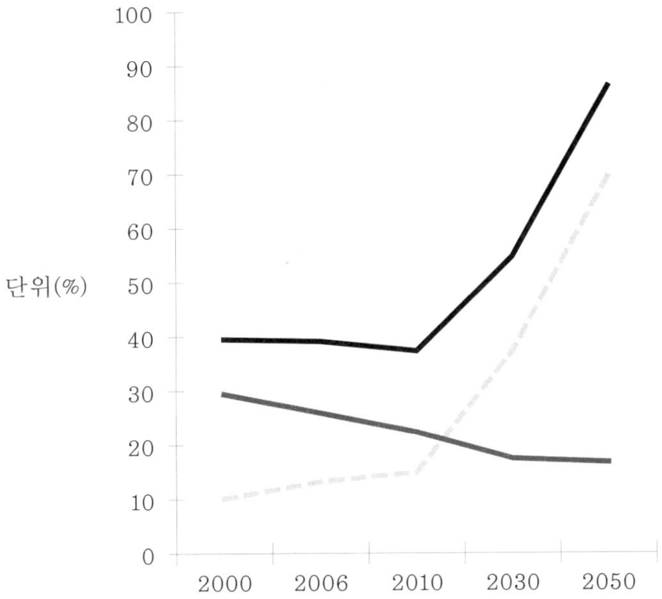

* 자료: 통계청, 〈장래인구 특별추계〉, 2005. 1.

여야 할 노인인구가 많다는 것을 의미한다. 노인부양비는 2006년 13.2%에서 2020년 21.8%, 2030년 37.3%, 2050년 69.4%로 급속히 늘어날 것으로 전망된다.

저출산 현상 때문에 유년부양비는 감소하지만, 노인부양비가 워낙 큰 폭으로 증가하고 있으므로 총부양비는 계속 증가할 것이다. 총부양비는 2006년 39.1%에서 2040년 72.6%로 두 배 가까이 증가할 것이고, 2050년에는 86.1%에 이르러 생산인구 한 명이 노인인구 1.4명을 부양해야 하는 상황에 처하게 될 것이다.

4) 고령화지수의 급증

고령화지수는 0~14세 유년인구 대비 65세 이상의 노인인구의 비율을 말한다. 이 고령화지수는 쉽게 말해 미래세대의 주역이 될 인구그룹과 퇴장해야 할 인구그룹을 비교하는 것이다. 따라서 인구학자들은 고령화지수가 크면 클수록 미래사회의 성장잠재력에 부정적인 영향을 미칠 것으로 본다. 고령화지수는 2006년 51.0%에서 2020년 125.9%로 높아지고, 이후 매 10년 마다 약 100% 포인트 상승하여 2050년에는 429.3%가 될 것으로 전망된다. 2050년에는 유년인구보다 4배가 넘는 노인인구가 존재하게 된다. 2050년의 사회는 4명의 할아버지 할머니가 손주 1명을 쳐다보고 있는 사회가 될 것이다.

〈그림 5-4〉 고령화지수의 변화 추이(2000~2050)

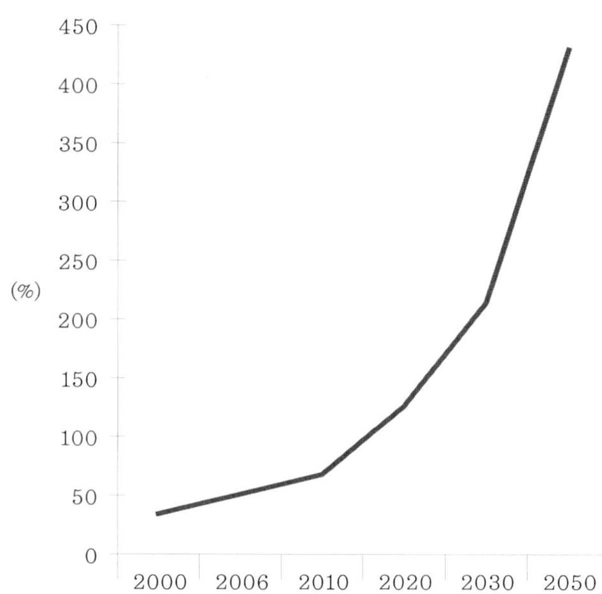

＊자료: 통계청, 〈장래인구 신추계〉, 2006.

5) 초고령노인의 증가

80세 이상의 초고령노인은 2006년 72만 6천 명에서 2020년 187만 7천 명으로 증가하고, 2050년에는 585만 9천 명으로 증가하게 될 것이다. 노인인구대비 초고령노인의 비율은 2006년 1.5%에서 2020년 3.8%, 2050년 13.8%로 늘어날 것으로 추계되고 있다. 초고령인구는 소득의 사회 및 가족의존도가 높고, 심각한 질병이나 장기만성질환의 가능성이 높은 계층이므로, 이들 인구의 비율이 증가한다는 것은 사회경제적 부담도 같이 늘어간다는 것을 의미한다.

〈표 5-6〉 80세 이상 초고령노인의 비율

연 도	80세 이상 노인인구수(천 명)	노인인구 대비 비율(%)
2000	483	1.0
2006	729	1.5
2010	969	2.0
2020	1,877	3.8
2040	4,450	9.5
2050	5,859	13.8

* 자료: 통계청, 〈장래인구 특별추계〉, 2005. 1.

3. 고령화의 사회경제적 영향

1) 국민의료비와 건강보험재정에 미치는 영향

선진국의 경험을 보면 국민소득이 증가하는 속도보다 의료비의 증가속도가 더욱 빠르게 진행되어왔다(의료비의 소득탄력성은 대개 1이 넘는다고 알려져 있다). 특히, 노인의료비는 젊은 층의 의료비보다 상대적으로 더욱 빠르게 증가하는 경향을 보이고 있다. 총 진료비 중 노인의료비가 차지하는 비율을 보면 2000년 17.5%에서 2006년 25.9%로 계속 늘어나고 있다.

노인의료비가 이렇게 빠른 속도로 증가하는 이유는 노인들이 상대적으로 다른 연령층에 비하여 더 자주 의료이용을 하며, 한 번 이용할 때도 비용이 더 많이 나오기 때문이다. 2005년 기준으로 노인 1인당 진료일수는 284.2일로 평균치인 86.8일의 3.3배였고 입원진료일수는 6.8일로 평균치 1.8일의 3.7배로 나타나고 있다. 노인 1인당 건강보험급여 지급건수는 평균치의 2배, 의료급여는 평균치의 1.5배

〈표 5-7〉 건강보험 노인의료비 증가추세

연 도	노인의료비 점유율(%)	노인 1인당 의료비(만 원)
1996	12.9	38
2000	17.5	75
2002	21.1	109
2004	22.8	137
2005	24.3	155
2006	25.9	180

* 자료: 보건복지부, 〈2007 주요업무참고자료〉.

를 차지하고 있다(국민건강보험공단, 2006). 노인들의 1인당 의약품 관련 급여지출액도 다른 연령층의 4.6배에 이르고 있다. 더구나 80세 이상 초고령노인이 계속 증가하고 있어 건강보험재정은 앞으로 더욱 어려워질 것으로 예상된다.

2) 국민연금에 미치는 영향

고령화가 진행되면 부양비가 높아져서 사회보장의 부담이 커진다. 미국의 경우를 보기로 하자. 미국은 제 2차 세계대전이 끝난 1946년부터 1964년 사이에 태어난 베이비붐 세대가 7,820만 명으로 미국 전체인구의 4분의 1을 차지하고 있다. 2006년 부시 대통령은 '일반교서'(*the State of union Message*)에서 "베이비붐 세대에 대한 사회보장비 지출이 장래 미국 정부에 큰 부담이 될 것"이라고 하였다. 2005년 950조 원으로 국방예산의 2배 수준이던 사회보장 예산은 오는 2030년이면 전체 연방정부 예산의 75%를 차지할 것으로 전망되고 있다. 한편, 중국은 1979년 도입한 '한 자녀 정책'의 여파로 자식이 부모에 대하여 지나치게 의존하는 '소황제 신드롬'이 나타나고 있다. 현재

〈표 5-8〉 국민연금 재정수지 전망

(단위: 조 원)

연 도	적립기금	수 입	지 출
2008	248	41	7
2020	924	110	32
2040	2,414	241	199
2044	2,459	257	263
2060	-214	232	597

* 자료: 보건복지가족부(2008. 8. 18 보도자료), 보험료율 9% 불변 가정.

중국은 연금제도가 발달해 있지 않기 때문에 직장을 옮기기만 해도 연금수급이 위험해진다. 이러한 상황에서 중국의 노인인구는 2030년경 20%에 육박할 것으로 전망되고 있다. 소황제로 자라난 자식세대가 부모에 대한 책임감을 느끼지 않으므로, 가정에서 노후를 돌보는 중국식 모델이 위기에 직면해 있다는 지적도 있다. 중국은 사회보장제도에 대한 뚜렷한 청사진이 없이 고령화 시대에 돌입하고 있다(니혼게이자이 신문사, 2006).

사회보장제도에서 가장 핵심이 되는 것이 연금제도이다. 연금제도는 노후소득을 보장하는 사회적 장치이므로, 후 세대에게 지나친 부담을 주지 않는 지속가능한 제도로 운영하는 것이 매우 중요하다.

고령화로 연금지급 대상인구가 늘어나면 국민연금 지출 역시 증가하여 재정부담은 날이 갈수록 커진다. 연금제도를 일찍 시작한 유럽 선진국들이 겪는 큰 시련 중의 하나가 바로 이 연금문제이다. 많은 나라들이 연금재정의 위기를 맞으면서 부담을 늘리고 급여를 줄이는 방식으로 연금개혁을 시도하고 있다. 이 과정에서 가입자들의 반발과 저항이 있는 것은 물론이다.

우리나라의 국민연금제도는 1988년에 시작되어 2008년부터 노령연금이 본격적으로 지급되고 있다. 현행 제도 하에서는 국민연금의 적립기금은 2008년 248조원에서 2043년 2,465조원으로 늘어나지만, 2040년부터 기금지출이 급증하여 2044년에 당기적자가 발생한 후 2060년에 기금이 완전히 고갈될 것으로 전망되고 있다.

3) 경제성장에 미치는 영향

인구의 고령화는 거시경제 전반에 영향을 미친다. 노동공급을 담당하는 생산연령층이 줄어들면, 노동 투입요소가 감소하여 성장을 둔화시키고 피부양자 인구가 늘어나면서 저축률 하락을 가져온다. 그 결과 인구고령화는 직간접적으로 성장에 마이너스 요인으로 작용하게 되는 것이다.

OECD에 따르면, 인구고령화는 향후 수십 년간 1인당 GDP 성장률을 연간 0.25~0.75% 포인트 감소시킬 것이라고 한다(김승권, 2006). 문형표 · 김동석(2004)에 의하면, 현재 5% 수준인 우리나라의 GDP 잠재성장률은 2020년에 3.6%, 2030년에 2.3% 수준으로 낮아질 것으로 전망된다. 인구구조의 노령화가 노동생산성의 감소효과를 가져온다는 연구결과도 나와 있다(신관호 · 황윤재, 2005; 김대일, 2004).

4) 산업에 미치는 영향

인구고령화의 경제적 위협은 크다. 그러나 기회도 있다. 시니어산업 또는 실버산업이라고도 불리는 고령친화산업은 고령자 및 중장년층의 건강과 편익, 안전을 도모하기 위해 시장부문에서 상품이나 서비스를 제공하는 산업이다. 고령친화산업은 노인층의 구매력을 전제로 한다. 따라서 정부나 사회단체 등이 소외계층에 대하여 구호활동 차원에서 서비스를 제공하는 것과는 다르다.

우리나라는 6.25 전쟁 이후 베이비붐 기간 중에 태어난 세대들이 2010년대에 은퇴연령층으로 진입하고, 2020년대에는 고령친화산업의 주 고객이 될 것이다. 일반적으로 노인층이 되면 소득이 안정되지 않은 상태에서는 불필요한 소비를 최대한 줄일 것으로 보인다. 그래서 인구고령화 현상만 가지고 고령친화산업에 대한 낙관적인 전망을 하기에 조심스러운 점이 있다. 그러나 인구고령화가 전체 소비 중 노인층이 차지하는 비율을 끌어올릴 것이라는 점은 확실하다.

현재 실버시장은 고령화의 물결을 타고 성장하고 있다. 실버타운이 들어서기 시작하고, 온열치료기, 재활보조기구, 소염진통제, 노화방지 건강기능식품, 주름개선 화장품, 특수 지팡이 등 이른바 실버상품들이 시장에 진출하고 있다. 은행, 보험, 증권회사 등 금융기관들은 노후대비 상품을 내놓고 판촉전을 벌이고 있다. 하지만 아직은 초기 단계이다. 우리나라 민간전체 소비에서 실버상품과 서비스가 차지하는 비율은 9% 선에 그치는 것으로 추정된다. 미국의 30%에 비하면 한참 뒤지고 있다. 미국은 2차 대전 이후 태어난 베이비붐 세대들이 노년을 맞이하고 있다. 연간 1,900조원에 이르는 구매력을 가지고 있는 베이비붐 세대 노인들을 대상으로 실버시장은 치열한 쟁탈전을 벌이고 있다고 한다(니혼게이자이 신문사, 2006).

시장이 선진국만큼 성숙되지 않았다는 것은 그만큼 성장잠재력이 있다는 의미도 된다. 실버시장이 중요한 시장이 되는 이유는 인구구조상 노인들이 앞으로 주 소비계층이 될 것이기 때문이다. 정부에서도 고령친화산업이란 이름으로 실버산업을 육성하려고 계획을 세우고 있다.

고령화 및 미래사회위원회에서 분류한 고령친화산업은 요양(재가요양, 시설 요양), 기기(재택진료, 원격진단, 휴대용 다기능 건강정보시스템, 한방 의료기, 간호지원 및 실내외 이동지원시스템 등), 정보(홈 케어, 정보통신 보조기기, 노인용 콘텐츠 개발), 여가(주말농장, 고령친화 휴양단지 등), 금융(역모기지 제도, 자산관리서비스), 주거(고령자용 주택개조, 고령자 임대주택), 한방(한방보건관광, 한방기능성 식품, 한방화장품, 노인성질환 한약제제 등), 농업(고령친화농업, 테마파크, 은퇴농장) 등이다.

이러한 고령친화산업은 현재 초기단계여서 성장잠재력을 자신있게 예측하기는 힘들다. 이와 관련하여 고령화 및 미래사회위원회(2005)는 고령친화산업규모가 2002년 현재 약 6.4조원, 2010년 최대 31조원, 2020년에는 약 116조원으로 성장할 것이라고 예측한 바 있다.

4. 고령화사회의 노인복지

노인은 사회적으로 소득의존도도 높고 신체적 부양의존도도 높다. 우리나라는 사회보장제도가 발달하지 못한 상태에서 고령화를 맞았기 때문에 정부가 직접 생계를 지원해야 할 빈곤노인이 늘어날 가능성이 대단히 높다. 연금제도가 성숙해질 때까지는 노후소득보장문제가 계속 현안과제가 될 것이다. 노인들의 건강문제도 심각한 것이 현실이다. 홀로 지내는 독거노인들이 늘고 있어 이들에 대한 보호서비스도 절실한 실정이다. 노인학대 및 노인자살문제도 심각한 사회문제가 되고 있다.

1) 독거노인 증가와 노인복지서비스 문제

핵가족화와 노인부양의식의 감퇴로 혼자 사는 독거노인들이 늘어나고 있다. 2004년 한국보건사회연구원의 조사결과에 의하면, 전체 노인가구 중 24.6%가 노인독신가구, 26.6%가 노인부부가구로서, 절반이 넘는 노인들이 자식들과 같이 지내고 있지 않은 것으로 나타났다. 2008년 현재 독거노인이 93만 명을 넘어섰고, 2010년이면 100만 명을 초과할 것으로 전망되고 있다. 또, 거동이 불편하여 장기요양이 필요한 노인은 전체노인의 10%나 되는 것으로 파악되고 있다. 따라서 치매, 중풍 등으로 거동이 어려운 노인들에 대한 간병 서비스, 혼자 사는 노인들에 대한 돌보미 서비스 등 독거노인 보호문제가 새로운 정책과제로 떠오르고 있다. 현재 정부에서는 독거노인들을 대상으로 서비스 인력들을 풀어 안전확인, 생활교육, 생활편의 서비스 등을 실시하고 있는데, 독거노인들의 만족도는 매우 높다고 한다.

〈그림 5-5〉 독거노인 증가 추이

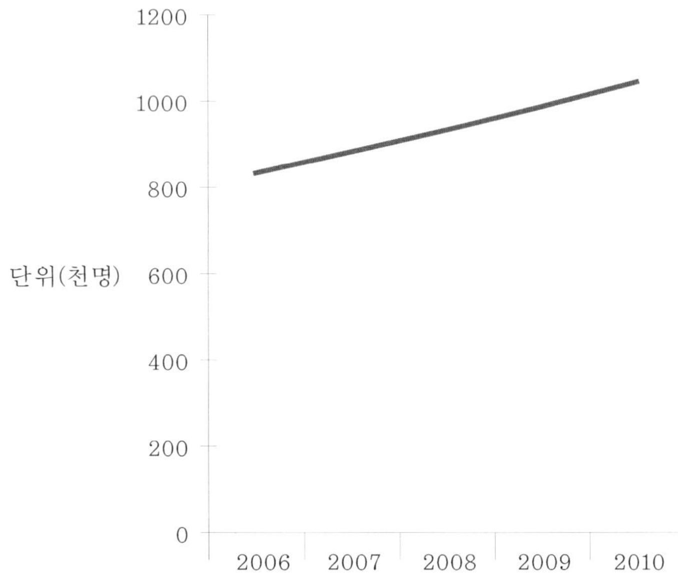

* 자료: 통계청, 2006, 〈장래인구추계〉.

2) 노인빈곤문제와 일자리 대책

65세 이상의 경제활동인구가 2007년 기준으로 152만 명이라는 통계가 나와 있다. 10년 전보다 65만 명이 늘었고 75% 넘게 증가한 것이다. 우리나라 노인들의 경제활동참가율은 31.2%로서, 영국과 독일의 1~3%, 미국의 1.5%, 일본의 19%에 비하여 높지만 좋아할 일만은 아니다. 이들 나라는 이미 성숙되어 있는 공적 연금제도 덕분에 굳이 일할 필요가 없기 때문에 경제활동참가율이 낮은 것이다. 일하는 노인들의 실상을 보면 대부분 비정규직이다. 통계청의 조사결과에 의하면 2006년 기준으로 65세 이상 취업자 중 16.9%만이 상용근로자이며, 나머지는 임시근로자와 일용근로자인 것으로 나타났다. 또한 한국보건사회연구원(2005)의 조사결과에서도 일하는 노인들의 대부분이 농림, 어업, 단순노무직에 종사하며, 노인가구의 25%가 최저생계비 이하 계층이고 공적연금 수급자는 17%에 불과한 것으로 나타났다.

우리나라 노인들은 취업상황이 열악한 만큼 소득도 낮다. 2006년 노인부부 가구의 월평균 소득은 약 121만원으로 비노인가구 소득 316만원의 38%에 불과하고, 이 중 60% 가량이 이전소득이어서 소득자립도가 매우 낮은 것으로 나타났다. 55~79세 고령층 인구 중 취업희망자의 비율은 57.5%로서 이들의 주된 취업 이유는 생활비 때문인 것으로 나타났다(통계청, 2007).

〈표 5-9〉 노인인구의 경제활동현황(2006)

구 분	경제활동 참가율(%)	취업자 중 농림어업 비율(%)	취업자 중 상용근로자 비율(%)
65세 이상	30.5	50.2	16.9
전체(15세 이상)	61.9	7.9	52.8

* 자료: 통계청, 《경제활동인구연보》, 2006.

〈표 5-10〉 노인가구의 가계수지(2006)

구 분	노인부부	비노인
월 소득(만 원)	121	316
근로소득(%)	3.9	63.5
사업소득(%)	7.1	22.0
이전소득(%)	56.9	6.9
기타소득(%)	32.1	7.6

* 자료: 통계청, 〈가계조사〉, 2006.

앞에서 살펴본 바와 같이 우리나라 노인들의 노후설계는 매우 취약하다. 개인적으로 충분한 재산을 모은 노인들은 매우 제한되어 있다. 또, 이렇다 할 공적 소득보장제도가 갖추어져 있는 것도 아니어서 경제적으로 매우 불안한 상황에 처해 있다.

그렇다면 현 상황에서 최선의 대안은 무엇인가? 그것은 저소득 노인들에게 일자리를 주는 것이다. 국민연금으로 노후소득 문제를 해결하기에는 장시간이 걸리고, 현실적인 제약도 많다. 단기적으로는 노인들의 경제활동참가율을 높이는 것이 최선이다. 노동력 부족과 노인들의 소득문제를 동시에 해결할 수 있는 방안이기 때문이다. 노인들의 경제활동참가율을 높이고 고령인력을 적극적으로 활용하는 데 있어서 한 가지 문제가 있는데, 그것은 생산성 문제이다. 사회전체의 생산성이 떨어지지는 않겠느냐는 우려가 당연히 뒤따른다. 이에 대해서는 획일적인 노인취업보다는 노동의 강도가 비교적 낮은 비숙련 일자리를 노인들에게 맡기되, 특별한 기술이 필요한 경우 재교육을 시킨 후 취업하게 하면 될 것이다. 어디까지나 기업의 자발적인 고용이 바람직하지만, 시장의 반응이 미지근하면 '고령자 고용촉진법'을 개정해서라도 고용을 제도화하는 방안을 검토할 필요가 있다.

여기서 유럽국가 중 노인취업을 활성화하는 데 성공한 핀란드의 사례를 살펴보기로 하자. 2005년 현재 노인인구 비율이 15.9%인 핀란드는 일찍부터 조기퇴직제도를 실시하여 1994년에는 평균퇴직연령이 58세까지 낮아졌다. 핀란드 정부는 2030년이 되면, 노인인구의 비율이 26%에 이를 것으로 내다보고 있다. 핀란드 고령자들의 심각한 문제는 노동시장참여율이 OECD 평균치에 못 미치는 매우 낮은 수준이라는 데 있다. 이에 핀란드 정부는 1998년 고령근로자 프로그램을 도입하여 고령자에 대한 재교육, 취업알선 등을 집중적으로 실시하였다. 그 결과 고령자의 취업률이 2003년에 13%로 높아졌고, 유럽연합 평균치인 5.1%를 크게 웃돌았다. 핀란드가 2005년 단행한 연금

개혁도 고령자들의 취업을 활성화하는 데 기여하였다. 핀란드 정부는 낮은 퇴직연령을 끌어올리기 위하여 2050년까지 실질퇴직연령을 3년 더 연장하는 목표를 세우고, 조기퇴직을 할 경우 불이익을 주고 연장근로를 할 경우 인센티브를 주도록 연금급여제도를 고쳤다(니혼게이자이신문사, 2006). 이웃 나라인 스웨덴도 이와 유사한 근로유인형 연금개혁을 핀란드보다 앞서 실시한 바 있다.

3) 노인건강문제와 요양대책

일생동안 활동을 하면서 건강하게 산 기간을 '건강수명'이라고 하는데, 우리나라의 건강수명은 2005년 기준으로 68.6세로 OECD 30개국 중 24위로 낮다. 우리나라 평균수명에서 건강수명을 빼면 다치거나 아픈 기간인 '질병수명'이 나오는데 10년가량 된다. 이 기간의 대부분은 노후에 생기는 것으로 보아도 무방할 정도이다. 한 조사결과에 의하면 전체노인의 90.9%가 관절염, 고혈압, 요통, 좌골통 등 한 가지 이상의 만성질환을 보유하고 있다고 한다(한국보건사회연구원, 2004). 치매노인의 수도 점차 증가하여 1995년 22만 명에서 2000년에는 28만 명, 2010년에는 46만 명, 2020년에는 69만 명으로 늘어날 것으로 전망된다(한국보건사회연구원, 1997).

이렇듯 우리나라 노인들의 평균수명은 점차 길어지고 있으나 인생말년의 건강상태가 좋지 않은 상태이므로, 가정에서나 사회에서 이를 보살펴야 한다. 배우자가 없는 노인들의 경우 몸이 아플 때 자녀와 살겠다는 비율이 높게 나타나고 있지만, 이것은 어디까지나 본인의 희망일 뿐 현실은 그렇지 못하다. 핵가족화와 개인주의적 가치관 때문도 있지만, 거동이 불편한 부모를 간병하기 위하여 경제활동을 포기하는 자녀들이 얼마나 되겠는가?

정부에서 2008년 7월에 실시한 노인장기요양보험제도는 바로 이러한 현실에 바탕을 둔 것이다. 노인장기요양보험은 국민건강보험과는 별도의 보험제도로 구성되어 있으며, '제 5의 사회보험'으로 일컬어진다.

과거 개인이 감당하였던 간병과 효행을 사회보험 장치를 통하여 해결하려는 것이 노인장기요양보험의 정신이다. 노인장기요양보험은 노인간병과 생활고로 가족관계가 파괴되거나 노후의 삶이 피폐해지는 비극을 막는 백신 구실을 한다(〈한겨레〉 2008. 7. 8 기사). 선진국에 비하여 비록 출발은 늦었지만, 이 제도가 잘 발전하여 날로 심각해지는 노인들의 요양문제를 비용효과적으로 풀어나갔으면 한다.

〈표 5-11〉 노인만성질환 유병률(%)

구 분	전 체	65~69세	70~74세	75세 이상
전 체	90.9	89.7	92.1	91.3
남	84.4	82.3	86.0	86.4
여	95.0	95.4	96.3	93.5

* 자료: 한국보건사회연구원, 〈2004년 전국 노인생활실태 및 복지욕구조사〉 결과.

〈표 5-12〉 치매노인수 추계

(단위: 천 명)

구 분	2000	2007	2010	2020
65세 이상 노인인구수	3,395	4,810	5,357	7,701
치매노인수	282	399	461	693
치매유병률(%)	8.3	8.3	8.6	9.0

* 자료: "치매관리 mapping 개발연구"(한국보건사회연구원, 1997)의 치매유병률을 토대로 2006년 통계청 장래인구추계상의 노인인구수를 활용하여 재추계.

4) 노인자살과 소외 문제에 대한 대책

우리나라 노인자살률은 OECD 국가 중 단연 으뜸이다. 2005년 기준으로 10만 명당 26.1명이 스스로 목숨을 끊었는데, 65세 이상은 평균치 보다 훨씬 높은 88.4명으로 10년 전보다 3.5배가 증가하였다. 자살률은 연령이 높아질수록 증가하는데, 80~84세 노인들의 자살률은 무려 127.1명으로, 60대 노인들의 2배가 넘는 것이다.

노인자살의 원인으로는 노령에 따른 우울증의 발생 등 정신적 요인도 있지만, 경제적 문제와 가족 간의 갈등, 노인학대 등 주변 환경적인 요인도 관련되어 있다. 부양가족이 없는 빈곤노인들에 대한 직접적인 보호대책과 자살예방 프로그램은 정부의 몫이지만, 가족이 있는 경우에는 가족들의 보살핌이 우선이다. 부모를 잘 모시는 것이 최고의 덕목이지만, 같이 생활하지는 못하더라도 경제적, 정서적으로 가까이 돌보는 정성과 노력이 매우 중요하다.

〈표 5-13〉 노인인구 10만 명당 자살자수 변화

연 도	60~64세	65~69세	70~74세	75~79세	80~84세	85세 이상
1995	17.4	19.2	24.8	27.5	30.2	25.4
2005	48.0	62.6	74.7	89.0	127.1	127.0

* 자료: 보건복지가족부(〈경향신문〉 2008. 5. 12 기사).

5) 안정적인 소득보장대책

우리나라 국민연금제도의 역사는 짧다. 1988년에 시작하여 최초가입자가 2008년에 이르러 노령연금을 받게 되었다. 그러나 2008년 현재의 소득대체율 50%(국민연금 가입기간의 평균소득을 현재가치로 환산한 금액대비 연금으로 지급하는 금액의 비율로서, 2028년에는 40%까지 내려감)는 40년 가입을 전제로 한 것이라, 20년 가입 후 받게 되는 연금액은 소득대체율의 절반 정도가 될 것이다. 따라서 아직까지 노후생활이 보장되는 연금을 받은 가입자들은 없다. 현실적으로 개인소득이 넉넉하거나 재산이 많지 않은 경우, 국민연금에만 의존하여 노후생계를 유지하기가 쉽지 않다. 이 점에서 우리나라 국민연금은 아직 소득보장제도로서 완전한 면모를 갖추지 못하고 있다.

그러다 보니 연금제도에 대한 개혁논의가 끊임없이 제기되고 있다. "연금재정 안정을 위하여 보험료를 좀 더 내고 급여는 낮추어야한다", "공무원 연금·군인연금 등 특수직역 연금과 형평을 맞추기 위해 이들 연금을 개혁해야한다", "연금들 간의 연계가 필요하다", "국민연금기금의 관리조직과 방식이 비효율적이고 정부 지배적이다" 등이 거론되고 있는 논의들이다.

국민연금 확대 경과

- 10인 이상 사업장에 대하여 당연적용 실시(88. 1. 1)
- 5~9인 사업장까지 당연적용 확대(92. 1. 1)
- 농어촌 지역에 대하여 적용 확대(95. 7. 1): 18세 이상 60세 미만의 농어민과 군 지역에 거주하는 자영자 등
- 도시지역 거주자에게 적용 확대(99. 4. 1): 시 지역에 거주하는 5인 미만 사업장 근로자, 일용근로자, 자영자 등
- 5인 미만 사업장 및 비정규직 근로자 지역가입자에서 사업장 가입자로 전환(03. 7. 1)
- 1인 이상 모든 사업장을 당연적용사업장으로 확대 추진(06. 1. 1)
- 노령연금 지급개시(08. 1. 1)

＊자료: 보건복지부(2007: 164)

이러한 논의 못지않게 중요한 것은 공적 연금제도의 사각지대 문제이다. 2008년 4월 현재 국민연금 가입자는 1,825만 명으로 집계된다. 가입자 중 절반 가까이가 납부예외자 또는 체납자로 분류되어 보험료를 납부하지 않고 있다. 한국조세연구원(2002)이 통계자료를 가지고 따져본 바에 의하면, 전체 국민연금 가입자 중 3분의 1이 사각지대에 놓인 것으로 보여 진다. 이렇듯 공적 연금제도의 외곽에 있으면서 개인소득도 부실한 경우, 이들 사각지대 계층은 노후에 대책 없이 정부의 손길을 기다릴 수밖에 없다. 이를테면 '미래의 잠재적 빈곤층'인 것이다. 따라서 이들 사각지대를 사전에 해소하는 노력이 매우 중요하다.

사실상 연금제도의 사각지대에 놓인 65세 이상 저소득 노인들에게 월 최고 8만원 수준의 기초노령연금을 2008년 1월부터 지급하고 대상노인들을 점차 확대한다고 하지만, 사각지대의 처방으로는 미흡하다는 평가를 받고 있다. 한편으로는, 기초노령연금제도가 시간이 갈수록 국가재정에 큰 부담으로 작용할 것이라는 우려도 있다. 국가재정 부담요인인 연금사각지대를 최소화하기 위하여 연금가입을 적극 유도하는 정책적 노력이 필요하다. 스위스의 경우 소득이 없는 실업자들에게도 최저등급의 기초연금 보험료를 내도록 강제하고 그 일부를 일정기간 정부가 대납해주거나 보조해주는 제도가 있는데, 이와 같은 제도도 사각지대 해소차원에서 눈여겨 볼 필요가 있다.

제 6 장

사회양극화와 빈곤대책

우리나라는 외환위기를 겪으면서 사회안전망의 틀을 선진국 수준으로 마련하였다. 그러나 제도의 외형은 갖추었으나, 그 내용이 충실하지 못한 부분이 있어 실효성이 떨어지는 데다가, 소득의 양극화 현상이 심화되면서 빈부격차가 확대되고 사회안전망의 사각지대가 발생하고 있다.

1. 사회경제적 양극화 실태

세계화를 맞아 경제적 양극화와 빈부격차가 사회적 문제로 대두되고 있다. 무한경쟁과 효율성을 추구하는 세계화 시대에서 직장을 잃거나 소득이 감소하여 저소득층으로 낙오하는 계층은 점차 늘어나고 있고, 중산층은 계속 줄어들고 있다. 문제는 이러한 빈부격차가 완화되기보다는 깊어질 가능성이 높다는 점이다. 국가 전체적인 경쟁력은 강화되더라도 개개인의 경쟁력은 약화되는 실정이다. 사회안전망은 경제 양극화와 소득격차로 인한 빈곤의 문제에 대응하는 안전핀 역할을 수행하는 복지제도이다. 이 장에서는 빈곤 프로그램의 핵심인 공적 부조제도를 중심으로 사회안전망의 현황과 과제를 살펴보기로 한다.

1) 빈부격차의 확대

최근 실업률은 안정되고 있으나, 빈곤율 및 빈부격차 수준은 외환위기 직후 수준으로 나빠졌다. 소득불평등의 지표인 지니계수의 경우, 1997년 0.262이던 것이 1999년에는 0.294로 증가하였으며, 2007년에는 0.3으로 높게 나타나고 있다. 외환위기 극복과정에서 저소득층은 더욱 위축되고 돈이 있던 금융소득자들은 고금리로 더 큰 수입을 얻었다. 최근 부동산가격 급등과 금융자산 편중 등의 영향으로 빈부격차가 더 악화되었으며, 경기침체로 인해 빈곤층은 더 확산되는 실정이다. 도시가구 중 서민, 중산층 가구 점유비율을 보면, 서민층(소득 중간값의 50% 미만)의 비율은 1997년에 8.9% 이었던 것이 2007년에는 13.0%로 늘어났다. 소득 5분위 배율을 보더라도 마찬가지이다.

〈표 6-1〉 실업률 및 빈곤동향(1998~2004)

구 분	1997	1998	2001	2002	2003	2004	2005	2006	2007
실업률(%)	2.6	6.8	4.0	3.3	3.6	3.7	3.7	3.5	3.2
최저생계비 이하(%)[1]	6.03	13.35	3.12	3.67	4.25	4.47	5.41	7.41	
중위소득 50% 수준 이하(%) (가계조사: 도시가구, 가처분소득 기준)	8.9	11.7	10.6	10.3	11.3	12.0	12.3	12.5	13.0
지니계수 (가계조사: 도시가구, 가처분소득 기준)	0.262	0.287	0.286	0.284	0.282	0.285	0.286	0.292	0.300
소득5분위배율 (가계조사: 도시가구, 가처분소득 기준)	3.94	4.72	4.51	4.50	4.56	4.64	4.73	4.85	5.08

* 자료 : 통계청 홈페이지 및 성명재(2007).

1997년 3.94이던 것이 2007년에 이르러 5.08로 악화되고 있다.

2) 신 빈곤문제의 대두

빈곤의 문제는 어제오늘의 이야기가 아니지만, 최근에는 신 빈곤층의 개념이 등장하고 있다. 과거의 빈곤층이 노인, 장애인, 아동 등 근로능력이 떨어지는 취약계층 중심이었다면, 신 빈곤층은 일할 능력이 있음에도 불구하고 생계가 어렵거나 부채로 인하여 가계유지가 곤란한 계층(*working poor*)으로 정의된다(이원형, 2003).

실업률이 안정되고 있음에도 빈곤율이 증가한 것은 근로빈곤층이 증가하였음을 의미한다. 즉, 일자리 양극화가 진행되어 일을 하고 있음에도 충분한 소득을 얻을 수 없고 고용이 불안정하여 취업과 실업을 반복하는 임시, 일용직 및 비정규직 근로자들이 늘어났기 때문이다. 이들은 실업을 거치지 않고 취업과 비경제활동 사이를 오고가기 때문에 공식 실업률 통계에도 잡히지 않고 있다. 이러한 신 빈곤층의 일부는 빈곤으로 추락하면서 절망과 낭패감에 빠져 자살과 같은 극단적인 일탈행동을 선택하기도 한다. 한 예를 들면, 부산지역의 경우 생계형 자살은 2003년 상반기에 308건으로서 전체자살자 492명 중 62.6%를 차지하고 있는데, 이는 1999~2001년의 기간 중 20%대였던 것에 비하면 엄청난 비율이다.

신 빈곤층의 대부분이 기초생활보장제도의 혜택을 받지 못하고 있기 때문에 이른바 '차상위 계층'으로 불린다. 차상위 계층은 최저생계비의 120% 이하 소득계층으로 기초수급자를 제외한 빈곤층으로 연구에 따라 차이는 있지만, 2003년 현재 약 263만 명으로 추계된다(이현주 외, 2005).

2. 우리나라 사회안전망의 평가와 반성

우리나라는 외환위기를 겪으면서 사회안전망의 틀을 선진국 수준으로 마련하였다. 그러나 우리나라의 사회안전망은 빠르게 확대되어 제도의 외형은 갖추었으나, 그 내용이 충실하지 못한 부분이 있어 실효성이 떨어지는 데다가, 소득의 양극화 현상이 심화되면서 빈부격차가 확대되고 사회안전망의 사각지대가 발생하고 있다. 엄격한 기준 때문에 기초생활보장제도는 전체 빈곤층의 30% 내지 50% 정도만을 보호하는 것으로 추정되고 있다. 의료, 교육, 주거비 등 가구별 특정 요구 지출 때문에 빈곤추락 위험에 처해있는 계층들에 대하여는 보호의 손길이 미치지 못하고 있다.

사회안전망의 전개과정

• 1차 안전망
국민연금 전 국민 확대(1999)
건강보험 365일 급여확대(2002)
고용보험 1인 이상 사업장 확대(1998)
산재보험 1인 이상 사업장 확대(2000)

• 2차 안전망
국민기초생활보장제 도입(2000)
의료급여 차상위 계층 확대(2005)
사회복지서비스의 확대

• 3차 안전망
긴급지원제도 도입(2006)

〈그림 6-1〉 GDP 대비 사회복지지출 비율 (2003)

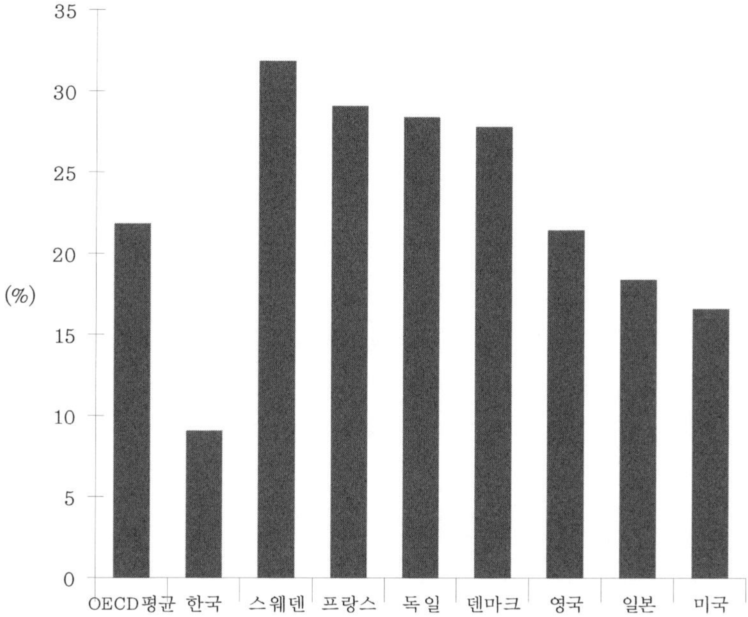

* 자료: OECD, 2006, *Social Expenditure Database.*

〈표 6-2〉 각국의 조세 및 사회보장제도의 지니계수 개선효과 비교

국 가	스웨덴 (2000)	영국 (2005~2006)	미국 (2005)	일본 (2005)	한국 (2006)	한국 (2007)
시장소득기준(A)	0.447	0.52	0.493	0.526	0.338	0.344
가처분소득기준(B)	0.252	0.34	0.418	0.393	0.312	0.316
개선비율(%)	43.6	34.6	15.2	25.3	7.7	8.1

* 개선비율은 ((A-B)/A)×100으로, 조세 및 사회보장의 소득재분배 효과를 의미.
* 한국은 통계청 가계조사자료, 외국은 LIS 데이터 활용.

한편, 노인들의 경우는 어떠한가? 절반 이상의 노인들이 공적 소득보장 제도의 혜택을 받지 못하는 등 사회보험과 공적 부조 사이에 광범위한 사각지대가 존재하고 있다. 또한, 빈곤층은 건강, 소득, 고용, 사회서비스 등 여러 가지 형태의 욕구를 가지고 있으나, '복지-보건-고용'이 연계된 원스톱 서비스(*One-stop-service*)가 제대로 이루어지지 못하는 등 사회안전망의 전달체계가 취약한 상황이다. 그 결과, 지난 6년간 사회복지 예산은 3배나 증가하였으나 국민들이 피부로 느끼는 복지 체감도는 큰 변화가 없다는 지적을 받고 있다.

한편, 사회복지지출(*social expenditure*)은 2005년 GDP 대비 9.05%를 기록하였으나, OECD 국가 평균의 1/3 수준으로 여전히 낮은 수준이다. 더구나, 우리나라는 조세 및 사회보장 지출에 의한 소득재분배 효과가 매우 미미하게 나타나고 있다. 조세 및 사회보장에 의한 공적 이전을 고려하지 않은 시장소득기준 불평등도는 높지 않으나, 가처분 소득기준 불평등도는 OECD 국가 가운데 높은 수준이다. OECD 국가의 조세 및 사회보장제도의 불평등 개선효과는 20~40%대에 이르나, 한국은 2007년 8.1%에 불과한 실정이다.

사회안전망은 사실상 사회통합과 안정을 유지하는 기본적인 사회제도이다. 오늘날 세계화는 모든 나라에게 무한경쟁과 효율성을 강요한다. 경쟁과정에서 탈락되거나 낙오된 계층은 사회적으로 배제되거나 빈곤층으로 전락하고 만다. 오늘날 사회안전망의 문제는 절대적 빈곤의 문제를 넘어 빈부격차의 문제, 상대적 빈곤의 문제로 발전하고 있다. 좁은 의미로 보면 사회안전망은 빈곤층을 위한 생계, 의료, 교육, 자활 급여 등으로 이루어진 공공부조사업을 의미하지만, 넓은 의미로 보면 빈곤의 예방 및 해소를 위한 종합적인 경제사회정책을 의미한다. 향후 사회안전망은 절대빈곤층의 기본적 생활을 보장하는 소극적 개념에서 벗어나 빈곤퇴치 및 빈부격차 해소를 위한 적극적 개념으로 확대되어야 할 것이다.

3. 빈곤대책의 어제와 오늘

1) 생활보호제도에서 기초생활보장제도로

1961년에 제정된 생활보호법은 1982년에 전문이 개정되었는데, 이때 교육보호와 자활보호 조항이 추가되었으며, 종전의 영세민·준영세민에서 거택·시설·자활보호자로 보호 대상자 구분이 바뀌었다.

이러한 생활보호제도는 1997년 말 외환위기로 대량실업과 빈곤인구가 양산되자 사회안전망으로서 제 역할을 하기 어렵다는 평가를 받았다. 이에 따라 최저생계비 이하 저소득층의 기초생활을 보장하는 새로운 틀이 요구되었고, 시민단체를 중심으로 새로운 입법의 필요성이 제기되었다.

2000년 10월 시행된 기초생활보장제도는 생활보호제도와는 달리 ① 최저생활을 보장받을 권리를 규정하고, ② 근로능력 유무와 관계없이 기초생활유지가 어려운 빈곤층의 최저생활보장을 목적으로 하되, ③ 근로능력을 가진 수급자의 경우 근로를 유지 또는 강화하는 내용으로 설계되었다.

2) 외국과의 비교

(1) 절대빈곤인구

우리나라의 빈곤인구에 대한 추정치는 다양하다. 김미곤(2003)에 의하면, 최저생계비 이하 빈곤층은 전 인구의 약 7.4%인 351만 명으로 추정된다. 이 중 기초생활보장제도의 지원을 받는 사람들(수급자)은 전체인구의 3.1%인 149만 명이므로, 지원을 못 받는 비수급자는 약 4.3%인 202만 명으로 추정된다. 한편, 소득이 최저생계비의 100~

〈표 6-3〉 생활보호제도와 기초생활보장제도

구 분	생활보호제도 (2000년 10월 이전)	기초생활보장제도 (2000년 10월 이후)
법적용어	· 국가에 의한 보호적 성격 - 보호대상자, 보호기관	· 저소득층의 권리적 성격 - 수급권자, 보장기관, 생계급여 등
대상자 선정기준	· 소득과 재산이 기준 이하인 자 * 1999년 - 소득 23만원(인 · 월) - 재산 2,900만원(가구)	· 2002년까지 소득평가액과 재산이 기준 이하인 자 · 2003년부터 소득인정액이 최저생계비 이하인 자 * 소득인정액 = 소득평가액 + 재산의 소득환산액
대상자 구분	· 인구학적 기준에 의한 대상자 구분 - 거택보호자 : 18세미만 아동, 65세이상 노인 등 근로무능력자 - 자활보호자 : 인구학적으로 경제활동 가능한 근로능력자	· 대상자 구분 폐지 - 근로능력이 있는 조건부생계급여 대상자는 구분 * 연령기준 외에 신체 · 정신적 능력과 부양, 간병, 양육 등 가구여건 감안
급여수준	· 생계보호 - 거택보호자에게만 지급 · 의료보호 - 거택보호 : 의료비 전액지원 - 자활보호 : 의료비의 80% · 교육보호 : 중 · 고생자녀 학비 전액 지원 · 장제보호, 해산보호 등	· 생계급여 - 모든 대상자에게 지급 · 주거급여 신설 - 임대료, 유지수선비 등 주거안정을 위한 수급품 · 긴급급여 신설 - 긴급필요시 우선 급여를 실시 · 의료, 교육, 해산, 장제보호 등은 현행과 동일
자활지원 계획	〈신 설〉	· 근로능력자 가구별 자활지원 계획 수립 - 근로능력, 가구특성, 자활욕구 등을 토대로 자활방향 제시 - 자활서비스를 체계적으로 제공

120% 수준으로 질병, 실업 등으로 빈곤층 전락 위험성이 있는 사람들이 전 인구의 약 4.0% 수준으로 추정된다. 또 다른 자료에 의하면 빈곤층은 550만 명으로 추정된다(한국보건사회연구원, 2003). 2007년 12월 현재 우리나라의 기초생활수급자는 155만 명(85만 가구), 의료급여대상자는 185만 명(1종 106만 명, 2종 79만 명)으로 집계되고 있다. 전체인구 중 기초수급인구의 비율은 3.2% 정도이다.

미국의 빈곤율은 지난 20년간 13~15% 선이었으며, 최근에는 다소 낮은 비율을 유지하고 있다.

일본의 생활보호법에 의하여 보호받는 빈곤층은 2000년 현재 전체인구의 0.87%(사회원호국, 2001.7.1 기준)로서 다른 나라들에 비하여 매우 낮은 상황이다. 노인의 수급비율은 다른 연령층에 비하여 높아 60세 이상 노인 중 수급자는 1.73%로, 전체 평균의 2배 이상으로 나타나고 있다.

(2) 빈곤선과 최저생계비

빈곤층을 설정하는 기준은 두 가지이다. 절대적인 기준(예: 최저생계비)을 정하고 그 기준 이하를 빈곤층 및 저소득층으로 분류하는 방식과, 소득분포에 있어 일정비율(예: 중위소득의 50%)을 빈곤층으로 분류하는 방식이 있다. 선진국의 경우는 주로 후자의 방식을 사용하고 개발도상국들은 전자의 방법으로 접근하고 있다.

우리나라의 경우 기초생활수급자의 범위는 부양의무자가 없거나 부양의무자가 있어도 부양을 받을 수 없는 자로서, 소득인정액이 최저생계비 이하인 자로 되어 있다(국민기초생활보장법 제5조). 최저생계비는 기초생활보장법 제6조에 의거 국민의 소득지출수준, 수급권자의 생활실태, 물가상승률 등을 고려하여 중앙생활보장위원회의 의결을 거쳐 보건복지가족부 장관이 결정하게 되어 있다. 2008년 기준

4인 가족의 최저생계비는 127만원이며, 대도시, 중소도시, 농어촌 등 지역에 관계없이 동일하게 적용된다. 차상위계층은 수급자가 아닌 자로서 소득인정액이 최저생계비의 100분의 120 이하인 자를 말한다('국민기초생활보장법' 시행령 제3조의 2).

미국은 공식적인 빈곤기준으로 '빈곤선'(*Poverty Threshold*: PT)과 '빈곤지침선'(*Poverty Guideline*: PG)을 발표하며, 이를 기준으로 빈곤율 등 국가의 공식적인 빈곤관련 통계를 발표한다. 빈곤선은 1960년대 사회보장청에서 개발한 것으로, 저소득층의 최소한의 식품 마켓바스켓을 구성하여 산출한 최저식료품 지출 비율에 '3'을 곱한 화폐액을 빈곤선으로 정하는 방식이다. 이 빈곤선은 미국의 통계국(Bureau of Census)에서 매년 소비자 물가상승률을 적용하여 발표하며, 미국 내의 빈곤율을 측정하는 등의 통계적 목적으로 이용하고 있다. 빈곤선은 가족의 구성원(성인과 자녀의 수), 가구유형, 가구주의 연령 등에 따라 다르게 책정되어 있다. 빈곤지침선은 빈곤선을 단순화한 것으로 DHHS(Department of Health and Human Service)에 의하여 매년 발표되며 행정적 목적으로 사용된다. DHHS의 빈곤지침선은 연방프로그램 대상자를 선정하는 데 사용되며, 일부 프로그램들은 빈곤지침선(PG)에 일정비율(125% 내지 185%)을 곱하여 사용한다. 빈곤지침선을 이용하는 제도로는 학교급식, Head Start, 저소득가구 연료비 지원 등이며, SSI(*Supplementary Security Income*), TANF(*Temporary Assistance for Needy Families*), EITC(*Earned Income Tax Credit*) 등은 이를 사용하지 않고 있다.

이들 프로그램의 수급대상자 선정기준은 각기 다르다. 예를 들면, SSI의 경우, 65세 이상 노인과 시각장애인, 월 소득 500달러 이하의 장애인이며, TANF는 부양아동이 있는 한 부모 가구 중 일정기준 이하의 소득과 재산을 가진 가구를 대상으로 한다. 식품권(*Food Stamp*)의 경우, SSI, TANF 수급자들은 자동적으로 수급자격을 가지고, 이외 월

소득과 자산이 법적 기준 이하인 가구도 지급대상이 된다. 소득인정액과 근로소득공제제도가 있으나, 가구유형에 따라 다르게 적용된다.

일본은 최저생계비 결정에 있어 초기에 마켓바스켓 방식(1948~1960년)을 적용하다가 엥겔방식(1961~1964년)으로 전환하였고, 1965년에는 격차축소방식으로, 1984년에는 수준균형방식으로 바꾸어 지금까지 적용하고 있다. 최저생계비 산출방식을 보면, 1946년 제도도입 당시에는 가구원수를 기준으로 하였다가 1948년에는 성, 연령, 가구원수를 조합하여 기준액을 설정하였고, 1985년 이후에는 연령과 가구원수를 조합한 기준액에 가구특성별 가산액을 얹어 사용하고 있다. 최저생계비 산정 시 지역별 차이를 감안하기 위하여 1946년에는 지역을 6등급으로 나누었으나, 그 후 등급이 점차 조정되어 1987년 이후에는 두 등급으로 구분하여 현재까지 운영하고 있다. 노인가구, 장애인가구, 모자가정, 임부가 있는 가구, 원폭피해자, 아동양육세대 등 가구구성원의 특성에 따라 일정액의 가산금을 지급하고 있다.

(3) 급여내용

국민기초생활보장제도에 있어 빈곤층에 대한 급여는 최저생계비 이하의 수급자가 소득, 재산, 근로능력 등을 활용하는 것을 전제로 한 '보충급여 방식'을 기본원칙으로 삼고 있다('국민기초생활보장법' 제3조). 급여의 종류는 생계급여, 주거급여, 의료급여, 교육급여, 해산급여, 장제급여, 자활급여로 구성된다('국민기초생활보장법' 제 7조). 이중, 의료급여는 의료급여법이 정하는 바에 따라 현물로 지원된다(근로능력이 수급자인 1종 대상자는 진료비 전액을 정부에서 부담, 근로능력이 있는 2종 대상자는 본인 일부부담액을 제외한 전액을 정에서 부담). 주거급여 중 전월세 가구는 매월 일정액의 주거비를 현금으로 지급하나, 자가가구의 경우에는 주거 현금급여액 중 일정액을 공제하여 이 재원으

〈표 6-4〉 미국 공공부조의 주요내용

구 분	주 요 내 용
SSI	보충적 소득보장제도(*Supplementary Security Income*) -빈곤 노인과 장애인에게 매달 지급되는 연방정부의 현금급여 -연방규정에 따라 모든 주가 동일한 자격기준과 급여기준을 적용 -재원은 연방정부의 일반재정에 의해 조달됨.
AFDC/ TANF	부양아동이 있는 편부모가정에 대한 현금급여 (*Aid to Families with Dependent Children/Temporary Assistancefor Needy Families*) -AFDC는 복지개혁입법(1996)에 의하여 97. 1월부터 수급조건을 제한하는 TANF로 전환됨. -TANF는 일생동안 통산 60개월만 제공되며, 수급자들은 주정부의 근로 또는 직업훈련프로그램에 참여하는 등 취업노력을 입증해야 하며, 이를 어길 시에는 수급자격이 박탈됨.
Food Stamp	빈곤가구가 적절한 영양수준을 유지할 수 있도록 연방정부가 1964년부터 시행한 식품권 지급 프로그램. -1935년 도입초기에는 잉여농산물의 국내소비를 목적으로 하였으며, 1943년 전쟁으로 인해 농산물 수요가 급증하자 중단됨. 1963년 할인식품권제도가 시범적으로 도입되었으며, 1977년부터 현재 형태의 식품권제도가 전국적으로 시행됨.
Medicaid	아동이 있는 저소득가구, 저소득 노인, 장애인에 대한 의료서비스 -연방정부의 공공부조사업 중 예산규모가 가장 큰 프로그램 -1935년 Social Security Act가 제정될 당시 의료보험제도를 시행하려 하였으나 의사들의 반대로 무산되었으며, 1950년 Social Security Act가 개정되면서 Medicaid의 법적 근거가 마련되었고, 1965년 이법의 개정으로 연방정부와 주 정부가 공동으로 재정을 부담하는 내용으로 Medicaid 제도를 시행함.
GA	일반부조(*General Assistance*) -TANF 나 SSI의 수급자격이 없는 빈곤가구 혹은 개인에게 주정부가 제공하는 보완적 프로그램으로서 현금 또는 현물급여 -수급대상자 선정기준, 급여수준, 서비스 내용은 각 주마다 다르며, 동일한 주에도 County 마다 상이함. -대부분의 GA 프로그램은 근로능력자에게 공공근로에 참여하도록 요구하고, 급여수준은 전반적으로 감소되고 있는 추세임.
EITC	일정수준 이하의 근로소득 가구를 대상으로 적용하고 있는 환급가능(*refundable*) 한 세액공제제도(*Earned Income Tax Credit*) -1975년 근로활동에 참여하는 빈곤층을 빈곤으로부터 벗어나도록 하고, 복지 지출을 감소시키기 위한 의도에서 도입되었으며, 근로연계복지(*Workfare*)가 강조됨에 따라 적용대상의 범위와 급여수준이 크게 확대되고 있음.

* 자료: 문창진(2004).

로 집수리 서비스를 제공한다(수급자가 참여하는 집수리 도우미 사업을 활성화하기 위한 취지임).

기초수급자와는 다르지만, 생활이 어려운 저소득층(소득 및 재산기준 초과자, 북한이탈주민, 일군위안부, 영주귀국할린 동포 등)에 대해서는 선정 기준을 다소 완화하여 특례자로 선정한 후, 의료, 교육, 자활급여를 개별적으로 제공하고 있다.

미국은 1차 사회보장 안전망으로, OASDI(노령, 유족, 장애연금), 65세 이상 노인 의료지원 프로그램인 메디케어(*Medicare*), 실업보험(UI), 산재보험(WC), 철도노동자 및 공무원 연금 등 직역연금 등을 운영하고 있으며, 2차 안전망인 공공부조로서 대상자의 특성에 맞게 개별프로그램을 제공하고 있다. 노인이나 장애인에게는 보충적 소득보장을, 부양아동이 있는 편부모 가정에게는 TANF를, 저소득 빈곤가구에 대하여는 식품권을, 아동을 부양하는 저소득가구, 빈곤 노인, 빈곤 장애인에 대하여는 메디케이드(*Medicaid*) 등의 서비스를 제공하고 있다. 각 프로그램을 개략적으로 소개하면 〈표 6-5〉와 같다.

일본의 생활보호제도는 제도의 틀 안에서 각종 급여를 제공하는 방식이다. 생활보호법 상 급여는 생활부조, 주택부조, 교육부조, 개호부조, 의료부조, 출산부조, 생업부조, 장제부조 등 8종류가 제공되고 있다(고령사회의 특성을 반영한 개호부조는 2000년부터 제공되고 있다). 보호는 보충성의 원리에 입각하여 생활비 부족분에 대하여 정부가 지원하고 있다. 가장 큰 부분을 차지하는 생활부조의 경우, 현금급여로서 가구원의 연령, 거주지를 조합한 두 개의 조견표(제 1류, 제 2류)에 따라 급여액을 결정하며, 가구구성원 중 취약계층(노인, 장애인, 모자가정, 임부, 원폭피해자 등)이 있는 경우, 별도의 가산액을 지급한다.

노인의 경우, 70세 이상과 68~70세를 차등화하고, 임산부의 경우도 임신 개월 수에 따라 3등급으로 나누고 있다. 장애인의 경우는 3등급, 모자가구의 경우도 아동수에 따라 3등급으로 구분하고 있다.

〈표 6-6〉 일본의 공공부조 내용

구 분	급 여 내 용
생활부조	식품구입 및 기타 일상생활에서의 수요를 충족시키기 위해 필요한 경비를 지원
교육부조	학교급식비, 통학교통비, 교재비 등을 지원(학비는 의무교육이므로 별도지원 없음)
주택부조	임대료, 주택의 유지를 위하여 필요한 보수비로, 임대주택 거주시에는 상당액을 인정하고 있으며, 기준액을 초과한 경우 이사하도록 지도
의료부조	의약품비, 재료비, 진단 처치 수술, 재가 요양비, 입원, 간호, 이송 등
개호부조	주택개호, 복지용구, 주택개수, 시설개호, 이송
출산부조	분만, 산전산후 조치, 위생재료비 등
생업부조	생업에 필요한 자금, 도구와 재료, 생업에 필요한 기능습득 등
장제부조	검안, 사체 운반, 화장 및 이장, 분골 등 장례에 필요한 경비 지원

* 자료: 문창진(2004).

4. 사회안전망, 무엇이 문제인가

2차 사회안전망의 핵심인 기초생활보장제도는 최저생활을 정부가 보장하도록 한 점, 보충급여제와 소득환산제를 도입한 점, 자활지원을 법제화한 점 등 진일보한 제도임에는 틀림이 없다. 그러나 ① 엄격한 수급자 선정기준, ② '전부 아니면 전무'식의 보호체계, ③ 탈빈곤을 위한 유인책의 부족, ④ 대상자의 개인적 특성에 따른 보호 미흡 등의 문제점이 남아 있다. 그간의 시행결과를 토대로 제도의 문제점을 종합적으로 분석하여 개선책을 마련해야 할 것으로 보인다.

1) 기초수급제도의 내실화 문제

기초생활보장제도의 역할은 크게 두 가지이다. 첫째는 모든 국민에게 최저생활을 보장하는 최종적인 사회안전망(*last safety net*)의 역할, 둘째는 일할 수 있는 사람들에게는 자립, 자활을 통해 빈곤에서 탈출할 수 있도록 하는 생산적 복지의 역할이다. 빈곤계층이 보호망에서 배제되어 사각지대가 생긴다면 이 중 첫 번째 역할을 달성할 수 없게 된다. 사각지대는 일반적으로 차상위계층(비 수급빈곤층 + 잠재적 빈곤층)으로 정의할 수 있다(김미곤, 2003). 사각지대의 원인은 크게 선정기준(최저생계비, 부양의무자 기준)이 엄격한 경우와 개별가구의 능력(소득인정액, 부양의무)을 과대하게 책정한 경우로 나눌 수 있다. 대도시의 일부 저소득층은 실질적인 빈곤 상태에 있지만 정부가 정한 최저생계비 기준을 넘어 수급을 못 받고 있다.

(1) 부양의무자제도

기초생활보장법 상 부양의무자 범위는 현재 1촌 이내의 직계혈족 및 그 배우자로 되어 있는데, 이 범위 내에 드는 가족 중 부양능력이 있으면 정부의 도움을 받기 어렵다. 2000년 처음 이 제도를 시행했을 때에는 모든 직계혈족과 생계를 같이하는 2촌 이내의 혈족을 포함했으나, 2005년부터 1촌 이내의 직계혈족으로 부양의무자를 한정하고, 2007년에는 2촌 이내의 혈족을 제외하여 부양의무자의 범위를 상당부분 완화하였다. 그러나 여전히 부양의무자의 부양능력을 판정하는 소득·재산 기준은 엄격한 것이 현실이다. 가령 수급권자 1인 가구와 부양의무자 4인 가구가 존재할 경우 소득이 225만 원 이상이 되면 부양능력이 있다고 보아 수급권자에서 탈락시킨다. 또한 부양의무자의 재산이 약 1억 원을 초과할 경우에도 수급권자에서 탈락시킨다.

일본의 경우, 생활보호수첩(평성 11년판)에 의하면, 민법상의 부양의무자(절대적 부양의무자는 배우자, 3촌 이내의 직계존비속과 형제자매고, 상대적 부양의무자는 3촌과 그 배우자 등까지 포함)가 있는 경우 그 부양을 보호에 우선하도록 명시하고 있다(단순순위설). 그러나 그 민법상의 부양의무는 법률상 당연의무이기는 하지만, 이를 직접적으로 강제하여 법률상의 문제로 다루는 것이 부양의무의 성격상 바람직하지 않으므로, 당사자 간의 대화로 원만하게 합의하여 해결하는 것을 취지로 하고 있다(손병돈, 2003). 프랑스, 독일, 오스트리아, 스페인 등의 대륙법 국가들은 자식세대의 강제부양제도를 유지하는데, 프랑스는 부모, 조부모, 심지어 증조부모에 대한 자식의 부양의무를 요구하며, 독일과 오스트리아도 이와 유사하다. 그러나 스웨덴의 경우는 자녀의 부양의무조차 폐지하였으며, 덴마크의 경우도 자식의 부양의무제도가 없다.

(2) 소득환산제도

2002년부터 시행한 소득환산제도는 수급자들에게 도움을 주기 위해 도입한 제도인데, 결과는 다소 부정적이다. 대도시에 거주하는 4인 가구의 경우, 소득이 전혀 없어도 재산이 6,835만원(2008년 기준)을 초과하면 수급자에서 탈락된다. 재산기준을 초과한 경우 재산을 처분하여 최저생활을 유지하라는 '보충성의 원리' 때문이다. 그러나 이러한 재산이 주택일 경우, 이를 팔아서 생활비로 충당한다는 것이 현실적으로 어렵다. 물론 재산 산정시 대도시는 3,800만원, 중·소도시 3,100만원, 농어촌 2,900만원을 기초공제해 주지만, 2004년 이후 기초공제금액은 변동이 없는 상태이다.

외국의 경우는 어떠한가? 영국의 경우 자산조사에 있어 금융재산에 대하여만 소득이 발생하는 것으로 인정하며, 금융재산의 일정비율을 적용하여 추정소득으로 환산한다. 일정수준을 넘으면 급여자격이 없으며, 재산이 많을수록 추정소득이 늘어나는 누진율을 적용하고 있다. 미국 SSI의 경우 유동자산이 일정액 이하여야 하는데, 1인당 기준액은 개인은 높고 부부는 조금 낮게 되어 불리하다. TANF의 경우에는 재산액이 1997년 기준으로 1천 5백 달러 이하인데, 주택과 자동차 1대, 장례비용은 자산에서 제외한다.

(3) '전부 아니면 전무'(*All or Nothing*) 식의 통합급여 지원체계

현재 기초생활보장법에 의한 급여체계는 수급자로 선정되면 국민기초생활보장법 제 7조에서 정한 여러 가지 급여혜택을 받게 된다. 반면, 기초생활수급자가 못되면 일부 예외는 있지만 원칙적으로는 지원을 받지 못하게 되어 있다. 또한, 장애인 노인 편부모 등 가구의 특성은 아직 반영되지 않고 있으며 가구원수에 따라 최저생계비를 보장해주는 구조로 되어 있다. 이에 비하여, 미국의 SSI 프로그램은 노인과 시각장애인을 중심으로 생계비를 현금지원하고, TANF는 18세 미만의 아동이 있는 가구를 지원대상으로 한다. 식품권(*Food Stamp*)은 TANF, SSI 수급가구를 포함한 저소득가구에게 지급한다. 일본의 경우 생활부조, 교육부조, 의료부조 등 다양한 급여를 제공하며, 가구의 특성을 고려하여 가산액을 지급하고 있는 체계로 되어 있다. 영국도 개인수당(*Personal Allowance*) 및 부가급여(*Premiums*) 산정시 독신, 부부, 장애인, 부양아동 유무 등이 고려변수가 된다.

(4) 빈곤의 함정: 자활유도

최저생계를 보장하겠다는 기초생활보장제도의 정신은 자칫 근로능력이 있는 사람들을 '빈곤의 함정'(*poverty trap*)에 빠져들게 한다. 왜냐하면 정부가 정한 최저생계비에서 본인의 소득을 제외한 나머지를 지원해주는 보충급여방식을 채택하고 있기 때문이다. 따라서 일을 해서 돈을 벌면 그만큼 지원이 줄거나 기초생활수급자에서 탈락될 가능성이 있다. 일을 하여 빈곤에서 탈출하기보다는 안정적 수급자로 남고자 하는 유혹(빈곤의 함정)에 빠지게 되는 것이다. 이러한 빈곤의 함정은 개인을 영원한 빈곤의 나락으로 빠뜨린다는 점에서 문제가 있고, 불필요한 복지예산의 팽창을 가져온다는 점에서도 결코 바람직스러운 일이 아니다. 이러한 현상을 극복하기 위하여 기초생활보장제도는 수급자들의 근로를 촉진하기 위한 두 가지 장치를 가지고 있다. 그 하나는 근로능력이 있는 수급자들에게 근로를 강제하는 '조건부수급제도'이며, 또 다른 하나는 근로하는 이들에게 경제적 인센티브를 주어 근로를 유인하는 '소득공제제도'이다.

① 소극적 근로강화: 조건부 수급제도

현재의 기초생활보장제도는 수급자들의 근로능력을 판별하여 근로능력과 여건이 허락하는 수급자는 자활 프로그램에 참가할 것을 조건으로 생계급여를 제공한다(국민기초생활보장법 제 3조, 제 9조). 이들 조건부 수급자가 자활 프로그램에 참여치 않을 경우, 수급자 본인에 해당하는 생계급여의 일부 또는 전부를 중지할 수 있다(국민기초생활보장법 제 30조). 조건부 수급자에 해당되는 사람들에게는 연령, 건강상태, 기능숙련정도, 자활의지의 기준에 따라 비 취업대상자와 취업대상자로 나누고, 비 취업대상자는 다시 단순자활능력자와 자활능력미약자로 나누어 각기 다른 자활 프로그램을 실시하고 있다. OECD 국가들도 근로능력자에 대하여 다양한 형태의 근로의욕 유지조건을 제시하고 이를 성실히 이행할 경우에만 공공부조를 제공하는 방향으로 정책을 바꾸어가고 있다. 미국은 SSI를 제외하고는 구직등록을 하여야 하고, 이에 응하지 않을 경우 급여의 자격에 영향을 받게 된다. 영국에서는 자발적 실업상태가 급여의 축소를 가져올 수 있다. 호주의 경우에도 적극적인 구직활동을 증명하지 못하면 급여를 받지 못할 수도 있다. 일본, 아이슬란드, 스위스에서는 공식적으로 구직등록을 요구하지 않지만, 수급자격을 획득하기 위해서 자신의 능력을 사용하여야 한다는 요구를 적용한다(Eardley and others, 1996).

소극적 근로강화 제도는 운용여하에 따라서 적극적 유인제도 못지않게 수급자의 근로활동을 이끌어내는 수단으로 활용될 수 있다. 그러나 우리의 경우 기초생활수급자 중 근로능력이 있는 사람의 수가 적고(약 30만 명 선), 이 중 조건부 수급자는 3~4만 명 수준에 불과하며, 조건부 수급제도를 수행할 행정력도 부족한 형편이다(박능후, 2003). 수급기간 제한은 1996년 미국의 복지개혁조치에서 나타난 것인데, 일자리를 마음만 먹으면 찾아서 자립할 수 있다는 기본전제가 충족되지

〈표 6-7〉 외국의 공공부조 구직의무화 내용 비교(1994)

국 가	구직등록의무	의무 불이행시 제재
호주	지난 2년간 적극적인 구직활동 사실을 증명해야 함	급여 중지
오스트리아	노동시장청에 구직등록을 하여야 함. 단 편부모, 3세 이하의 아동양육부모, 장애인, 60세 이상의 노인은 면제됨	급여 전부 또는 부분 중지
캐나다	적극적인 구직활동을 하여야 하나, 편부모 가정은 면제 가능함	지방정부마다 차이 있음
일본	자신의 근로능력을 사용하여야 함	명시되어 있지 않음
스웨덴	노인, 장애인을 제외하고는 구직등록을 하여야 함	취업 알선을 거부해도 급여를 제한할 수 없다는 판결이 있었음
영국	편부모, 폐질, 장애인, 노인을 제외하고는 구직등록을 하여야 함	급여의 축소
미국	SSI 프로그램을 제외하고는 구직등록을 하여야 함	급여의 정지

＊자료: Tony Eardley and others(1996); 이태수 외(2003)에서 재인용.

않으면 시행이 어렵다. 따라서 근로무능력자가 많고 취업이 쉽지 않은 우리나라는 조건부 수급제도를 도입하더라도 실효성이 떨어질 것으로 보인다.

② 적극적 근로유인: 근로소득공제

현행 보충급여의 원리 하에서는 근로소득이 있으면 그만큼 생계급여에서 감액을 하기 때문에 일을 하면 불리해진다. 따라서 일을 해서 벌어들인 수입에 대해서는 소득을 공제해 줄 필요가 있다. 2001년 7월부터 2003년 12월까지 근로소득공제 시범사업을 하였는데, 소득공제에 대한 근로유인효과가 있는 것으로 나타났다(박능후 외, 2003). 그러나 근로자가 자신의 소득을 숨기거나 낮추어 신고한다면, 근로소득공제제도는 효과를 발휘하기가 어렵다. 수급자는 자신의 노동시간을 조절할 수 있어야 한다는 요건도 필요하다.

미국은 근로소득보전세제(EITC: *Earned Income Tax Credit*) 라는 조세제도를 통하여 일정수준 이하의 근로소득을 가진 자에 대하여 소득을 보전해주고 있다. 근로소득보전세제란 정부가 저소득층에게 조세제도를 통하여 가구의 근로소득 증가에 따라 일정수준까지 지급액이 증가하도록 설계한 환급 가능한(*Refundable Tax Credit*) 세액공제제도를 말한다. EITC는 근로소득 수준에 따라 점증구간(*phase-in range*), 평탄구간(*flat range*), 점감구간(*phase-out range*)으로 구분되고, 점증구간 내에서는 소득이 늘어남에 따라 EITC급여액이 늘어난다. 미국 EITC 노동유인효과와 관련하여 다수의 실증적 연구가 있으나 일치된 결론은 없다.

5. 나아가야 할 방향

1) 기초생활보장 사각지대의 해소

기초생활보장 사각지대 해소를 위해서는 크게 보아 ① 지역별・거주형태별 최저생계비의 적용, ② 부양의무자 기준의 개선, ③ 재산의 소득 환산제 완화, ④ 차상위계층에 대한 부분급여 시행, ⑤ 위기 상황에 처한 자에 대한 긴급지원 등의 제도개선이 필요하다.

(1) 지역별・거주형태별 최저생계비 적용

현행 기초생활보장제도는 지역별・거주형태별 생계비 편차를 고려하지 않고, 중소도시 기준으로 가구규모(가구원수)별로 생계비를 구분한다. 이로 인하여 대도시・월세가구 등 상대적으로 생계비가 많이 드는 가구들은 기초수급을 받지 못하거나 수급을 받더라도 급여액이 줄어드는 결과가 생기게 된다. 이러한 문제를 해결하기 위하여 지역별・주거형태별 생계비를 적용하되, 최저생계비 계측 시에 기본경비에 지역별 추가경비를 반영하는 방안이 검토되어야 할 것이다.

(2) 부양의무자 기준 개선

부양의무자 기준 자체를 폐지하는 것은 가족기능의 포기를 의미하기 때문에 신중한 검토가 필요하다. 그러나 현행 부양의무자의 부양능력 판정 기준은 조정이 필요하다. 부양의무자의 부양능력 기준을 현행기준(부양의무자와 수급권자의 최저생계비 합의 130%) 보다 상향조정이 필요한 것이다. 부양의무자의 재산기준의 경우 적용하지 않거나 큰 폭으로 완화하는 것이 바람직할 것으로 판단된다. 부양의무자가 재산을 처분하면서까지 수급권자를 부양할 수 있을지 현실적으로 기대하기가 곤란하다.

(3) 재산의 소득환산율 완화

재산의 소득환산율 완화는 2003년에 도입된 제도인데, 소득이 없거나 미약하지만 재산이 있는 가구를 수급권자로 보호하기 위한 것이 목적이었다. 그러나 중간평가 결과 사각지대의 해소효과는 그리 크지 않은 것으로 나타났다. 일반재산의 경우 24개월 동안 소진하는 것으로 가정하여 월 4.17%를 설정하고, 금융재산은 유동성을 감안하여 일반재산의 1.5배를 설정하였으며, 자동차는 국민정서를 감안하여 100%로 하였다. 일반재산의 균등사용기간(현행 24개월)이 자의적이고, 소득이 생기지 않는 재산에 대하여 소득환산율을 적용하는 것도 문제가 된다. 그렇다고 재산을 소득환산에서 완전히 제외할 경우 상당한 재산가가 수급권자가 되는 문제점도 생긴다. 따라서 국민경제 및 생활실태 등에 맞추어 소득환산율을 점진적으로 하향조정하여 가는 것이 바람직하다.

(4) 차상위 계층에 대한 부분급여 실시

기초생활 수급권자를 웃도는 빈곤층에 대한 표현은 '준 빈곤층', '차상위 계층', '신 빈곤층' 등 다양하다. 현행 법령상으로는 소득인정액이 최저생계비의 120% 미만 계층을 '차상위 계층'으로 정의하고, 기초수급자의 규모를 파악하기 위하여 이들 계층에 대하여 행정기관에서 조사를 실시할 수 있도록 되어 있다('국민기초생활보장법' 제24조, 동 법 시행규칙 제38조). 따라서 차상위 계층은 엄격히 말하여 보호의 대상은 아니며, 행정목적상의 조사대상일 뿐이다. 그럼에도 불구하고, 근래에 와서 차상위 계층이 보호대상의 개념으로 인식되고 있다. 보호요구 중에서 가장 시급한 것으로 손꼽히는 것은 의료급여이다. 차상위 계층에게 소득 못지않게 중요한 것이 바로 의료문제이기 때문이다. 질병은 과다한 의료비 지출과 노동력 상실을 가져와 가계를 파탄에 이르게 한다. '탈빈곤'도 중요하지만, 이에 못지않게 '빈곤추락 예방'도 중요하다. 그러나 이들 계층 모두에게 의료급여를 제공할 경우, 엄청난 재원이 소요된다. 따라서 이들의 의료실태를 구체적으로 파악한 후 의료수요가 큰 집단부터 의료급여를 확대해야 할 것이다. 교육급여 또한 탈빈곤을 위한 밑받침이 되므로 그 필요성에 대하여 아무리 강조해도 지나치지 않다.

(5) 위기상황에 대한 긴급지원 확대

절대빈곤층은 아니지만, 갑작스런 사유로 생활이 어려워지거나 위기적인 환경에 처한 경우, 주변의 도움이 필요하다. 2004년 대구 불로동에서 발생한 한 아동의 영양실조 사망사건은 사각지대에 방치된 위기가정의 면모를 여실히 보여주고 있다. 기초생활보장제도는 대상자 선정기준이 엄격하고 선정에 따른 절차 때문에 보호의 신속성이 떨어진다. 따라서 저소득층이 일시적으로 위기상황이 발생한 경우, 이들이 도움을 요청할 수 있고, 일선 현장에서 신속하고 탄력적으로 필요한 부분을 지원할 수 있는 별도의 제도적 장치가 필요하다. 위기계층의 신속한 발견과 지원, 선 보호—후 처리 원칙의 도입, 일선 담당 공무원의 재량권 확대, 민간복지자원과의 연계 등을 골자로 하는 '긴급복지지원법'이 만들어진 것은 바로 이러한 맥락에서이다. 2006년 3월부터 긴급복지지원법이 시행되어 주 소득자의 사고로 가정이 위기상황에 처하게 될 경우 일선 시·군·구에서 신속히 지원할 수 있게 되었다. 그러나 현재 지원요건이 엄격한 것이 사실이며, 향후 계속 완화하여 실질적인 긴급지원이 이루어질 수 있도록 해야 할 것이다.

호주의 경우, 가정폭력 등 긴급한 상황이 발생하여 가정을 떠나 심각한 재정적 어려움에 처한 경우 위기지원금(*crisis payment*)을 지급하고 있고, 필요한 재정정보 서비스, 개인/가족 상담서비스, 주거시설 또는 임차서비스 등도 제공한다. 캐나다의 경우는 '사회보장개혁법'(*The Social Assistance Reform Act*, 1977)상 Ontario Works(OWs) 프로그램 중 긴급부조(*Emergency Assistance*)란 제도가 있는데, 기본적인 생계지원과 의료지원이 필요한 경우나 자녀 등이 보모와 같이 거주할 수 없을 때 주택비, 의약품 및 기본생계비 등을 지원하는 것이다.

2) 근로유인을 통한 탈빈곤 지원

(1) 사회적 일자리 증가

현재 자활 프로그램은 조건부 수급자들을 위주로 운영하고, 차상위계층의 참여는 제한된다. 임시직, 일용직, 무급가족종사자 등 취약계층의 일자리가 제한되어 있어 이들은 빈곤층으로 추락할 위험성이 높다. 따라서 자활 프로그램의 대상을 차상위층으로 대폭 확대할 필요가 있다. 자활 프로그램 대상을 확대하는 작업은 상담과 교육을 기초로 이루어져야 할 것이다.

(2) 소득공제제도의 보강

앞서 언급한 소득공제제도를 강화하여 보충급여제도가 가지고 있는 문제점을 부분적으로나마 해소할 수 있도록 해야 할 것이다. 소득공제제도 이외에, 근로활동에 종사하는 빈곤층들이 일하지 않는 빈곤층보다 인센티브를 받을 수 있는 다양한 방안들이 강구될 필요가 있다. 근로에 종사하는 기초수급자에 대하여 시행되는 근로장려금제도와, 차상위 계층에 대해서 2008년부터 적용되어 2009년에 처음 지급되는 근로장려세제(EITC: *Earned Income Tax Credit*)를 보다 발전적인 방향으로 확대할 필요성이 있다.

(3) 창업지원

빈곤층은 근로를 통하여 소득을 올릴 수도 있지만, 창업을 통하여 장기적이고 안정적인 소득기반을 마련하는 것이 중요하다. 특히, 유엔은 2005년을 '마이크로 크레딧(*Microcredit*)의 해'로 정하였다. '마이크로 크레딧'이란 저소득층이 소자본으로 창업을 할 수 있도록 무담보 무보증으로 소액을 대출해주고, 경영 컨설팅 및 기술지도 등을 통하여 자립할 수 있도록 도와주는 프로그램을 말한다. 현재 우리나라에서는 민간단체인 사회연대은행이 기업체의 기부를 받아 이 일을 수행하고 있는데 좋은 성과를 내고 있다. 다산다사형의 소규모 자영업 시장에서 90% 이상의 성공률을 올리고 있어 빈곤탈출구로서의 마이크로 크레딧의 위상을 보여주고 있다. 이외에 빈곤층이 창업이나 학업수행을 위한 저축을 할 때에 정부나 기업이 적립금의 일부를 매칭펀드(*matching fund*)로 지원하고, 필요할 때 찾아 쓸 수 있도록 하는 제도도 자활을 북돋우는 의미가 있다.

3) 종합적 탈빈곤 정책수립 및 전달체계 구축

(1) 빈곤계층의 규모 및 복지욕구 조사

기초생활보장 사각지대 규모와 복지욕구를 파악하기 위해 매 3년마다 차상위 계층 실태조사를 한국보건사회연구원에서 시행하고 있으며, 2005년에 이어 2차 조사가 진행 중이다. 과거와는 달리 정책대상자의 규모 및 욕구를 추정할 수 있는 기반이 마련되었지만 복지급여 전체를 기반으로 한 통계자료는 현재까지 생성되지 못하고 있다. 사업의 효율성과 복지 - 고용 - 보건을 연계한 종합적인 지원을 위해서 복지대상자에 대한 데이터베이스 구축작업이 중요 과제로 추진되어야 할 것이다.

(2) 인력확충 및 인프라의 개편

기초생활 및 자활 프로그램을 효율적으로 제공할 수 있는 인프라의 개편이 필요하다. 현재의 읍면동 사회복지전담 공무원 배치방식의 업무체계로는 급증하는 복지수요와 업무를 감당할 수 없다. 일을 처리하는 소프트웨어와 하드웨어의 대대적인 개편이 필요하다. 사회복지전담 공무원의 추가확보는 물론, 사회복지사무소와 같은 복지전담조직의 설치가 요구된다. 읍면동 사무소는 지역주민의 시군구 단위에 복지수요를 감당하는 현장서비스 기능을 강화해야 한다. 그러기 위해서는 주민등록증 등을 발급하는 행정기관이 아니라 본격적인 서비스기관으로 변신해야 할 것이다. 기초생활수급자의 선정 및 모니터링, 질적인 서비스 제공, 자활 프로그램 대상자에 대한 사례관리는 물론, 위기가정에 대한 지원, 장애인 · 노인 · 아동 · 여성 등 취약계층에 대한 보호, 지역사회 복지계획 수립, 사회복지시설 지원 및 평가 등 해야 할 업무가 한두 가지가 아니다. 인력의 확충과 인프라의 대대적인 개편은 우리나라 빈곤정책과 복지서비스의 발전을 위한 필수 전제조건이다.

(3) 범부처적인 지원대책 수립

빈곤문제는 단순한 소득의 문제가 아니다. 주거, 환경, 보건, 고용, 교육, 문화, 정보, 성차별 등 전반적인 사회제도와 연계되어 있다. 따라서 빈곤층의 삶의 질 향상 및 탈빈곤을 위해서 각 제도간의 유기적인 연계와 관련부처간의 긴밀한 협조가 필요하다. 주거문제의 경우에는 최소주거기준의 설정, 빈곤층의 주거 접근성 제고를 위한 다세대 주택 임대지원 등 다양한 주택공급은 물론, 지역사회 내 빈부 격차에 따른 위화감 및 계층 갈등의 문제까지도 염두에 두어야 한다. 자활을 위한 일자리 창출은 고용정책과의 긴밀한 연계 없이 그 성과를 이루어내기가 어렵다. 계층 간 문화 및 정보격차도 해소해야 할 과제임에 분명하다.

이외에도 빈곤과 관련된 가정문제(부부갈등, 가정폭력, 성폭력, 가족해체, 가족유기 등)에 대하여도 적절한 서비스 지원체계가 마련되어야 할 것이다. 이러한 점을 감안할 때, 현재 사회보장심의위원회 내에 사회안전망의 개혁과 평가를 담당할 실무위원회 또는 전문위원회를 설치하여 구체적인 계획을 수립할 필요가 있다.

4) 민간과 공공부문의 상호협력 체계 강화

사회안전망의 사각지대는 다양해서 안전망의 그물을 아무리 촘촘하게 짜더라도 빈 곳이 생기게 마련이다. 공공부문의 사회안전망을 보완해줄 역할은 지역사회와 민간의 몫이라 할 수 있다. 사회연대에 의한 안전망을 확보하기 위해서는 정부의 공식 프로그램 이외에도 기업, 종교단체, 사회단체 등의 사회공헌활동이 필요하다. 2005년 7월 말부터 시군구 단위에 설치된 지역사회복지협의체도 이 점에서 중요한 지역사회안전망이라고 할 수 있다. 지역사회복지협의체에서는 민관합동으로 지역사회 복지계획을 수립하고 평가하는 한편, 취약계층의 조사·발굴, 민간복지자원의 연계 등을 통하여 정부의 공공부조 프로그램이 미치지 못하는 사각지대를 해소해주는 역할을 수행하는 것이 바람직하다. 이와 관련하여 각 지역사회별로 민간과 공공이 사회협약을 체결하여 상호 역할과 협조관계를 명확하게 할 필요가 있다.

제 3 부 보건의료문제와 보건정책

보건제도의 이해

가정이 가족건강을 소홀히 하면 가계가 파탄나듯이, 국가도 국민건강을 소홀히 하면 나라경제가 망가지게 된다. 보건문제를 잘 관리하면 경제라는 배가 순항을 하지만, 보건문제를 소홀히 하면 경제라는 배는 뒤집어진다. 보건은 지속가능한 발전을 위한 필수적 요건이다.

1. 보건제도의 개념과 성격

보건제도란 무엇인가? 국어사전을 보면 '제도'는 '정해진 법규', '국가나 사회구조의 체계 및 형태'라고 나와 있다. 보건의 뜻이 '건강을 지켜나가는 것'이니, 보건제도는 '건강을 지켜나가는 법규나 사회구조의 체계 및 형태'라고 정의할 수 있을 것이다. 보건관련 법규도 보건제도이며, 우리의 건강에 직·간접적 영향을 미치는 사회제도도 보건제도라고 할 수 있다.

이해를 돕기 위해 보건제도의 한 예를 살펴보기로 하자. 의료에 관한 법규로 대표적인 것이 의료법이다. 우리가 몸이 아프면 의사를 찾는다. 의료법에 의하면 환자진료는 아무나 할 수 있는 것이 아니다. 의사가 아니면 환자를 진료할 수 없다. 의사면허 없이 환자진료를 하면 의료법 위반으로 처벌을 받게 된다. 의사면허가 있어야 환자를 진료할 수 있는 제도, 이것을 의사면허제도라 부른다. 의사면허를 받으려면 의료법에 규정한 의과대학을 졸업해야 한다. 그런데 의과대학의 설치와 교육과정은 교육관련 법규에 규정되어 있고, 교육과학기술부에서 교육연한과 대학설치 업무를 관장하고 있다. 의학교육제도는 의료공급에 영향을 미치는 제도이다. 교육법에 의한 소정의 과정을 마쳐도 바로 의사가 될 수가 없고 의사국가시험을 합격하여야 한다. 의사시험 과목은 의료법 시행령에 규정되어 있다. 이렇듯 의사의 배출과 관련된 제도만 해도 의학교육제도, 전문의 제도, 국가시험제도, 공중보건의제도, 면허제도 등 여러 가지 제도가 있다. 치과의사, 한의사, 약사, 간호사에 대하여도 국가시험제도와 면허제도를 운영하고 있다.

다음은 의약분업이란 보건제도를 살펴보기로 하자. 의약분업제도는 처방은 의사가 하고 조제는 약국의 약사가 하도록 한 제도이다. 이 의약분업은 환자들이 진료를 받고 약을 타가는 의료공급의 시스템을 법으로 정한 것이다. 이러한 의약분업제도는 약사법에 규정되어 있으며, 재해 · 응급상황 · 약국이 없는 지역 같은 특수한 경우에는 예외를 인정한다.

건강보험제도는 사회보장제도인 동시에 보건제도이기도 하다. 건강보험제도는 사회보험 방식으로 의료문제를 해결하는 제도인데, 평소 보험료를 내고 몸이 아플 때 일정액의 본인부담분만 의료기관에 내고 나머지 진료비는 국민건강보험공단에서 의료기관에 직접 지불하도록 하는 것이다. 의료보장제도는 보험 방식도 있지만, 영국과 같이 국가에서 의료를 직접 책임지는 방식도 있고, 미국과 같이 저소득계층 및 노인 등 취약계층만 국가가 책임지고 나머지 인구는 민간보험에서 해결하는 방식도 있다.

그런데 이 보건제도는 사회의 산물이다. 대부분의 보건제도가 예산이나 법규에 의하여 규정되고 있기 때문에 입법부와 행정부의 정치적 · 행정적 환경이 보건제도에 결정적인 영향을 미치고 있다. 보건제도는 공통된 점도 있지만 나라마다 다르기도 하다. 보건제도는 한 번 만들어지면 사회에 강력한 영향을 미친다. 따라서 보건제도와 사회제도는 서로 영향을 주고받는 관계에 있다.

2. 보건제도와 사회변화

보건제도는 사회 구성원의 건강을 지키기 위하여 생긴 제도이다. 따라서 인구집단의 건강상태와 관심에 따라 보건제도의 우선순위가 달라지고 새로운 보건제도가 탄생하기도 한다.

1960년대 고출산 시대에서는 인구증가 억제 및 출산력 통제가 보건제도의 주요 관심사였다. 정부는 강력한 출산력 억제정책을 추구하였고, 이를 뒷받침할 보건법규가 등장하게 되었다. '모자보건법'은 형법의 낙태처벌 규정을 피해갈 수 있는 예외를 법적으로 규정하여 많은 가임여성들이 원치 않는 임신을 인공임신중절로 해결할 수 있도록 도와주었다. 자녀가 많은 가정은 상대적으로 불이익을 받고, 자녀가 적은 가정은 인센티브를 받을 수 있도록 사회제도가 고쳐졌다. 세 번째 자녀부터는 의료보험혜택을 제한하는 제도도 도입되었다. 공무원 자녀학비를 지원하는 제도도 고쳐져, 세 번째 자녀부터는 학비지급이 중지되었다. 지금은 어떠한가? 2006년 현재 합계출산율이 1.13명으로 크게 낮아진 지금은 과거와는 정반대로 출산을 장려하기 위한 사회제도가 만들어지고 있다.

인구가 고령화되면 노인의료수요에 대응하기 위한 보건제도가 생기게 된다. 치매, 중풍 등에 걸린 노인들이 간병서비스를 제공받을 수 있도록 하는 노인장기요양 보험제도가 2008년 7월에 출범하였다. 이 제도를 가동하려면, 노인요양을 담당할 전문인력이 필요할 것이다. 전문인력을 양성하려면 새로운 교육제도와 자격제도가 생겨나야 한다. 미국의 너싱홈(*Nursing Home*) 제도는 고령사회에서 등장한 보건제도라고 할 수 있다. 고령화사회가 되면, 노인의료비가 증가하고 건강보험재정에 주름이 생긴다. 이렇게 되면 건강보험재정 보호를 위한 제도가 출현할 수밖에 없다.

인구집단의 생활습관도 보건제도에 영향을 미친다. 과거가 '영양결핍의 시대'였다면, 지금은 '영양 과잉, 영양 불균형의 시대'이다. 잘못된 식습관과 라이프스타일로 인하여 질병과 사망이 늘어나자, 건강증진정책의 중요성이 제기되고 있다. 보건당국은 세계보건기구(WHO)의 '담배규제기본협약'(FCTC: *Framework Convention on Tobacco Control*)의 정신에 적극 참여하여 담배가격 인상은 물론, 담배광고 및 판매를 규제하고 금연구역을 강화하여 흡연자들을 압박하고 있는데, 이는 흡연을 줄이기 위한 조치라고 할 수 있을 것이다. 또 하나의 예를 들면, 아동들이 즐겨먹는 식품이나 단체급식으로부터 아동건강을 보호하기 위하여 학교주변을 어린이 식품안전보호구역을 정하여 부정불량식품 판매를 금지하고, 패스트푸드 영양성분 표시를 의무화하고, 트랜스지방 과다 함유식품의 광고와 판매를 제한하는 내용의 '어린이 식생활안전관리 특별법'이 2008년에 제정되었다.

3. 보건제도에 대한 사회적 관심

우리나라의 국민소득은 아직 2만 달러를 넘지 못하고 있으나, 보건에 대한 관심은 이미 OECD 국가 중에서도 선두그룹에 와 있다. 어떤 경우에는 선진국보다 더 민감한 반응을 보이기도 한다. 광우병 소식이 국내에 보도되면 소고기 판매량이 급격히 줄어든다. 조류독감이 발생하면 닭고기, 오리고기 음식점은 문을 닫아야 할 형편이다. 비브리오 패혈증 환자가 생기면 그 해 여름에는 횟집이 영업을 포기해야 한다. 이렇듯 우리 국민들의 건강에 대한 관심은 대단하다. 일반국민들의 관심도 그렇지만, 언론에서도 보건문제를 중요하게 다룬다. 뉴스에 보건문제가 빠지는 적이 없다. 언론가에서 일컫는 '사철보사'라는 말은 보건문제가 일 년 내내 사회문제가 되고 기사거리가 된다는 뜻이다.

국민들의 관심이 크고 언론에서도 자꾸 보도하니 정치권에서도 보건문제에 대하여 무관심할 수가 없다. 보건제도가 큰 사회적 물의를 가져와 나라 전체가 시끄러웠던 사례는 많다. 한약분쟁과 의약분업이 바로 그러한 경우이다. 1993년에 시작되어 1997년에야 마무리된 한약분쟁은 약사법 시행규칙 중 "약국에서는 재래식 한약장 이외의 약장을 두고 이를 청결하게 관리하여야 한다"라는 조항을 삭제한 것이 발단이 되었다. 한의사와 약사간의 갈등은 약사법 개정을 가져왔고, 약사법 개정과정에서 한약조제시험제도와 한약사제도가 생겨났고, 의약분업의 실시시기도 정해지게 되었다. 의약분업제도의 시행과정에서 발생한 의사들의 집단반발과 진료거부사태는 우리 사회에 엄청난 파장을 불러일으킨 바 있다.

사회가 발전하면 권력이 분산되고 다원화된다. 과거에는 정부가 주도하여 보건제도를 만들었지만, 지금은 반드시 그렇지만은 않다.

오늘날 보건제도는 의료를 공급하는 의료인들 간의 균형과 견제 속에서 움직인다. 보건제도가 특정 집단에게 유리한 쪽으로 치우치면 바로 반응이 온다. 관련단체는 반대성명을 발표하고, 비상대책위원회를 구성하고, 규탄대회와 같은 집회를 갖기도 한다. 국회에서는 국정감사나 입법활동을 통하여 보건제도에 영향을 미치려 한다. 보건제도는 항상 합리적으로만 가는 것은 아니고, 정치적으로 결정될 때가 많다. 아무리 합리적인 제도라 하더라도 반대하는 세력이 있으면, 그 제도는 탄생할 수가 없다. 어떤 경우는 정치적 타협에 의하여 합리성과는 거리가 먼 절충식 보건제도가 탄생하기도 한다.

학교, 관련 이익단체, 지역사회 등 사회조직은 보건제도의 구성요소로서 작용한다. 학교의 경우 학생들에게 학교보건서비스를 제공하는 역할을 하고 있고, 이를 규정하는 '학교보건법'이 있다.

특정직능단체가 특정제도를 촉진하는 경우도 있다. '한의학육성법'의 경우 한방의료를 진흥·발전시키고자 하는 관련단체의 주장이 반영되었다고 할 것이다. 한약사제도와 약대 6년제는 약사와 한의사 간에 벌어진 한약분쟁을 조정하는 과정에서 생긴 산물이다.

지역사회의 역할을 강조한 보건제도도 있다. '지역보건법'의 경우, 시·도지사, 시장·군수·구청장이 지역사회 보건계획을 수립하도록 하는 등 지역사회의 역할을 강조하고 있다.

비정부기구(NGO)의 역할도 다양하다. 경실련, 참여연대, 건강세상네트워크 등 시민단체는 보건개혁을 요구하며 정부를 압박하기도 하고, 분쟁조정과정에 개입하기도 한다. 의약분업은 시민단체가 개입한 대표적인 사례이다. 종교단체에서는 인간의 생명과 관련된 보건제도에 대하여 민감하게 반응하며 목소리를 높이고 있다.

4. 보건제도와 경제

보건제도는 경제에 도움을 주는가? 아니면 경제를 망치는 애물단지인가? 한마디로 말하면, 보건제도는 경제와 같은 배를 탄 파트너이다. 경제와 보건은 분리될 수 없는 부부와 같은 존재이기도 하다. 가정이 가족건강을 소홀히 하면 가계가 파탄나듯이, 국가도 국민건강을 소홀히 하면 나라경제가 망가지게 된다. 보건문제를 잘 관리하면 경제라는 배가 순항을 하지만, 보건문제를 소홀히 하면 경제라는 배는 뒤집어진다. 보건은 지속가능한 발전을 위한 필수적 요건이다.

경제발전에 따라 국민들의 건강수요는 늘어나고 소요재원은 더 커질 수밖에 없다. 늘어나는 건강수요에 대응하기 위하여 공적 재원을 늘려야 하지만 쉬운 일이 아니다. 풍족한 경제상황은 정부재정을 늘려 보건제도를 발전시킬 수 있지만, 반면 어려운 경제상황은 보건제도를 위축시킬 수도 있다.

보건제도는 경제의 영향을 받지만, 경제에 영향을 주기도 한다. 2003년에 발생한 사스는 중국과 홍콩 경제에 심각한 타격을 주었다. 우리나라 보건당국은 이 당시 검역을 강화하여 사스의 국내발생을 억제하였고, 결과적으로 국가경제에 큰 플러스 요인이 되었다는 평가를 받았다.

결핵, 말라리아, 에이즈는 개도국의 대표적인 빈곤 유발질병으로 알려져 있다. 세계보건기구는 이들 질병의 퇴치 없이는 지속가능한 발전이 불가능하다고 발표한 바 있다.

2003년 5월 세계보건기구 총회에서 채택된 '담배규제기본협약'(*Framework Convention on Tobacco Control*)은 흡연억제를 위한 경제적 조치들을 담고 있다. 이 협약에 담겨 있는 담배가격 인상, 광고 및 판촉제한, 담배농가에 대한 보조금 감축조치 등은 세계담배시장에 상당한 영향을 미칠 것이다. 기본협약이 채택된 시기에 담배가격 인상문제를 놓고 보건복지부와 재정경제부가 힘을 겨루었는데, 이 힘겨루기는 경제와 보건제도간의 관계를 잘 보여주는 사례가 되었다. 보건복지부는 담배가격 인상을 통하여 흡연억제와 건강증진기금 조성이라는 두 마리 토끼를 잡으려 했으며, 재정경제부는 지방세수 감소 및 담배농가 위축 등의 이유 때문에 담배가격 인상에 대하여 부정적인 입장이었던 것이다. 우리나라뿐만 아니라 여러 회원국들이 담배가격 인상에 대하여 소극적인 입장을 보이자 세계은행이 나서서 담배가격 인상이 금연효과가 크며, 세수에 부정적인 영향을 미치지 않는다는 연구결과를 밝히기도 했다.

5. 빈곤계층을 위한 보건제도

빈곤계층의 건강문제 해결방식은 나라마다 차이가 있지만, 우리나라는 의료급여제도를 통하여 빈곤계층을 지원하고 있다. 의료급여는 최저생계비 이하의 절대빈곤층을 대상으로 한다. 근로능력이 없는 빈곤층은 1종으로 분류하여 의료비 전액을 국가에서 부담하고, 나머지 빈곤층은 2종 대상자로 지정하여 입원비의 85%(단, 중증환자는 90%, 자연분만과 6세 미만 아동은 100%)를 정부가 부담해 주고 있다.

건강하지 않다는 것(불건강: *ill health*)은 빈곤의 원인이자 결과이다. 건강하지 못하여 의료비지출이 커지면 가계가 파탄하고 빈곤으로 추락한다. 빈곤에 빠지면 건강문제는 더욱 심각해지고, 건강문제가 심각해지면 영원히 빈곤으로부터 빠져나올 수 없게 된다. 따라서 의료문제에 대한 해결책 없이는 빈곤문제의 해결이 어렵다. 절대빈곤층은 정부의 의료급여 혜택을 받지만, 그보다 나은 '근로빈곤층'(*working poor*)들은 의료보장의 사각지대에 놓이게 된다. 이에 따라 정부는 2004년부터 단계적으로 최저생계비를 웃도는 빈곤층인 차상위계층 중에서 희귀난치성 질환, 만성질환자와 같이 의료비 부담이 큰 질병을 가진 이들에게 의료급여 혜택을 부여하는 제도를 시행하였다.

건강보험제도의 경우 빈곤층에 대한 특별한 지원은 없지만, 생계가 어려워 보험료를 납부하고 있지 못하는 계층은 생활실태를 조사하여 보험료를 감면해 주거나 체납처분을 유예해주는 제도를 실시한다. 또한 과도한 의료비 부담으로 가계경제가 어려워지지 않도록 해주는 본인부담금 상한제도(진료비가 일정액 이상인 경우, 일정금액을 초과하는 진료비는 보험자가 이를 전액 부담하는 제도)를 운영한다.

대한민국 국민은 건강보험가입자이거나 의료급여대상자이다. 원칙적으로 의료보장제도에서 제외되어 있는 계층은 없다. 그러나 실제로는 사각지대가 존재한다. 주민등록이 말소된 계층들은 건강보험증도 의료급여증도 없다. 1997년 외환위기 이후 대량실직의 여파로 생겨난 노숙자들은 그 수가 많이 줄었지만, 2007년 말 현재 전국적으로 4,500여명에 이르고 있다. 이들은 주거가 일정치 않은 떠돌이들로서 지방자치단체가 의료급여대상자로 관리하기도 어렵다. 다만, 노숙자 쉼터에서 1개월 이상 거주하면 쉼터를 주소지로 하여 의료급여 서비스를 제공해주고 있다. 주민등록이 말소된 사람들은 임시적으로 기초생활보장 번호를 부여하여 보호조치를 하고 있다. 주소도 없고 기초생활보장번호도 없는 신원이 불확실한 환자들은 행려병자로 분류하여 무료진료를 제공하고 있다.

6. 농어촌과 보건제도

경제발전과 함께 농어촌지역의 생활수준도 나아진 것이 사실이다. 그러나 의료시설은 도시지역에 편중되어 있다. 농가인구는 계속 감소하여 1990년 전체인구의 15.6%이던 것이 1996년에는 10.3%, 2006에는 6.8%로 줄어들었다. 농가인구 중 60세 이상 연령층이 2006년 현재 54.4%를 차지하고 있고 여성의 비율도 51.4%로 나타나고 있다(농림부, 2007). 출산력 저하, 중장년의 도시유입으로 농어촌은 65세 이상 노인인구비율이 20%에 근접하는 초고령사회가 되었다. 인구고령화에 따라 유병률도 계속 늘고 있다. 또한 도시·농촌 간 소득격차가 계속 확대되어 가고 있다. 현재 농어촌은 ① 인구의 고령화로 인한 의료수요 증가, ② 소득감소로 인한 의료구매력 위축, ③ 의료시설의 부족으로 인한 접근성 저하 등의 보건문제를 안고 있다.

1989년 전국민건강보험이 실시되면서 전반적으로 의료이용에 대한 경제적 접근성은 나아졌지만, 농어촌은 여전히 의료의 불평등을 겪고 있다. 농어촌은 도시에 비하여 인구밀도가 떨어지고 도로망도 발달하지 못하였다. 민간의료기관은 농어촌을 외면하고 수익성이 나은 도시에 몰려들고 있다. 군지역의 36.9%가 응급의료기관이 없으며 대다수 응급의료기관에 응급 전담의가 없는 실정이다. 병상수나 의사인력은 부족하지 않으나 종합병원급 의료기관이 부족하고 의료수준의 질적인 격차가 문제로 제기되고 있다.

정부는 농어촌의 의료공급을 지원하기 위한 보건제도를 개발·시행했는데, 이 중 가장 대표적인 것이 공중보건의제도이다. 1978년부터 군 지역 공공보건의료기관에 의사인력을 배치하기 시작하여 이제는 의사가 없는 무의면이 해소되었다. 1980년 '농어촌 보건의료를 위한 특별조치법'을 제정하여 이에 근거한 보건진료소가 벽오지에 개설

운영되고 있다. 보건진료소에는 보건진료원이 근무하고 있는데 이들은 24주간 교육과정을 이수한 간호사면허 소지자들이다.

우루과이라운드 타결 이후 농어촌의 생활환경 개선과 농어민 후생복지를 위해 정부는 1994년부터 '농어촌특별세'(2004년까지 한시적으로 운영하려고 했으나, 10년 연장됨)를 부과하고 있으며, 그 재원으로 농어촌 의료서비스 개선사업을 추진했다. 2002년부터는 농어촌지역의 보건소에 공중보건 한의사를 1~2명씩 신규 배치하여 한방의료서비스를 제공하고 있다. 2000년에 도입된 의약분업제도에서 의료기관이나 약국이 없는 농어촌지역(약 940개)을 의약분업 예외지역으로 지정하였다.

이러한 정부의 조치에도 불구하고 농어촌은 농산물 시장개방 이후 인구가 더욱 고령화되고 소득이 급속히 감소하는 등 여전히 어려운 환경에 처해 있다. 이에 정부는 농어촌에 대한 보건의료기반을 조성하고 사회복지증진에 관한 체계적인 지원책을 마련하기 위하여 2004년 '농어촌주민의 보건복지증진을 위한 특별법'을 제정하였다.

이 특별법의 주요 골자를 보면, 농어촌의 공공 보건의료기관에 인력·시설·장비를 우선적으로 지원하고, 보건진료소를 통합하거나 폐지할 때 주민의 의견을 수렴하도록 하고, 농어촌 민간의료기관에 대하여 별도의 융자금리와 융자기간을 정할 수 있도록 하고, 암 조기검진사업, 정신보건사업, 구강보건사업을 농어촌에 우선적으로 실시하도록 하고, 노인을 부양하고 있는 저소득 농어민 가구에 대하여는 정부가 간병비용 및 물품을 지원하도록 하고, 농어민이 납부하여야 할 국민건강보험료의 일부를 정부가 지원하도록 하고, 건강보험료 미납분 결손처분 및 보험료 납부기한 연장에 대한 별도특례를 정하도록 하였다.

7. 보건제도로서의 건강보험

의료의 인적·물적 자원의 생산과 공급에 대하여 규정한 대표적 법률은 '의료법'과 '약사법'이다. 반면, '국민건강보험법'은 의료보장제도인 건강보험의 운영에 관한 모든 것을 규정한 법률이다. 보험료의 부과, 피보험자의 자격, 보험급여, 진료비 지불보상제도 등 보험자, 보험가입자, 의료기관 모두에게 적용되는 제도가 바로 건강보험제도이다.

우리나라의 건강보험은 '저부담 - 저급여'의 구조로 출발하였다. 그 결과, 단기간에 전국민의료보장을 실현하는 데 성공하였다. 보험료에 대한 가입자들의 저항을 최대한 줄이면서 제도를 안착시킬 수 있었기 때문이다. 현재 건강보험 급여대상이 되는 진료비 중 본인이 부담하는 금액은 입원의 경우 20%이다. 외래의 경우 의료기관의 종류와 진료비 총액에 따라 다르지만 대략 50%에 이르고 있다. 그러나 보험에 해당되지 않는 진료는 본인이 전적으로 부담하여야 하므로 본인부담은 법정비율보다 높은 상태이다. 그러다 보니 정작 고액진료를 받게 될 경우 본인이 감당해야 할 의료비부담이 너무 커서 "이러고도 의료보장제도라고 할 수 있느냐"라는 비판을 받았다. 문제해결을 위해서는 '저부담 - 저급여'에서 '적정 부담 - 적정 급여'로 이행해야 하는데, 이러한 변화에 대한 국민적인 이해가 필요하다.

다음은 보험료 부과제도이다. 전 국민의 95%이상이 적용받는 건강보험의 보험료 문제는 모든 국민의 관심사이다. 조합방식으로 건강보험을 운영할 때에는 보험료 부과시비가 해당조합의 문제로 머물렀지만, 지금은 보험료 부과가 전국적인 문제로 등장하고 있다. 보험료 부과에 따른 시비는 보험료 수준이 높을수록 더 커진다. 직장가입자와 지역가입자간의 소득파악률의 차이가 존재하는 한, 직장/지역 가입자간 보험료부과의 형평성 시비는 쉽사리 가라앉지 않을 것이다.

세계보건기구는 〈2000년 세계보건보고서〉에서 우리나라의 건강보험 재정통합을 위험분산효과가 큰 개혁조치로 긍정적 평가를 내린 바 있으나 의료비재원부담의 형평성에 대하여는 낮은 점수를 주고 있다.

진료비 지불보상제도는 보험료 부과와 함께 건강보험제도의 골격을 이루는 중요한 구성요소이다. 보험료 부과제도가 보험가입자에게 직접적 영향력을 미치는 보건제도라고 한다면, 진료비 지불보상제도는 의료공급자의 주요 관심사가 되는 보건제도인 셈이다.

현재의 주된 진료비 지불보상제도는 '행위별 수가제'이다. '행위별 수가제'는 진료의 양에 따라 진료비를 지불하는 제도이다. 건강보험심사평가원에서 요양기관에서 청구한 진료비에 대하여 적정성 여부를 심사하지만, 여하튼 많은 환자를 진료하고 진료의 양을 늘리는 의료기관이 득을 보게 된다. 진료수가는 의원, 병원, 종합병원별로 가산율 제도를 통해 차등을 두고 있으나 근본적으로 큰 차이는 없다. 따라서 환자유치를 위해서 의료기관들이 비가격경쟁을 벌이게 되는데, 고급화된 시설, 우수한 의료인력, 첨단장비를 갖춘 의료기관이 경쟁에서 살아남게 된다. 일부 의료기관에서는 첨단장비를 동원하여 진료강도를 높이고 비보험수입을 늘리는 편법을 사용하기도 하였다. CT 스캐너, MRI의 보급률은 이미 선진국을 앞지르고 있다. 병상수도 전체적으로는 선진국에 비해 부족함이 없다. 그러나 고가장비나 전문인력들이 대도시지역에 편중되어 있어 농어촌 주민들에 대한 접근성이 떨어지고 있다. 한편, 1997년부터 충수절제수술 등 일부 질병군에 대하여 시범적으로 실시되어온 포괄수가제(DRG)는 아직 전면 실시되지 못하고 있다. 의료계에서는 의료의 질 저하와 환자의 선택권 제한을 이유로 전면시행에 반대하였고, 시민단체에서는 전면시행을 촉구하며 정부의 유보조치에 대하여 맹렬한 비난을 퍼부었다.

의료보험 약가제도 또한 의약품 공급시장에 지대한 영향을 미치고 있다. 의약품 최저 실거래 가격제도는 의약품 유통과정에서 생기는 거품을 제거하기 위하여 2002년 9월부터 1년간 한시적으로 시행된 제도이다. 의료기관이 구입한 최저약가를 조사하여 이를 기초로 약가를 보상함으로서 의약품가격의 거품을 걷어내자는 것이 이 제도의 취지였다. 그러나 이 제도는 의약품거래가격에 대한 정확한 파악이 어렵고 입찰가격의 변동이 심하여 전면시행하기에 많은 문제점을 안고 있어 보완이 요구되는 제도로 평가되고 있다.

2006년에 시행된 의약품 경제성 평가제도는 의약품의 효능을 경제적인 잣대로 평가하여 그 결과를 보험의약품 등재 및 보험약가 결정시 기초자료로 활용하는 제도이다. 이 제도에 의하면 건강보험심사평가원이 제약사로부터 의약품의 보험등재신청을 받으면, 기존 의약품과 유의미한 차이가 나는지, 투약의 경제적 효과는 있는지, 비용효과적 민감도는 어느 정도인지 등을 종합적으로 분석하여 보험급여 등재여부를 결정한다. 이 제도는 보험급여대상 의약품의 범위와 가격을 결정하는 데 중대한 영향을 미치는 제도로서, 정부에서는 이 제도를 통하여 약제비 거품이 상당부분 해소될 것으로 기대하고 있다.

8. 세계화와 보건제도의 운명

세계화는 우리가 당면한 국제환경이다. 상품 및 서비스시장의 국경이 없어지고 관세가 점차 철폐된다. 세계화의 추세는 막을 수 없는 대세로 우리 앞에 자리 잡고 있다. 의료분야도 예외가 아니다. 보건의료부문은 여태까지 공공성과 비상업적 특성을 가지는 것으로 여겨졌지만 이제 보건제도는 세계화의 흐름 속에서 큰 변화를 요구당하고 있다.

외국의 자본을 경제자유구역(특구)에 끌어들이기 위해서는 의료법인도 영리법인화해야 한다는 주장이 국내 경제계 등에서 일어나고 있다. 국가 간의 인력이동도 빈번해지고 있다. 의료인의 면허를 상호인정하는 문제도 현안으로 제기되고 있다. 현행 의료법상 국내 의과대학과 동등한 교육과정을 외국에서 수료한 경우, 의사면허시험 응시자격을 부여하도록 되어 있다. 세계화시대를 맞아 해외유학생들은 빠른 속도로 늘고 있다. 이미 중국 북경 등에서 의사면허를 취득한 이들이 상당수에 이르고 있다. 미국, 유럽 등 선진국에서는 의료인력의 국제이동에 대하여 소극적인 입장이지만, 인도, 필리핀 등 영어권 개발도상국들은 서방국가의 인력시장에 큰 관심을 보이고 있다.

세계화시대에서 의료시장에 대한 정부의 역할은 약화되기 쉽다. 다국적기업들은 자국이든 타국이든 정부의 역할이 최소화되고 시장이 커지길 희망한다. 국가가 직영하거나 관리하는 보건제도보다는 민간이 담당하는 의료서비스시장을 선호한다. 민간주도의 의료시장은 다국적 자본의 진입이 용이하기 때문이다. 세계화를 맞아 이윤을 추구하는 다국적기업이 국내 보건제도에 미치는 영향은 매우 크다. 의료기관의 개설제도, 의료인 면허제도, 의약품 가격제도 등이 마음에 차지 않을 경우, 불공정시비를 제기하고 이를 통상문제화 할 가능성이 농후하다.

제약기업들에게 의약품은 인도주의의 실천수단이기도 하지만, 그 이전에 기업이윤을 안겨주는 수단이다. 에이즈 치료약의 경우를 보자. 수년 전 로슈, 노바티스 등 40개의 제약회사는 상표등록 없는 에이즈 치료제 수입을 허용한 남아공의 국내법이 세계무역기구(WTO)의 무역관련 지적 재산권(TRIPs) 협정위반이라고 주장하며 집단소송을 제기하였다. 인구의 10%가 에이즈 감염자인 남아공 정부는 "에이즈 환자와 감염자들이 값싼 치료제를 접할 권리가 있고, 현실적으로 비싼 약값을 감당할 여력이 없다"고 반박하였다. 세계보건기구가 중재에 나서고 국제 비정부기구들이 이들 제약회사들을 맹렬히 비난하자, 결국 소를 취하하여 사태는 일단락되었다. 그 후, 2001년 11월 14일 카타르 도하에서 열린 제4차 WTO 각료회의에서 '지적 재산권과 공중보건에 관한 각료선언'(*Declaration on the TRIPs Agreement and Public Health*)을 채택하여, 개발도상국들이 에이즈, 결핵, 말라리아, 여타 전염병 등 자국의 공중보건문제를 해결하기 위하여 의약품의 '강제실시권'(*compulsory licensing*)을 행사할 수 있도록 인정하고, 개발도상국들이 자체적으로 전염병 긴급사태여부를 결정할 수 있게 하였다.

세계화의 건강효과는 21세기 국제사회 화두 중 하나이다. 세계화에 대한 세계은행의 시각은 긍정적이다. 우선, 경제통합으로 개발도상국들의 소득이 올라간다. 빈곤층의 소득도 덩달아 올라간다. 사회 전체적으로 영양상태가 좋아지고 영아사망도 줄어든다. 특허권 보장 등 국제경제 질서가 확립되어 의약산업이 발달한다. 환자들이 좋은 의약품과 신약의 혜택을 본다. 그리하여 건강이 좋아지고 사망도 줄어든다. 그러나 반론도 만만치 않다. 활발한 인구이동으로 에이즈, 결핵과 같은 질병이 범세계적으로 확산된다. 담배자유무역으로 흡연이 늘어난다. 에이즈 치료약 같은 필수의약품은 독점제약기업의 횡포로 개발도상국 국민들에겐 그림의 떡에 불과하다. 근로자들은 점점 더

스트레스가 커지고, 그로 인한 정신질환도 늘어난다.

국제노동기구(ILO)에 의하면 현재 근로자 10명 중 1명이 우울증, 정신불안, 신경쇠약 등에 시달리고 있다고 한다. 영국의 경우 15~30%의 근로자가 정신질환 증세를 경험하였고, 미국은 4천만 명이 정신질환자이고 이 중 400~500만 명은 증세가 심각하다고 한다. 핀란드는 근로자의 50%이상이 스트레스 경험자이다. 유럽연합(EU)은 정신질환문제에 대처하기 위하여 GNP의 3~4%를 지출하고 있다. 우울증 치료에만 연간 300억 달러에서 440억 달러를 지출하고 있는 미국의 경우, 우울증으로 인한 근로손실 일수는 연간 2억 일로 추산되고 있다(문창진, 2003).

9. 세계보건기구와 보건체계의 성적표

2000년 6월 세계보건기구가 191개 회원국의 보건체계(*health system*) 성적표를 발표하였다. 세계보건기구는 평가분야를 보건체계의 목표달성도, 보건비 지출, 보건체계성과로 크게 나누고, 이를 측정하기 위하여 ① 건강수준, ② 건강분포, ③ 보건체계 만족도, ④ 만족도의 분포, ⑤ 전반적인 목표달성도, ⑥ 재정조달의 형평성, ⑦ 국민 1인당 보건비, ⑧ 보건체계의 건강기여도, ⑨ 보건체계의 성취도 등 9개 항목을 사용하였다.

보건체계의 개혁작업에 회원국들의 참여를 유도하기 위한 세계보건기구의 이 실험적인 평가에 대한 회원국들의 반응은 대조적이었다. 성적을 좋게 받은 일본, 프랑스, 북유럽국가들은 회심의 미소를 짓고 있었던 반면, 미국, 브라질, 인도, 짐바브웨 등 저평가된 국가들은 평가결과에 대하여 강한 불만을 표시하였다. 일본은 건강수준에 있어 세계 1위를 차지하였고, 다른 평가항목에서도 10위권 안에 들었다. 미국은 세계에서 가장 많은 보건비를 지출하는 나라로 평가되었지만, 정작 건강수준은 세계 24위, 건강수준의 계층간 형평성은 32위, 보건비 지출의 형평성은 54위, 보건체계의 건강기여도에서는 37위의 낮은 성적을 받았다.

우리나라의 보건성적표는 어떠한가? 1인당 보건비 지출, 보건체계의 성취도, 보건체계의 만족도에서는 30위권에 들었으나 건강수준 및 보건비 지출의 형평성에서는 50위를 넘어섰고, 보건체계의 건강기여도는 107위로 매겨졌다. 물론 세계보건기구의 평가가 절대적인 것은 아니다. 그러나 우리나라의 보건체계가 우리의 경제수준에 비하여 낮게 평가되고 있다는 사실에 주목할 필요가 있다. 우리나라는 세계 11위의 무역국가에다, 유엔 분담금 규모도 10위권에 육박하고 있다. 이는 우리의 경제력이 그 동안 크게 성장하였음을 보여주고 있다. 그러나 눈부신 경제력의 성장에 비하여 우리나라 보건체계의 성과는 너무나 형편이 없는 것으로 인식되었다. OECD 국가들 중에서는 멕시코를 제외하면 꼴찌이고, 의료보장제도를 실시하지 않고 있는 개발도상국들과 비슷한 수준으로 평가받은 것이다.

10. 보건제도 개혁론

보건제도를 어떻게 개혁할 것인가? 보건개혁에 대해서는 "시장기능을 활성화할 것이냐, 정부기능을 강화할 것이냐?"하는 두 가지 입장이 제기되고 있다. 시장기능을 활성화하자는 입장은 우리나라의 의료공급이 민간자원에 의존하고 있으므로 의료서비스의 거래도 시장원리에 의하여 이루어져야 한다는 주장을 펴고 있다. 정부기능 강화론자들은 의료의 형평성을 위하여 의료시장에 정부의 적절한 개입이 필요하다는 주장을 펴고 있다. 그러나 이러한 두 입장은 일정한 부문에서는 상대입장을 수용하고 있어 완전히 대립적인 것은 아니라고 보인다. 그러면 이 두 입장에 대하여 간략히 살펴보기로 한다.

1) 시장기능 강화론

보건제도의 여러 목표 중 효율성, 소비자의 선택권, 공급자의 자율성 보장을 위하여 시장원리를 중시하여야 한다는 것이 시장기능 강화론자들의 입장이다. 시장기능 강화론에 의하면, 정부와 시장기능의 분화, 분권화, 환자의 선택권 보장을 중시하는 방향으로 보건제도가 개혁되어야 하며, 선진국들을 이미 그 길을 가고 있다고 한다. 시장기능 강화론자들은 이제는 시대가 바뀌었다고 주장하면서, 정부가 핵심역할을 하여야 한다는 사고는 낡은 생각이라고 지적한다. 그 예로, 영국과 뉴질랜드 정부가 1980년대에 들어 내부시장 원리를 도입하고 많은 NHS 병원들에게 독자적 운영을 강조한 점, 서구국가들이 의료보험 요양기관을 강제 지정하는 것이 아니라 계약제를 도입했다는 점, 미국의 보험조직이 공급자와의 계약을 통해서 의료서비스 이용을 관리한다는 점 등을 지적하고 있다. 시장기능 강화론자들은 우리나라

전체 국민의료비 중 공공재정이 부담하는 비중이 30~40%에 불과한데도 정부가 여전히 전체 의료서비스를 통제하고 있으며, 그 결과 비급여의 개발과 불필요한 진료 등 파행적인 의료공급 행태를 초래하고 있다고 비판한다.

현재 시장기능 강화론의 입장에서 거론되는 보건제도의 개혁방안은 건강보험 요양기관 강제지정제도를 계약제로 전환하고, 희망하는 병의원은 영리법인으로 갈 수 있도록 해주고, 병원의 일부 병상에 대하여는 진료비 전액을 본인에게 부담시키는 제도를 검토하고, 의료보험 약가와 수가를 정부가 정하는 제도는 폐지하고, 나아가 희망하는 사람들은 건강보험 적용을 받지 않도록 하는 것 등이다. 시장기능 강화론자들은 이러한 개혁조치들을 통하여 의료서비스 생산의 자율성이 높아지고, 의료기관간의 경쟁이 활발해지며, 의료서비스의 질이 개선되고, 국민의료가 정상화될 수 있다고 주장한다.

2) 정부기능 강화론

정부기능 강화론에 의하면, 자본주의 하에서 '시장의 성공'에도 불구하고 시장원리는 보건의료부문에는 그 역할이 매우 제한되어 있다는 것이다. 또한, 지금까지 우리나라의 보건제도는 지나치게 위축적이고 소극적이어서 정부기능의 강화가 불가피하다고 본다.

정부기능 강화론자들은 현재 우리나라의 보건상황을 '시장의 과잉'으로 정의하고, '시장의 과잉'은 '국가의 과잉' 못지않게 해롭다고 지적하면서, '시장의 통제'를 통하여 많은 해결책이 도출될 수 있다고 보고 있다. 이들은 시장통제 주요 논거로 형평성과 사회적(거시적) 효율성을 들었는데, 건강수준, 주요 질병의 발생, 의료이용수준, 의료비 부담에 있어서 나타나고 있는 지역 간, 계층 간 불평등 상태가 존속되는 한, 보건제도는 제 역할을 하고 있지 못하다고 주장한다. 다만,

모든 부문을 정부의 통제에 두는 것이 아니라 개별 사안에 따라 시장에 맡길 부분은 민간영역으로 넘기되, 시장에 맡겨서는 안 될 부분은 정부 통제의 영역으로 끌어들여야 한다는 입장을 취하고 있다.

정부기능 강화론자들이 주장하는 개혁조치들은 의료공급에서 공공부문의 역할과 비중을 늘리고, 건강보험의 보장성을 더욱 확대하고, 의료기관의 비영리성은 계속 유지하고, 농어촌 주민과 저소득층의 진료비 부담을 해소시키는 것이다. 그리고 질병 예방 및 관리에 대한 국가의 책임을 강화하고, 의료전달체계를 확립하고, 주치의제도를 실시하고, 지역사회 보건활동을 증진시키고, 보건의료서비스와 사회복지서비스를 연계하고, 보험료부담의 형평성을 제고하는 것 등이다.

제 8 장

보건의료개혁의 배경과 방향

공적인 개혁은 사회적 합의가 전제되어야 가능하다. 먼저 확실한 개혁 로드맵을 제시한 후 이에 대한 지속적인 설득 노력을 기울이고 국민의 관심과 지지를 호소하는 방법이 오히려 지름길이다. 외국의 경우에도 개혁은 결코 하루아침에 이루어지지 않았다.

1. 보건의료 개혁의 배경

현재 건강보장제도를 운영하는 나라들이 겪고 있는 공통적 고민은 급증하는 의료비를 어떻게 통제할 것인가, 국민만족도를 어떻게 높일 것인가, 건강의 형평성을 어떻게 확보할 것인가 하는 것이다. 건강보험을 일찍 도입한 서구국가는 물론, 후발주자인 대만도 제도개혁작업에 나서고 있다. 우리나라도 관점은 서로 다르지만 진보와 보수 양 진영에서 의료개혁의 목소리가 높게 나타나고 있다. 진보진영에서는 국민건강권 확보를 위한 국가역할의 강화를 주장하고, 보수진영에서는 효율성과 자율성을 강조하면서 시장기능 강화를 주장하고 있다. 의료개혁 추진의 배경을 하나하나 살펴보면 다음과 같다.

첫째, 의료에 대한 사회적 가치가 바뀌었다. 과거에는 개인의 건강은 개인의 책임이었고, 아프면 치료비를 각자가 감당하여야 했다. 그러나 오늘날에는 건강문제는 국가의 기본책무 중의 하나이고, 이는 대한민국 헌법 제36조에 명문화되어 있다. 이제 의료서비스는 시혜

(*benefit*)가 아니라 권리(*right*)이고, 자유방임이 아닌 국가개입의 대상이 되었다. 또한 생활이 점차 안정됨에 따라 건강문제가 우리 국민들의 가장 큰 관심사가 되었다(통계청, 2004). 이러한 변화에 따라 국가는 국민들의 기대수준에 맞는 보건의료서비스 체계를 마련해야 하는 개혁과제를 안게 된 것이다.

둘째, 평균수명이 길어지고 인구고령화가 매우 빠른 속도로 진행되고 있어 국민의료비의 통제문제가 중요한 개혁과제가 되었다. 노인인구의 1인당 의료비지출이 다른 연령층에 비하여 매우 높다는 것은 이미 잘 알려진 사실이다. 고령화를 앞서 경험한 선진국들도 노인의료비 문제 때문에 골머리를 앓고 있다. 우리나라는 의료이용률이 이미 선진국을 앞서가고 있기 때문에 가파른 의료비 상승이 예상된다. 이에 따라 국민건강수준을 잘 유지하면서 비용효과적으로 의료비를 관리해야 하는 과제가 우리 앞에 놓여있다.

셋째, 경제상황이 불러온 건강격차가 개혁요구를 불러일으키고 있다. 세계화가 건강수준에 미치는 영향에 대해서는 견해가 엇갈리지만 소득계층간의 건강격차를 가져온다는 점에 대해서는 대체로 의견이 일치되고 있다. 또한 경제가 성장할 때는 낮은 소득계층도 약간의 의료비 부담능력이 생길 수 있지만, 경제가 불황에 빠질 때는 저소득층의 의료비 부담능력은 매우 취약해진다. 이에 따라 빈부격차 및 양극화에 대응할 수 있는 의료보장제도의 구축이 과제로 제기되고 있다. 일부 계층의 의료비 독점소비현상도 사회 전체적으로는 바람직하지 않기 때문에 형평성 문제가 개혁의 화두로 계속 제기되고 있다.

넷째, 과학기술의 발달이 새로운 제도를 요구하고 있다. 보건의료제도는 과학, 기술 및 정보화와 불가분의 관계에 있기 때문에 이들과 친화적인 모습으로 선진화해가야 한다. 21세기에 접어들어 생명의학, 나노의학, 원격의료 등 의학의 패러다임이 바뀌어가고 있다. 새로운 의료기술과 장비가 탄생하고, 새로운 치료약이 개발되고 있다. 소득

수준 향상에 따라 고급의료 및 첨단의료기술에 대한 수요가 늘어가고 있어 이러한 수요를 뒷받침할 의료제도가 요구된다.

다섯째, 의료시장의 과열경쟁으로 인한 문제점이 드러나고 있다. 병원들은 대형화를 통해 경쟁력을 확보하려 하고, 일부 병원에서는 완전한 검증이 되지 않은 신기술을 과감하게 적용하려고 하고 있다. 의원급 의료기관에서도 값비싼 억대의 진단 장비를 구입하고 있고, 고급의료의 경쟁적 제공으로 의료비가 빠른 속도로 뛰어오르고 있다.

여섯째, 정부 역할에 대한 국민들의 기대치가 바뀌고 있다. 국민들은 정부가 과거의 통제 중심에서 서비스 중심으로 그 역할을 바꾸어 주기를 요구하고 있다. 건강에 대한 사회적 관심이 커지면서 정부정책에 대한 시민단체, 환자단체, 의료인단체들의 개입이 활발해졌다. 이들은 정부가 의사결정과정을 보다 투명하고 민주적으로 하고, 자신들의 이익을 저해하는 규제들을 완화해줄 것을 요청하고 있다.

2. 현 보건의료제도의 위치

우리나라의 보건의료제도의 국제적 위치는 어디쯤 와 있는가? OECD의 *Health Data 2008*을 토대로 우리나라의 의료비 수준, 의료 인프라, 건강보험의 보장성, 국민 건강수준 등을 차례로 OECD 국가들과 비교해 보기로 하자.

1) GDP 대비 국민의료비

2006년 현재 GDP 대비 국민의료비의 비율은 6.4%로 OECD 국가들의 평균치인 8.9%에 미달하고 있는데, 이는 소득수준이나 고령화 수준이 아직 낮은 데에 그 원인이 있다. 2005년 기준 OECD 국가들의 1인당 국민소득은 3만 달러 수준인데 우리나라는 1만 6천 달러 정도이고, 노인인구비율도 OECD 국가 평균치 15.0%에 비하여 9.1%로 낮다. 그러나 우리나라는 빠른 속도로 의료비가 증가(1995~2005년의 기간 중 실질의료비 증가율이 OECD 국가들 중 1위)하고 있어 조만간 GDP 대비 국민의료비의 비율은 OECD수준을 충분히 따라갈 것으로 보인다. 다만, 특이한 점은 국민의료비 대비 약제비 비

〈표 8-1〉 국민의료비 수준 (2006)

지 표	OECD	한 국
GDP 대비 국민의료비(%)	8.9	6.4
1인당 국민소득(2005)	3만 달러	1만6천 달러
65세 이상 노인인구비율(%) (2005)	15.0	9.1
국민의료비 대비 의약품 지출 비율(%)	17.3	25.8
실질의료비의 연평균 증가율(%) (1995~2005)	4.0	7.6

* 자료: *OECD Health Data 2006*, 2007.

율이 우리나라가 OECD 평균치보다 높은 점이다. 2006년 기준 우리나라의 약제비 비율은 25.8%로서 OECD 평균치 17.3%를 훨씬 웃돌고 있다.

2) 공공의료비 비율 및 본인부담비율

국민의료비 중에서 공공의료비가 차지하는 비율은 의료서비스의 접근성과 형평성을 읽을 수 있는 지표로 사용된다. 정부재정과 보험료수입을 합한 것이 공공의료비인데, 이 공공의료비의 비율이 낮으면 낮을수록 의료보장에 대한 정부개입이 약해진다. 공공의 보장성이 약하면 환자가 호주머니에서 부담해야 하는 의료비가 과다해지고, 돈이 많이 드는 입원의 경우 경제적 부담은 더욱 커진다(최병호, 2007). 빈곤층은 의료의 벽이 높아지고, 결과적으로 소득계층간의 건강격차는 더 커지게 된다. 통계청의 도시가계 조사결과에 의하면 소득계층이 낮을수록 가계지출 중 의료비 지출 비율이 높게 나타나고 있고, 하위 10% 소득계층의 의료요구 미충족 경험률은 26%로서, 상위 10% 소득계층의 1.3%와 큰 차이를 보이고 있다(허순임 외, 2007).

OECD 자료에 의하면 2006년 현재 우리나라의 공공의료비 비율은 55.1%로서 회원국 중 그리스, 미국과 함께 하위권에 속해 있다. 공공의료비 비율이 낮으면 국민의료비 지출 중 본인이 부담하는 의료비 비율이 높아진다(다만, 미국은 민간의료보험이 전체의료비의 상당 부분을 차지하고 있어 본인부담비율은 13%에 머무르고 있다). 우리나라는 본인부담비율은 36.9%로서 OECD 평균치 19.0%보다 훨씬 높고, 그리스, 멕시코와 함께 회원국들 중 가장 높은 그룹에 속한다.

이렇듯 우리나라의 본인부담비율이 높은 이유를 살펴보면, 건강보험제도가 보험료 수준이 낮고 보험급여도 낮은 '저부담 - 저급여' 구조를 벗어나지 못하고 있기 때문이다. 참고로 우리나라의 건강보험료

〈표 8-2〉 공공의료비비율 및 본인부담비율(2006)

지 표	OECD	한 국
국민의료비 중 공공의료비 비율(%)	73.0	55.1
국민의료비 중 본인부담비율(%)	19.0	36.9
국민의료비 중 민간의료보험 비율(%)	5.0 (2005)	3.0 (2005)

* 자료: *OECD Health Data 2007*, 2008.

는 2007년 현재 5.08%로, 일본의 8.5%, 독일의 14.2%, 프랑스의 19.3%, 네덜란드의 12.3%에 비하면 많이 낮다.

3) 의료접근성

의료에 대한 접근성은 비교적 좋은 편이다. 불법체류 외국인이나 노숙자들을 뺀 대다수의 국민들이 건강보험 적용을 받거나 의료급여 혜택을 받기 때문에 의료보장 적용률은 100%라고 보아도 무방하다. 건강보험제도의 사각지대에 놓여 있다는 보험료 체납세대도 사실상 건강보험 급여를 제한하고 있지는 않기 때문에 건강보험 대상인구로 볼 수 있다. 의료이용을 나타내는 대표적인 지표인 1인당 외래방문일수와 입원일수도 OECD 평균치보다 훨씬 높다. 전문의 방문을 제한하고 1차 진료를 거쳐 2차, 3차 진료를 받도록 하는 OECD회원국들도 있지만, 우리나라의 경우 사실상 거의 제한이 없다(다만, 3차 전문요양기관이 대도시에 집중되어 있어 지리적 접근성면에서는 문제가 있는 것이 사실이다). 의원이나 중소병원급 의료기관의 경우는 예약 없이 언제든 전문의를 만날 수 있다. 이 점에서 우리나라의 의료체계는 의사방문이 비교적 자유롭고 편하다는 장점을 가지고 있으나 의료쇼핑이라는 바람직하지 않은 의료이용행태를 초래하고, 입원환자들이 필요이상으로 병상을 차지하여 의료자원을 낭비한다는 비판을 받고 있다.

〈표 8-3〉 의료보장의 적용율과 의료접근성(2006)

지 표	OECD	한 국
의료보장 적용률(%)	95.65	100.00
1인당 연간 입원일수	9.6	13.5(2003)
1인당 연간 외래방문일수	6.8	11.8(2005)

* 자료: *OECD Health Data 2007*, 2008.

4) 보건의료 인프라

보건의료 인프라를 보기로 하자. 우선 인적자원의 핵심인 의사의 수는 OECD 국가 평균치에 못 미친다. 현재의 의사수가 적정한지에 대하여는 논란이 있다. "공급이 수요를 창출한다"는 경제논리를 들어 의사의 수를 늘리면 그만큼 의료비가 늘어난다는 주장도 있고, 의사의 수를 선진국 수준으로 늘려서 충분히 진료서비스를 받도록 하고 지역적으로 균형배치가 되도록 해야 한다는 주장도 있다.

간호사의 수도 OECD 국가에 비해 눈에 띄게 적다. 전체적인 수가 부족한 것도 문제이지만, 대형병원과 중소병원 간의 공급격차도 큰 문제점으로 등장하고 있다. 3차 대규모 종합병원의 증설로 간호사들의 대도시 유입현상이 발생하여 지역 중소병원의 간호사 부족현상은 여전히 해소되지 않고 있다.

반면, 물적 자원은 OECD 국가들에 비추어 손색이 없다. 병상수는 OECD 평균치보다 높고, 의료장비는 이미 국제수준에 도달했다. 2006년 기준 인구 100만 명당 CT 스캐너 대수(33.7대)는 OECD 평균치(21.8대)의 1.5배나 된다. 일반적으로 보다 부유한 국가들이 새로운 기술을 조기에 도입하는 경향이 있음에 비추어볼 때, 우리나라는 다소 예외적이다. 왜냐하면 의료구매력이 OECD 평균치에 미치지 못하고 있음에도 불구하고, 첨단장비의 설치는 OECD 평균치를 넘어

〈표 8-4〉 의료 인프라(2006)

지 표	OECD	한 국
인구 천 명당 활동 의사수	3.1	1.7
인구 천 명당 약사수	0.72	0.6(2005)
인구 천 명당 간호사수	9.7	4.0
인구 천 명당 병상수	5.5	8.5
인구 백만 명당 CT 수	21.8	33.7
인구 백만 명당 MRI 수	10.2	13.6

* 자료: *OECD Health Data 2007*, 2008.

서고 있기 때문이다. 이러한 현상은 의료공급자들의 새로운 의료기술에 대한 호기심, 도전의식 및 장비의존성, 의료소비자들의 고급의료 추구성향이 빚어낸 결과로 보인다.

5) 의료의 질

의료의 질을 측정하기 위해서 OECD는 급성질환, 암, 만성질환 환자의 치명률과 생존율 자료를 지표로 사용하는데, 이들 지표를 통해 본 의료의 질은 다소 미흡한 것으로 평가된다. 대표적인 급성질환인 급성 심근경색증(AMI)으로 입원한 환자의 입원 후 30일 이내 치명률을 살펴보면, 멕시코를 제외한 OECD 국가들 중 가장 높은 수치인 18.6%로서 OECD 평균치 10.2%를 훨씬 웃돌고 있다. 허혈성 뇌졸중(*Ischemic stroke*)의 입원 30일 이내 치명률도 15.2%로서 멕시코를 제외하고는 OECD 국가들 중 가장 높다. 그러나 미용, 성형, 치과 등 비급여부문에서의 의료의 질은 국제적인 수준으로 다른 OECD 국가들에 비하여 손색이 없다.

〈표 8-5〉 급성입원환자의 입원 30일 이내 치명률 (2005)

(단위: %)

지 표	OECD	한 국
급성심근경색증	10.2	18.6
허혈성 뇌졸중	10.1	15.2

* 자료: *OECD Health Data 2007.*

6) 건강수준 및 건강관리행태

우리나라의 건강수준 지표는 낮은 보장성과 부족한 인적 인프라에도 불구하고 전체적으로 양호한 모습을 보여준다. 평균수명과 영아사망률은 OECD 평균치에 근접해 있고, 암질환 사망률은 OECD 평균치보다 약간 낮은 수준이다. 심장질환 사망률은 OECD 평균치보다 훨씬 낮다.

건강행태도 나쁘지 않다. 15세 인구의 연간 주류소비량은 OECD 평균치보다 조금 낮고 흡연인구비율도 거의 OECD 수준에 와 있다. 전체인구 중 과체중과 비만인구의 비율은 OECD 평균치보다 훨씬 낮다. 이러한 수치에서 우리국민들의 건강 장수에 대한 관심과 노력을 간접적으로 엿볼 수 있다(최병호, 2007).

몇 가지 지표로 살펴본 우리나라의 신체적 건강수준이 OECD 평균치에 근접하는 것은 사실이나, 유감스럽게도 정신적, 사회적 건강상태를 알려주는 자살률과 교통사고 사망률은 위험스런 적신호가 들어와 있다.

자살은 의도적으로 자신을 해치는 행위로 한 개인의 정신건강상태를 알려줄 뿐만 아니라, 그 사람이 살고 있는 사회의 건강상태도 아울러 보여준다. 이러한 의미에서 자살은 한 인구의 정신건강상태를 측정하는 대리지표로 종종 사용되고 있다. 우리나라의 인구 10만 명당 자살자 수는 OECD 국가 중 단연 으뜸인 21.5명으로, 가장 낮은 그리스(2.9명)의 8배, 미국(10.1명)의 2배로 나타나고 있다.

교통사고 사망은 사회적 건강상태를 알려주는 대표적인 지표이자 중요한 공중보건문제이기도 하다. 2006년 현재 우리나라 인구 10만 명당 교통사고 사망률은 16.1명으로 OECD 국가 중 멕시코 다음으로 높고, 가장 낮은 네덜란드(4.4명)의 4배에 이르고 있다.

〈표 8-6〉 건강수준과 건강행태 (2006)

지 표	OECD	한 국
평균수명(세)	78.9	79.1
영아사망률(출생 천 명당)	5.2	5.3 (2002)
암질환 사망률(인구 10만 명당)	162.0	153.5
뇌혈관질환 사망률(인구 10만 명당)	54.6	77.0
허혈성 심질환 사망률(인구 10만 명당)	96.4	35.9
주류소비량(15세 이상 인구 1인당 리터)	9.5	8.1
흡연인구비율(%)	23.4	25.3
과체중과 비만인구비율(%)	48.2	30.5

＊자료: *OECD Health Data 2008.*

〈표 8-7〉 교통사고사망률 및 자살사망률 (2006)

지 표	OECD	한 국
교통사고 사망률 (인구 10만 명당)	9.8	16.1
자살률 (인구 10만 명당)	11.2	21.5

＊자료: *OECD Health Data 2008.*

3. 외국의 보건의료개혁 동향

과거 우리나라는 보건인력에 대한 면허제도와 국공립병원 관리 외에는 이렇다 할 보건의료제도가 없었다. 정부는 보건소 등을 중심으로 방역, 결핵, 가족계획, 모자보건 등의 사업을 실시하였지만, 일반적인 질병예방 및 치료는 개인의 책임이었다. 가난한 이들에게는 민간차원의 자선적 의료가 제공되었고, 국공립의료기관은 한센병, 결핵, 정신병 등 특수질환을 진료하는 정도였다.

건강보험제도가 실시되면서 의료에 있어 비로소 공개념이 도입되었다. 건강보험제도는 "보험료는 부담능력에 따라 차등부과하되, 진료는 평등하게 한다"는 사회보험의 원칙에 따라 운영되었다. 의료의 접근성과 형평성이 건강보장제도의 주요한 가치로 등장하였고 건강권도 강조되기 시작하였다.

이제 건강보험제도가 어느 정도 안정되는 단계에 이르러 새로운 국면을 맞고 있다. 인구의 고령화, 보험급여의 확대, 진료의 고급화 등으로 보험재정이 점차 압박을 받게 되자, 정부는 급여를 조정하고 의료비 지출을 통제하는 여러 가지 장치들을 강구하고 있다. 이와 관련하여, 최근 몇몇 나라에서 일어나고 있는 보건의료개혁의 사례를 살펴보기로 하자.

1) 일 본

일본은 직장, 지역, 공무원 등 다양한 형태의 건강보험 프로그램을 가지고 있다. 보험재정은 보험료와 정부보조금으로 구성되어 있다. 2004년 현재 국민의료비 중 보험료의 비중은 49.8%인 반면, 조세수입으로 조달되는 정부재정이 무려 34.8%를 차지하고 있다. 보험료율은 8.2%(40세 이상 연령층을 대상으로 한 별도의 장기요양보험료는 제외)로서, 그리 낮은 편이 아니다. 현재 일본은 세계 제1의 고령국가로서, 늘어나는 노인의료비에 대처해야 하는 숙제를 안고 있다. 일본정부는 증가하는 의료비를 감당하기 위하여 정부재정지출을 계속 늘려왔고 그 결과 정부부채도 빠른 속도로 늘어가고 있다.

재정상황이 자꾸 악화되자 2005년 내각에서 "총액예산제를 도입하여 보건의료비의 상한을 긋자"라는 주장이 나왔다. 일본 의사회는 총액예산제 도입에 반대하였고, 노동후생성은 "사전예방을 통하여 국민을 건강하게 만들면, 보건의료비를 통제할 수 있다"라는 입장을 표명하여 이 논란은 일단 가라앉았다. 일본은 1인당 의사 진찰건수와 연간 입원일수에 있어 OECD 국가 중 단연 선두이다. 이는 외래, 입원할 것 없이 일본국민들의 의료이용이 매우 많다는 것을 의미한다. 장기 만성질환자들이 정말 그렇게 많은가? 이에 대한 일본 보건당국의 대답은 "아니오"이다. 빼야 할 군살이 있다는 것이다.

일본 정부가 내놓은 해법은 대사증후군 대책이다. 보건당국은 보험재정을 위협하는 주범을 고혈압, 당뇨, 고지혈증 등 3대 대사증후군으로 보고, 이들 질환의 유병률을 2015년 까지 25% 감소시킨다는 목표와, 35만 개에 이르는 노인 병상을 15만 개로 줄이겠다는 계획을 세우고 있다. 대사증후군에 대한 정부대책의 골자는 다음과 같다 (Etsuji Okamoto, 2008).

① 모든 보험자들은 40~74세 가입자들에게 건강검진을 제공해야 한다.
② 건강검진자료는 무기명으로 처리하여 보험자 데이터베이스에 저장한다.
③ 허리가 굵다든가 대사증후군 발전가능성이 있는 수검자들은 공중보건 간호사들의 중재를 받는다.
④ 중재담당자들은 생활양식 개선의 필요성, 현 생활습관의 문제점

을 수검자에게 알리고 목표와 행동계획을 제시한다.
⑤ 6개월간의 평가를 거쳐 목표달성에 실패한 수검자는 금전상의 제재를 받고, 초과달성한 수검자는 보험료할인 등의 보상을 받는다.
⑥ 2012년까지 수검자의 비율을 70%로 올리고, 2015년에는 80%로 올린다.

의료비 억제를 위한 일본정부의 개혁조치가 과연 성공을 거둘 것인지 현재로서는 알 수가 없다. 현실적으로 그 많은 대상자들을 사전 검진할 수 있을지, 중재가 현실적으로 가능할지, 금전적 보상이 실효성이 있을지 등의 의문이 따르지만, 일본의 이러한 고민은 남의 일이 아니라 바로 우리의 고민일 수 있다는 점을 명심할 필요가 있다.

2) 대 만

1995년에 전국민 의료보험을 실시한 대만은 지불방식에서는 총액계약제를 실시하는 점이 우리와 다르지만, 강제가입, 동일급여, 정부보조, 단일보험자, 동일 지불체계 등 우리 제도와 유사한 점이 많다. 2006년 현재 GDP 대비 국민의료비의 비율도 6.1%로서 우리와 비슷하다.

의료보험 실시 이후 대만은 재정위기 없이 보건의료의 형평성을 추구할 수 있었다. 건강보험에 대한 만족도도 1995년에는 20%이었으나, 2007년에는 70%를 상회하고 있다. 그러나 1990년 5% 수준이던 국민의료비 증가율은 2006년에 이르러 15%를 훌쩍 넘어섰다. 의료보험재정도 1998년 이래 계속 적자를 벗어나지 못하고 있다. 이러한 재정위기를 감지한 대만은 급증하는 의료비를 합리적으로 통제할 수 있는 수단들을 강구하고 있다.

대만이 보건의료자원을 절약하고 질을 높이기 위하여 제시한 개혁안에는 '급여가감제도'(*pay for performance*: P4P)와 새로운 건강보험모델이 있다. 급여가감제도는 진료의 성과에 따라 지불보상을 차별화하는 제도로서, 2008년부터 당뇨병과 같은 특정질환에 대하여 실시하고 있다. 한편, 새로운 건강보험모델은 ① 재정조정기금과 이를 관리할 HMO(Health management organizations)를 설치하고, ② 이 HMO는 위험을 보정한 인두제를 가지고 요양기관과 계약을 맺고, ③ 피보험자는 자기가 원하는 HMO를 선택하여 가입하도록 하며, ④ HMO는 가입자들에 대하여 성과관리를 실시한다는 내용인데, 국회승인을 받지 못하여 시행하지 못하고 있다(Tung-liang Chiang, 2008).

3) 싱가포르

싱가포르는 GDP 대비 국민의료비의 비율(2000)이 3.1%로 낮은 편이다. 그럼에도 불구하고 2000년 세계보건기구의 보건체계 평가에서 6위를 기록하였다. 싱가포르 보건부의 비전은 '싱가포르 국민의 좋은 건강상태를 유지하면서 세계에서 가장 비용효과적인 보건의료체계'를 구축하는 것이다. 싱가포르는 1984년에 보건의료체계를 완성하였는데, 독특한 구조를 가지고 있다. 이른바 '3M'이라 불리는 재정조달 구조로서, 'Medisave, Medishield, Medifund'가 그것이다.

'Medisave'는 '의료저축계정'으로 번역되는데, 평소 소득의 일정액을 본인이 의무적으로 저축하여야 하며, 경증질환이 있을 때 이 돈을 꺼내 쓰도록 하고 있다. 'Medishield'는 암과 같이 돈이 많이 드는 중증질환이나 장기만성질환에 걸렸을 때 이를 구제하기 위한 보험제도이다. 'Medifund'는 보험 가입능력도 없고 모아 놓은 돈도 없는 빈곤층을 위한 제도로서 재정은 정부가 지원한다. 전체 국민의료비를 보면, 본인부담이 25%, 정부보조금이 25%, 사용자부담분 보험료가 35%, 개인보험이 5%, 'Medishield'가 2%, 'Medisave'가 10%를 차지한다.

〈표 8-8〉 싱가포르 보건의료 기능과 재정구조

기본 개념	목 적	해당질환	프로그램
저축(*savings*)	의료비부담의 세대간 이전 방지	경증질환(외래)	Medisave (강제저축)
보험(*insurance*)	위험분산 및 보호 (*risk pooling and protection*)	· 중증질환 · 장기만성질환	Medishield (공공/민간보험)
조세(*taxation*)	의료의 형평성 확보	· 빈곤층의 질환 · 공중보건서비스	Medifund (정부)

* 자료: Kai Hon Phua(2008: 3~18)를 재구성

싱가포르 의료안전망의 철학은 두 가지이다. 첫째는, 본인과 가족들 스스로 건강투자를 하라는 '개인책임의 원칙'이다. 둘째는 형편이 어려운 빈곤계층에 대하여 정부가 의료를 책임지는 '형평성의 원칙'이다.

싱가포르는 의료의 질, 개인선택권의 보장, 효율성 등에서 국제적으로 높은 평가를 받고 있다. 싱가포르의 목표는 이러한 평가를 토대로 동남아 지역의 의료허브가 되는 것인데, 현재 이를 위협하는 요인이 생기고 있다. 그것은 바로 고령화와 그로 인한 의료비 증가 문제이다. 급속히 진행되는 고령화로 인하여 싱가포르의 노인인구 비율은 2030년경 25%에 이를 것으로 전망된다. 의료비를 적정수준으로 관리하면서 의료산업을 발전시키는 것은 결코 쉬운 과제가 아니다. 현재 싱가포르 정부는 민간과 공공부문간의 적정한 역할분담이라는 큰 목표를 세우고, 환자수입 및 병실에 따른 진료비 정부보조금 차등화, 해외환자진료 등 글로벌의료 실현, 민간과 공공 의료기관간의 네트워크 강화 등 여러 개혁과제들을 추진하고 있다.

4) 네덜란드

네덜란드의 건강보험은 세 개의 영역으로 나누어져 있다. 제1영역은 장기요양환자, 정신질환자, 중증고액급여환자 및 무보험자 등을 위한 것으로 재원은 소득의 13.25%를 세금처럼 징수하고 있다. 제2영역은 일반질병치료를 위한 것으로 일정 소득 수준 이하의 계층(전체 인구의 3분의 2 정도)은 공보험에 의무적으로 가입하고, 고소득 계층은 민간보험을 선택하여 자율가입하도록 되어 있다. 제3영역은 보충형 민간보험으로 치과, 성형, 물리치료, 대체의료 등을 제공하고 있는데, 서비스의 내용에 따라 보험료가 다르다.

이러한 네덜란드 건강보험체계는 제도 운영상 여러 가지 문제점을 안고 있었다. 소득수준에 따라 공보험과 사보험으로 나누어져 있어 제도가 복잡한 것이 첫 번째 문제점이었고, 민간보험회사에서는 위험도가 높은 환자가입을 기피하여 무보험자들이 많이 생기게 된 것도 중요한 문제점으로 대두되었다. 또한 보험가입자들이 보험자에 대한 선택권이 없어 보험자들이 경쟁의식이 적고 업무효율화에 대한 동기도 부족하게 되었다. 이러한 문제점을 접하게 된 네덜란드는 오랜 기간 검토를 거쳐 제2영역을 대상으로 이른바 '데커(Dekker) 개혁방안'을 마련하였고, 이를 2006년 1월에 시행하였다.

'데커 개혁방안'의 골자는 첫째, 형평성을 높이고자 건강보험의 재원조달을 단일화하고 전 국민에게 동일한 의료서비스를 제공하게 한 것이다. 소득계층에 따라 공보험과 민간보험으로 나누어 가입하고 있던 체계를 하나의 보험체계로 묶은 것이다. 둘째는 건강보험의 효율성으로서 가입자에게 보험자 선택권을 보장하고 보험자와 공급자에게 인센티브를 부여한 것이다. 만성질환자들이 생활습관을 개선할 경우 건강식품 할인쿠폰을 제공하고, 의료이용을 하지 않은 경우에는 일정금액을 되돌려 주는 등 인센티브를 제공하도록 하였다. 셋째는 경쟁원리

〈표 8-9〉 개혁 전후의 비교

2006년 이전	2006년 이후
요양보험	요양보험
사회보험(1천만 명) 공직자건강보험(90만 명) 민영건강보험(490만 명)	사회민간보험 (*Social-Private Insurance*) (1,600만 명)
보충형 민간보험(선택)	보충형 민간보험(선택)

＊자료: 보건복지가족부(2008).

의 도입으로서 보건의료체계의 이해당사자들이 스스로 참여하는 '관리된 경쟁방식'(*managed competition*)으로 전환한 것이다. 민영보험사들은 국가가 정한 표준급여 기준을 준수하되, 부가급여에 대하여는 보험료를 자율적으로 정하도록 하였다. 보험자와 의료공급자는 보험수가를 서로 협상하여 계약으로 정하도록 하였다.

4. 우리나라 보건의료 개혁의 방향

1) 개혁의 지표

우리나라 의료보장은 이제 제 2기의 개혁기를 맞고 있다. 제 1기의 개혁이 전국민 보장체계의 구축과 관리체계의 통합이었다면, 제 2기의 개혁은 비용효과적이고 지속가능한 의료보장체계로 나아가는 것이다. 제 2기의 개혁에서 원칙으로 삼아야 할 지표를 하나하나 살펴보기로 한다.

(1) 지속가능성

우리나라의 건강보험제도는 상대적으로 낮은 보장성 등 제도적인 취약점도 있지만 제도의 보편성 측면에서는 장점을 가지고 있다. 국제적으로도 비교적 비용효과적이라는 평가를 받는다. 그러나 앞으로가 문제이다. 인구의 고령화, 보장성 확대 요구, 의료의 고급화 추세 등을 고려할 때, 국민의료비가 빠른 속도로 증가할 것으로 예상되기 때문이다. 아직 OECD 국가에 비하면 GDP 대비 국민의료비 비율이 낮은 편이지만, 증가 속도에 비추어볼 때 얼마 안 가 OECD 평균치에 도달할 것으로 예상된다. 보험료 부담증가에 대한 국민합의가 부족한 상황에서 늘어나는 건강보험재정을 통제하기가 쉽지 않은 형편이다. 정부재정으로 부족한 재원을 조달하는 데 한계가 있기 때문에 보험료부담과 진료비 본인부담이 같이 늘어날 수밖에 없는 것이 현실이다.

이러한 상황에서 의료비의 효율적 관리가 최우선 과제로 떠오른다. 보장성 강화원칙에 따라 의학적으로 꼭 필요한 서비스는 공적 보험에서 제공하되, 그렇지 않은 서비스는 본인에게 맡기도록 급여내용을 차별화해야 할 것이다.

(2) 국민만족도

우리나라의 보건의료체계는 의료서비스에 대한 접근성, 의료욕구의 충족도, 의료서비스의 상대적 수준, 보험료 부담수준 등에 있어서 충분히 좋은 평가를 받을 만하다. 최근 캐나다의 전문 컨설팅기관인 '컨퍼런스 보드'(Conference Board of Canada)는 건강수준을 중심으로 OECD 국가들의 보건의료체계를 평가한 결과, 우리나라 보건의료체계의 성과가 OECD 국가들 중 5위에 해당된다고 발표한 바 있다.

그러나 우리 국민들이 건강보험제도에 매기는 점수는 그리 좋지 않다. 국민건강보험공단이 2007년에 실시한 설문조사결과에 의하면, 건강보험만족도는 56.7%로서 가입자의 절반 정도만 만족하는 것으로 나타났다. 낮은 만족도의 원인은 건강보험제도가 현재 가지고 있는 본질적 한계인 급여의 불충분성과 행위별 수가제가 가지고 있는 여러 가지 문제점 때문인 것으로 보인다. 국민건강보험공단의 민원서비스에 대한 가입자들의 불만도 이러한 저평가에 일조를 한 것으로 보인다. 여하튼, 우리 국민들의 건강관심과 건강보험에 대한 기대치가 매우 크다는 점만은 확실하다.

아무리 좋은 보건의료제도라도 국민들을 만족시키지 못하면 보람이 없는 것이다. 국민들이 가장 아쉬워하는 것이 무엇인지를 파악하여 관련 제도를 고치고, 고친 제도에 대하여 국민들을 충분히 이해시키면 앞으로 국민만족도가 개선될 수 있을 것이다.

(3) 형평성

소득격차와 함께 건강격차는 날이 갈수록 커져가고 있다. 비록 양극화 현상이 우리 사회에 광범위하게 일어나고 있으나, 기본권적 권리인 건강권만은 골고루 보장되어야 할 것이다. 건강격차는 소득격차를 낳을 뿐 아니라, 빈곤추락을 가져오고, 빈곤으로부터 탈출하기도 어렵게 만든다. 의료의 형평성은 으뜸가는 핵심가치의 하나로서, 경제적 접근성, 물리적 접근성, 진료의 비차별성 등의 지표로 가늠할 수 있다.

전국민 건강보험의 실시로 병의원에 대한 접근성과 진료기회의 형평성은 많이 개선되었지만, 건강격차의 문제는 여전히 해소되지 않고 있다. 앞으로의 보건의료개혁은 계층 간의 건강양극화 현상을 해소하는 데 역점을 두고 형평성을 추구해나가야 할 것이다.

2) 3대 키워드

앞서 언급한 세 가지 지표를 염두에 두고 추진해야 할 첫 번째 개혁방향은 형평성과 효율성을 잘 조화시키는 것이다. 두 번째 개혁방향은 의료의 공공성과 시장성을 잘 조화시키는 것으로, 의료시장에서 공공과 민간부문이 적절하게 역할분담을 하는 것이다. 세 번째 개혁방향은 이러한 개혁 추진에서 절차의 민주성과 투명성을 갖추는 것이다.

(1) 형평성과 효율성

첫 번째, 형평성을 유지하면서 효율성을 추구하려면 무엇보다 제한된 의료비를 비용효과적으로 사용해야 한다. 불요불급한 의료이용은 억제하고 필수의료 및 고액의료에 대한 보장성을 강화하여 의료비부담으로 저소득층의 가계경제가 어려워지지 않도록 해야 할 것이다. 국민건강수준을 향상시키기 위해서는 진료의 질도 중요하지만 건강격차를 해소하는 것이 매우 중요하다. 건강격차해소를 위해서 취약지역에 있는 차상위계층을 포함한 저소득층에 대한 질병예방프로그램과 의료비경감 프로그램이 강화되어야 한다.

두 번째, 보험재정과 관련해서는 보험료 인상을 물가상승률이나 경제성장률과 연동시키고, 보험재정에 대한 국고보조지원 공식을 정하여 이를 확실하게 이행하는 것이 필요하다. 중장기적으로는 '저부담 - 저급여'의 구조에서 벗어나 '적정부담 - 적정급여'의 구조로 나아가야 할 것이다.

세 번째, 거시적 측면에서 의료의 패러다임을 바꾸어야 한다. 사후치료보다 예방적 접근이 비용효과적이라는 것은 다 알려진 사실이다. 당뇨, 고혈압 등 만성질환을 사전에 예방하는 활동이 활발히 일어나야 한다. 예방에 대한 국가와 건강보험의 기능이 강화되어야 하는 것은 말할 나위가 없다.

네 번째, 감기 등 경증질환 진료에 대하여는 본인부담을 점차적으로 늘리고, 중증진료와 입원진료는 본인부담을 완화해주어야 할 것이다. 건강보험의 중요한 목적 중의 하나가 과다한 의료비부담으로 가계가 위험에 처하는 것을 방지하는 것이므로 경증질환보다는 중증질환의 보장성이 강화되어야 한다. 경증질환에 대한 본인부담을 늘리는 것은 건강보험가입자들 입장에서는 반가운 일이 아니지만, 현재 본인부담금은 정률제로 전환하여 소액진료의 경우 30%를 환자가 부담하고 있고, 가입자들의 불만 속에서도 제도가 정착되어가고 있다.

다섯 번째, 여러 국가들의 개혁사례에서 보았듯이 불필요한 외래이용과 장기입원을 줄이기 위한 인센티브 도입 등 다양한 수단들을 강구할 필요가 있다. 고혈압, 당뇨, 고지혈증 같은 대사증후군의 진료비를 줄이기 위하여 건강관리를 성실히 해온 환자에 대하여는 진료비

경감이나 보험료경감 등 인센티브를 제공하는 방안이 있을 수 있다. 의료저축계정을 설치하여 경증질환으로 의료기관을 자주 찾지 않은 가입자들에게 가상의 통장을 만들어주고, 추후 중증질환으로 치료를 받을 때 이전에 자신이 저축해놓은 금액만큼 본인부담금을 할인받을 수 있도록 해주는 방식도 검토할 필요가 있다.

여섯 번째, 비용효과적인 진료비 지불보상제도를 구축해야 한다. 포괄수가제, 총액계약제 등 불필요한 비용을 억제할 수 있는 대안적 보상제도가 필요하다. 포괄수가제(DRG)는 의료서비스의 질 저하를 초래할 가능성이 있지만, 과잉진료나 의료남용을 줄일 수 있는 장점을 가지고 있는 제도이다. 일시에 모든 질환에 대하여 포괄수가제를 적용할 경우, 예상치 못한 부작용도 있을 수 있고 제도적용과정에서 어려움도 있을 수 있으므로, 1단계로는 국공립병원부터 비용효과검증이 끝난 일부 질환을 대상으로 실시하고 점차적으로 전 의료기관으로 확대하는 것이 바람직하다. 보험자의 효율적 조직관리를 위한 다양한 경쟁요소도 도입하여야 한다.

(2) 새로운 시장

현재 의료서비스시장은 공공부문과 민간부문으로 나누어진다. 공공부문은 국민건강보험과 산재보험이 있고, 민간부문은 상해보험과 생명보험 등의 민간(개인)의료보험 상품이 나와 있다. 건강보험을 제외한 나머지 보험들은 산재환자, 교통사고환자, 암환자와 같은 중증질환자로 한정되어 있어 그 규모가 국민건강보험보다 적다(민간의료보험의 규모는 2007년 보험료 기준 10조원으로 건강보험수입의 40% 수준이다). 따라서 아직까지는 국민건강보험이 의료시장을 주도한다고 해도 과언이 아니다.

그런데, 이 국민건강보험의 지속적인 재정팽창은 정부재정 및 가계경제에 무척 부담이 되므로 지출억제적인 운영이 불가피하다. 또, 공적 건강보험으로서 재정을 적절히 관리할 수밖에 없는 태생적 한계도 있다. 결과적으로 국민건강보험이 만들 수 있는 시장규모는 제한될 수밖에 없고 제한된 시장에서는 의료산업의 발전을 기대하기가 곤란하다. 따라서 건강권과 의료산업발전이라는 두 마리 토끼를 잡기 위해서는 새로운 시장의 모색이 바람직하다.

새로운 시장창출은 국내의료시장을 키우는 방법과 해외시장을 개척하는 방법이 있다. 민간보험의 영역을 특화하여 건강보험의 보충적 역할을 수행하도록 하는 것은 국내시장을 키우는 블루오션이다. 이 보충적 역할의 비율을 구체적으로 정하기는 어렵겠지만, 외국의 경우에 비추어 볼 때 전체의료비의 10%를 넘지 않도록 하는 것이 적정하다는 지적이 있다. 법정 본인부담분을 100% 보상하는 제도는 자칫 가입자의 도덕적 해이를 가져와 국민건강보험과 개인의료보험 모두를 위태롭게 할 수 있다. 따라서 보충적 역할의 내용은 법정본인부담의 보상형태가 아닌, 비급여 영역에 대한 보상으로 한정하거나 질병별 정액보상으로 설계하는 것이 바람직스럽다.

해외시장 개척의 전략으로는 외국인 환자를 유치하고, 해외에 국내병의원이 진출하는 것이다. 차병원, 예메디칼센터 등 최근 중국과 미국에 진출하는 프런티어 의료기관들이 생겨나고 있는데, 이들 의료기관에서 해외시장의 가능성을 읽을 수 있다. 의료관광을 보다 활성화하고 외국인 환자의 국내 유치를 위해서 의료기관에 대한 규제들을 완화할 필요가 있다.

(3) 사회적 합의 (*social consensus*)

보건의료제도의 개혁은 국민, 의료인, 정부 등 여러 주체들이 같이 참여해야 성공할 수 있기 때문에 사회적 합의를 토대로 정책이나 제도를 결정하여 절차적 정당성을 확보해야 한다. 포괄수가제의 경우 2003년 의사협회의 강력반대로 전국적 시행이 무산되었다. 2007년 의료법 개정을 추진함에 있어서도 의료인과 시민단체가 반대하여 곤혹을 겪었다. 의사결정과정에서 관련단체의 협조와 참여를 구하지 않은 것은 아니었지만, 결과적으로 정부의 개혁작업은 불발로 끝났다. 목소리가 다양한 다원주의 사회에서 원만한 사회적 합의는 어쩌면 이상적인 목표일 뿐, 현실적으로 불가능한 것일 수도 있다. 그러나 성공적인 개혁은 사회적 합의가 전제되어야 가능하다. 시간이 걸리더라도 먼저 확실한 개혁로드맵을 제시한 후 지속적인 설득노력을 기울이고 국민의 관심과 지지를 호소하는 방법이 오히려 지름길이다. 외국의 경우에도 개혁은 결코 하루아침에 이루어지지 않았다.

제 9 장

의료의 소비자주의와 의사 - 환자 관계

소비자주의 그 자체는 국민건강을 위해서, 또 민주적인 의사 - 환자 관계를 위해서 앞으로 나아가야 할 방향임에 틀림없지만, 소비자주의가 완성되지 않은 상태에서는 부작용이 따른다.

1. 소비자주의와 의료

우리나라에서 보건의료인에 대한 인식이 점점 바뀌고 있다. 예전에는 전문인으로서 사회의 존경을 받는 존재였으나 이제는 대가를 받고 서비스를 제공하는 존재로 여겨진다. 의료인의 수가 늘어나면서 국민의 건강과 생명을 지킨다는 숭고한 이념보다는 시장원리가 강조되는 경쟁적 진료풍토가 조성되었으며, 자본의 논리가 작용하면서 상업주의적 성향이 커졌다. 이러한 가운데 의료인들과 소비자들의 주장이 충돌하는 사례가 늘어가고, 서로간의 신뢰도 약화되었다.

공급자들로부터 소비자들의 시장 권익을 보호하고자 하는 일련의 활동을 '소비자운동'이라고 부른다. '소비자주의'(*consumerism*)는 소비자운동을 포함한 보다 넓은 개념으로, "소비자들이 재화나 서비스를 합리적으로 선택하고, 나아가 시장에서 주도권을 행사하려고 하는 생각과 행동들"을 의미한다.

오늘날 보건의료가 상업화되면서 우리나라에서도 소비자주의가 발달하기 시작하였다. 1985년 '환자의 권리선언'을 시작으로 소비자정보제공 인터넷사이트 개설, 의료불만 및 의료사고 상담, 의료기관 감시, 의약품 판매가격 조사, 금연운동, 절주운동에 이르기까지 소비자주의의 형태는 점차 다양해지고 있고(정광모, 2004), 치료과정에서 환자가 주체가 되고자 하는 '자기치료'(*self-care*)의 개념까지 등장하였다(정경균 외, 2004). 우리나라의 소비자주의는 서구국가들만큼 체계화·조직화되지 못하였지만, 매우 빠른 속도로 확산되고 있다.

2. 소비자주의를 가져온 요인들

1) 환경 요인

보건의료계에 소비자주의가 확산되게 된 첫 번째 환경요인은 앞서 언급한 의료의 상업주의적 성향이다. 상업주의적 성향이 심해질수록 의료시장은 일반시장과 비슷한 성격을 가지게 된다. 그리하여, 환자는 소비자의 위치에 서게 되고, 의사는 서비스를 판매하는 공급자의 위치에 서게 된다. 의료시장에서 소비자들은 서비스 선택권을 가지고, 공급자들은 소비자들의 선택을 받아야 살아남는 것이다. 의사들은 진료의 가격과 질을 평가받고, 평가결과가 좋지 않으면 의료시장에서 도태될 위기에 처한다.

의료의 상업화는 자본주의가 가져온 상업화의 거대한 흐름에 의료인들이 휩쓸려간 측면도 있지만, 의료시장에서 의료인들이 서로 경쟁하면서 이를 부추긴 측면도 있다. 최근 의료계 일각에서 제기된 영리의료법인 허용 주장은 바로 자본의 논리를 의료에 적용하여 의료를 본격적으로 상업화하자는 취지로, 의료인들의 상업주의적 태도를 잘 보여준다.

둘째 요인은 의료기술의 발달이다. 의료기술이 발달하면서 소비자는 다양한 선택을 할 수 있게 되었다. 미세수술, 인공관절, 스텐트 시술, 임플란트, 로봇수술, 세포치료 등 다양한 의료기술이 경쟁적으로 개발되고 있다. 의료시장에서 다양한 선택이 가능해진 소비자들은 여러 가지 대안 중에서 하나를 고를 수 있게 되었고, 선택의 여지가 없었던 과거에 비하여 그 지위가 많이 향상되었다.

셋째 요인은 정보화이다. 현대사회에서는 직접 만나지 않아도 인터넷을 통해 다양한 의료정보를 획득할 수 있다. 정보의 홍수 속에서 소비자들은 의료정보나 지식을 검색하여 자신에게 필요한 내용을 습득하게 되고, 의료기관이나 의료인들을 선택하기도 하고, 의료인들과 만나 자신의 견해를 분명히 밝히기도 한다. 따라서 의사의 일방적 판단에 의한 의료행위가 아닌, 상담이나 의논을 거친 의료행위가 이루어지게 된 것이다.

내 번째 요인은 의료의 민주주의이다. 민주주의의 중요이념 중 하나는 모든 이는 평등하다는 것이다. 전통적인 의사와 환자관계는 동등한 것이 아니었다. 의료정보의 비대칭성 때문이기도 하지만 의료라는 것이 가지는 상징적 의미(신성함, 고귀함, 인도주의적 성격) 때문에 의사의 권위는 매우 높은 것이었다. 그러나 오늘날은 의사와 환자는 동등하다는 인식이 확산되었다. 더 나아가 환자가 주인이라는 의식이 민주화의 바람을 타고 확산되고 있다. 고압적이고 권위적인 의사는 "불친절하고 형편없는 의사"라는 손가락질을 받고, 진료 불만으로 의사에게 폭언과 폭행을 가하는 사건들도 빈번히 발생한다.

끝으로, 소비자주의를 강화시키는 환경적 요인 중의 하나는 대중매체이다. 오늘날은 의료에 대한 상식이 방송이나 신문기사를 통하여 빠른 속도로 전파된다. 건강에 대한 관심이 클수록 대중매체의 정보 전파력은 더 힘을 갖는다. 의료인들은 방송에 출연하여 의료지식을 대중화하고, 시청자들은 매체를 통하여 나름대로 의료지식을 축적한다. 대중매체를 통한 의료지식의 전파는 소비자들의 발언권을 강하게 만드는 데 기여한다.

대중매체는 자기 몸에 대한 관심을 불러일으키고 의료에 대한 친근감을 높여 의료시장을 키우는 역할을 수행하지만, 의료에 대한 신비감을 감소시키고 의료에 대한 왜곡된 의식을 불러올 수도 있다. 특히 의료사고에 대한 언론의 보도는 의료인에 대한 불신과 불안감을 야기하여 의사에 대한 적대적 의식과 태도가 형성될 수 있다.

2) 소비자(환자) 요인

미국의 구조기능주의 사회학자 탈코트 파슨즈는 '환자역할'(*Sick Role*)이란 개념을 소개하였다. '환자역할'의 요지는, ① 병이란 것은 사회적 일탈의 한 형태로, ② 병이 걸린 사람은 병이 나을 때까지 일상의 의무로부터 면제를 받는 특권을 가지게 되나, ③ 이 때 환자는 병의 치료를 위해 의사의 진료에 대하여 협조해야 한다는 것이다(Parsons, 1951).

그런데, 오늘날 파슨즈의 환자역할 개념은 달라지고 있다. 우선, 환자들의 의료이용행태가 파슨즈가 생각했던 것과 다르다. 정기검진, 성형수술, 체형관리, 피부관리 등은 파슨즈가 설정한 사회적 일탈과 무관하다. 병을 치료하기 위해 입원하는 사람들도 있지만 질병과 관계없이 입원하거나 직장을 쉬는 사람들도 많다. 환자들은 의사들의 지시를 받기 이전에 마음에 드는 의사를 선택하려고 한다. 파슨즈가 생각한 진료협조의무도 매우 고전적인 개념이 되어 버렸다.

그렇다면 이러한 변화의 원인은 무엇일까? 우선, 환자들의 교육수준이 많이 높아졌다. 교육수준이 높아지면서 의료에 대한 기대치도 달라졌다. 웰빙이 사회적 유행처럼 되면서 단순한 치료가 아닌 젊게 보이고 젊게 사는 것을 추구하는 경향이 크게 늘어났다.

환자들 간의 활발한 의사소통도 소비자주의를 강화시키는 요인이 되고 있다. 의사소통을 통하여 자신이 만난 의사들을 평가하게 되고, 입소문으로 명의가 탄생하고 있다. 시장에서 맘에 드는 옷을 고르듯이 의사를 골라 서비스를 받는 행태가 일어나는 것이다.

3) 공급자(의사) 요인

의료의 소비자주의가 발달한 이면에는 공급자 요인도 있다. 수익을 추구하다보니 경제력이 있는 환자들을 주 고객으로 하는 의료기관들이 생겨났다. 더구나 의료기관간에 경쟁이 가열되면서 의학적으로 꼭 필요하지 않은 의료서비스가 발달하게 되었다.

이러한 의료인들의 행태는 결과적으로 의사와 환자의 관계를 변화시켰다. 전체적으로 환자들의 힘이 커지게 되었고, 부자 환자들과 가난한 환자들 간의 차별현상이 생겨 건강권의 세 번째 요소인 '건강돌봄과정에서의 건강권'(문창진, 1997)이 훼손되었다.

의료인들이 이렇듯 의료의 상업화에 편승하게 만든 근본적 요인은 무엇일까? 의료의 상업화는 자본주의 국가들의 공통적 추세이지만, 한국의 특수한 요인으로 '개업주의'가 지적되고 있다(조병희, 2006). 한국의 의사들은 병원을 소유하면서 권위를 행사하려는 개업주의 성향이 있기 때문에 의원의 규모를 키워 병원을 설립하는 것이 중요한 관심사였다. 미국의 의사들과 달리 우리나라 의사들은 일반적으로 병원을 소유하거나 의원개업을 하려는 경향이 강하다. 그 결과, 병원과 의원 양쪽에 질적 수준이 비슷한 의사들이 있고(의원개업의들이 대부분 전문의이고 상당수의 개업의들이 병원 근무경험이 있다), 이들 간에 분업이 되어 있지 않기 때문에 환자의 의료이용에 대한 통제가 불가능하여 의료선택은 거의 전적으로 환자의 몫이 된 것이다. 건강보험제도로 의료기관에 대한 문턱이 낮아지고, 환자들의 흐름을 통제하는 의료전달체계도 확립되지 않은 상황에서 의사들은 분업대신 경쟁을 택할 수밖에 없게 된 것이다(정경균 외, 1991: 209~231).

4) 정책 요인

우리나라의 의료제도는 의사가 환자진료를 거부할 수 없도록 되어 있다. 의료법 제15조 제1항을 보면 의료인은 진료와 조산요청을 받으면 정당한 사유 없이 이를 거부하지 못하며, 제2항에는 "의료인은 응급환자에게 응급의료에 관한 법률이 정하는 바에 따라, 최선의 처치를 하여야 한다"라고 되어 있으며, 이를 어기면 의료법 위반으로 1년 이하의 징역이나 500만 원 이하의 벌금에 처하도록 되어 있다. 반면, 환자는 응급상황 또는 전염병 감염이 아니면 자신의 뜻에 따라 의사를 선택할 수 있다. 일단 진료가 시작되면 상황은 달라질 수 있지만 법 제도상으로 보면 환자의 지위가 의사보다 더 낫다.

의료법 개정으로 광고규제가 완화되어 일정한 범위 내에서 광고가 자유로워진 것도 의료기관 간의 경쟁을 가져오는 요인이 된다. 현행 의료법 제 56조에 의하면, 소비자를 현혹할 우려가 있는 내용 등 10개 항목을 제외하고는 보건복지가족부 장관의 심의를 받아 광고를 할 수 있도록 되어 있다. 환자들 입장에서 보면 광고를 통하여 의료기관에 대하여 더 알 수 있게 되었다. 미리 알고 의료기관을 선택할 수 있고 이른바 '의료쇼핑'도 가능하게 되었다.

의료기관 평가제도도 의료의 소비자주의를 촉진시키는 제도이다. 정부는 의료의 질, 친절도, 시설수준 등을 종합적으로 평가하여 그 결과를 발표한다. 이 제도는 의료기관 간의 건전한 서비스 경쟁을 촉진시키고, 환자들이 의료기관을 선택하는 데 참고할 수 있도록 하는 데에 그 취지가 있다. 여하튼 이 의료기관 평가제도를 통하여 소비자들의 정보접근성과 병의원 선택권이 강화되었다.

환자들의 선택권을 강화시켜주는 또 하나의 제도는 건강보험요양기관 강제지정제이다. 현재 의료계 내에서 폐지논란이 일고 있는 이 제도는 모든 의료기관을 의무적으로 건강보험의 요양기관이 되도록 한 환자친화적(*patient-friendly*)인 제도이다. 환자들의 입장에서는 건강보험급여 부당청구 등으로 요양기관지정이 취소된 병의원을 제외한 거의 모든 요양기관의 방문이 가능하기 때문이다.

건강보험 진료비 지불보상제도인 행위별 수가제(*fee for service*)도 소비자주의를 받쳐주는 제도로 이해할 수 있다. 건강보험 수가제도는 정부가 정해놓은 수가의 틀을 모든 요양기관에 공통적으로 적용하고 있어 시장경쟁을 제한하는 것처럼 보이지만, 사실상 소비자주의를 강화하고 있다. 즉, 수가가 일정하기 때문에 공급자들이 소비자를 놓고 경쟁할 필요가 없다고 볼 수도 있겠으나, 요양기관 입장에서는 보험수가가 통제되면 될수록 진료의 양을 늘려야 하기 때문에 환자유치 경쟁은 더욱 커진다. 또한 법정급여 부문의 수익이 제한되면 될 수록 비급여 쪽에서 수익을 보전할 수밖에 없기 때문에 요양기관 간의 시장경쟁은 급여대상 여부에 관계없이 모든 진료영역에서 일어난다.

3. 소비자주의와 관련된 의료현상들

1) 의료쇼핑

의료기관의 문턱이 낮아지고 선택의 폭이 넓어지면서 소위 '의료쇼핑' 현상이 생기고 있다. '의료쇼핑'이란 동일한 증세를 가지고 여러 병원을 전전하면서 진단 및 투약을 반복하는 행태를 말한다(국민건강보험공단에서는 한 가지 질병으로 세 곳 이상의 병원을 방문하는 경우, 석 달 동안 병원과 약국을 130회 이상 방문한 경우를 의료쇼핑으로 정의하고 있다). 치료가 말끔히 되지 않은 만성질환, 특히 근골격계 및 결합조직의 질환(관절염, 허리통증 등)의 경우 통증해소를 위하여 이곳저곳을 전전하는 경우가 많다.

국민건강보험공단의 2007년 조사결과에 의하면 의료쇼핑족의 61%가 60대 이상이었으며 52%가 관절염 등의 통증해소를 위하여 의료기관을 이용하고 있다. 1년 동안 무려 3,239일분의 약을 처방받은 환자도 있었다. 의료쇼핑은 보험재정을 어렵게 할 뿐 아니라 본인의 건강에도 좋지 않다. 실제로 의료쇼핑족의 82%는 처방받은 약을 전부 복용하고 있기 때문에 비슷한 종류의 약을 과다 복용할 가능성이 높고, 약물자체의 부작용이나 약물간의 상호작용으로 건강을 해칠 수가 있다.

2) '웰빙의료'의 등장

피부 레이저 시술, 건강검진 상품, 비만 클리닉, 라식수술, 임플란트 시술 등 미용이나 건강증진을 위한 '웰빙 의료'가 과거에 비하여 크게 늘어나고 있다. 소비자들의 웰빙의료에 대한 소비자들의 수요가 커진 탓도 있지만, 이들 서비스가 대부분 비급여 항목이므로 의료기관의 입장에서는 경영에 상당한 도움이 된다. 이외에도 인구고령화에 따라 노인성질환, 중풍, 호스피스 환자 등을 대상으로 요양·간병서비스를 전문적으로 제공하는 병원도 생기고 있다.

소비자의 시선을 끌기 위한 노력은 의료기관에서만 아니라 금융업, 유통업에서도 이루어진다. 어떤 증권사는 고객서비스 차원에서 건강클리닉과 의료상담을 제공하고 있고, 신용카드 회사들은 의료기관과 제휴하여 가입자들에게 건강검진 할인, 해외진료 무료상담, 해외진료 할인혜택을 부여한다.

뷰티 클리닉과 스포츠센터, 명품 쇼핑센터를 함께 묶은 메디컬 몰(*medical mall*)도 서울 강남에 들어설 예정이다. 미국의 월마트, 영국의 세인즈베리와 같은 유명 유통회사들이 이미 슈퍼마켓과 의료기관을 결합시켜 운영하고 있다.

3) 경쟁적인 고가의료장비 보유

소비자들이 시장에서 우월한 힘을 가지는 상황에서는 공급자들 간의 경쟁이 치열해진다. 의료시장은 의료의 특성 때문에 일반서비스시장과 달리 공급자가 우월한 지위를 가진다는 이론이 있지만, 오늘의 현실은 반드시 그렇지만은 아닌 것 같다.

의료기관 간의 경쟁은 고가장비 구매에서 잘 나타난다. 대형병원은 대형병원대로 개원의원은 개원의원대로 고가진단 및 치료장비를 경쟁적으로 설치하고 있다. 대형병원들은 작게는 수십억 원에서 크게는 수백억 원에 이르는 신형 암 치료장비를 구입하고 있다. 암을 진단한다는 PET CT, 감마나이프, 로봇수술장비 등 최신형 장비들이 속속 설치되고 있다.

개원의원들도 MRI를 비롯한 10억 원이 넘는 고가진단장비를 구입

〈표 9-1〉 OECD 고가장비 보유 10대 국가

순위	CT	MRI	마모그라피
1	일본	일본	프랑스
2	호주	미국	핀란드
3	미국	아이슬란드	그리스
4	한국	오스트리아	포르투갈
5	벨기에	이탈리아	한국
6	오스트리아	핀란드	호주
7	룩셈부르크	스위스	뉴질랜드
8	이탈리아	그리스	룩셈부르크
9	포르투갈	한국	캐나다
10	그리스	룩셈부르크	벨기에

* 자료: *OECD Health Data 2007.*

하는 실정이다(건강보험심사평가원의 2005년 내부자료에 의하면, 의원급의 MRI 보유대수는 98대로 전체의료기관의 17.7%를 차지하고 있다). 우리의 경제력에 비하여 고가진단 장비 보유율은 매우 앞서 있다. 2005년 현재 인구 100만 명 당 의료장비수의 OECD 순위를 보면, CT는 4위, MRI는 9위, 마모그라피(유방조영장비)는 5위를 차지하고 있다.

고가의료장비는 보험급여 항목에 해당되지 않는 것이 많고, 감가상각비 및 운영비도 상당하므로, 이를 이용하는 환자는 고액의 진료비를 부담해야 한다.

4) 의료자원의 대형화 및 전문화

의료소비자들의 의료요구가 고급화되고 의학기술이 발달하면서 의료기관의 규모가 대형화되고 의료인력도 전문화되는 추세를 보인다.

우리나라의 종합병원은 질적, 양적으로 계속 성장하고 있다. 종합병원의 증가추세는 특히 1980년대부터 두드러지고 있는데, 1980년

의원이 10,686개소에서 1988년 20,482개소로 1.9배 증가하는 동안, 종합병원은 82개소에서 228개소로 2.8배나 증가하였다.

초기에는 종교재단병원과 개인병원이 종합병원의 주류를 이루었으나, 1980년에 접어들어서는 대형기업병원과 대학병원이 늘어나기 시작하였다. 근래에는 종합병원의 증가세가 의원급 의료기관보다 두드러지지 않은 대신, 병상수 규모가 계속 늘어나고 있어 대형화의 길을 걸어가고 있다. 최근의 동향을 보면 수도권지역에 대형병상이 증설되고 있는데, 삼성의료원, 세브란스병원, 서울대병원, 중앙대병원은 암센터를, 고대의대는 첨단의학센터를, 인하대는 제2병원 건립을 추진 중이며, 강남성모병원은 1,200병상 규모로 병상을 늘리고 있다(이 계획들이 예정대로 추진되면 수도권에 1만 1천여 개의 병상이 늘어날 전망이다).

종합병원의 병상수 통계를 보면, 1986년에는 평균병상수가 284개였으나, 1996년은 372개, 2006년은 411개로 많아지고 있음을 알 수 있다.

의료기관의 대형화 현상과 더불어 병원급 의료기관의 전문화 현상도 두드러진다. 매머드 급의 대형의료기관과 중소병원 간의 격차가 커지면서 의료기관의 양극화 현상이 생겨났다. 의원들이 합병방식으로 의료기관의 규모를 키우거나, 기존의 중소병원이 단일 진료과목이나 몇 가지 진료과목을 특화하여 전문병원을 표방하기 시작하였다. 관절질환, 척추질환, 수지접합, 성형외과, 산부인과, 신경외과, 대장 항문 외과, 유방암, 안과, 소아청소년과, 뇌혈관질환, 알코올질환, 화상질환, 심장질환 등이 그 예이다.

정부에서도 환자가 종합병원으로 집중되는 의료불균형을 해소하기 위하여 2005년부터 중소병원 중심의 전문병원제도 시범사업을 추진하고 있다. 전문병원 시범기관으로 지정된 병원은 전공의 수련병원으로 지정을 받고, 진료수가를 정할 때에도 인센티브를 받는다.

의료수요가 고급화됨에 따라 의료인의 전문화가 가속화되고 있다. 의사 중 전문의의 비율은 1970년 28.2%였으나, 1980년에는 37.1%,

〈표 9-2〉 종합병원의 평균 병상수 추이(1986~2006)

연 도	종합병원수	병상수	평균병상수
1986	195	55,351	284
1996	271	100,828	372
2006	295	124,090	411

* 자료: 보건복지부, 《보건복지통계연보》, 각 년도.

〈표 9-3〉 연도별 전문의비율

연 도	전체의사	전문의	비율(%)
1970	14,932	4,206	28.2
1980	22,704	8,415	37.1
1990	42,554	23,241	54.6
2000	70,953	46,904	66.1
2006	88,776	62,188	70.1

* 자료: 보건복지부, 〈주요업무자료〉, 각 년도.

1990년에는 54.6%로 절반을 넘어섰다. 그 이후로도 전문의비율은 계속 늘어나서 2000년에는 66.1%, 2006년에는 70.1%를 차지하였다. 의대생의 대부분이 의과대학을 졸업한 후 전문의의 길을 가고 있기 때문에 앞으로 전문의 비율은 계속 늘어날 것이다. 이대로 가면 별다른 이변이 없는 한 전문의의 비율은 90%를 상회할 것으로 보인다.

4. 소비자주의와 의사 - 환자 관계

소비자주의는 의사 - 환자관계와 어떤 관련이 있을까? 얼핏 생각하면, 환자들의 목소리가 커지니 환자들의 지위도 당연히 높아질 것으로 추측된다. 가령 소비자들의 권익을 법이나 제도로 보장하였다면 그 부분만큼은 달라질 것으로 기대할 수 있다. 그러나 실질적인 의사와 환자의 관계는 매우 복잡하고 역동적이다. 의사와 환자 간의 역학관계는 구체적 상황에 따라 달라지지만 이해를 돕기 위해 의사와 환자관계에 대한 이론들을 간략히 소개하고자 한다.

1) 의사 - 환자 관계에 대한 이론

(1) 블룸(1963): 사회체계론적 관점

블룸(Bloom)은 의사와 환자와의 관계를 사회체계의 맥락에서 이해하고 있다. 블룸에 의하면, 의사와 환자는 기본적으로 사회적 기대에 맞게 행동하게 되어 있는데, 이들의 뒤에는 이들에게 영향을 미치는 준거집단들(*reference groups*)이 있다는 것이다. 의사의 뒤에는 동료 의사들이나 또 다른 의료인들, 소속되어 있는 학회나 의사회 등이 있고, 환자의 뒤에는 가족, 친구, 직장 동료, 이웃, 사회단체 등이 있다.

그러나 이 관점은 가치나 규범에서 의사와 환자의 공통부분이 있다는 점과, 의사나 환자가 어느 정도 자율적인 판단을 하는 존재라는 점을 간과하고 있다.

(2) 짜쯔와 홀랜더(1956): 유형별 관계모형

짜쯔와 홀랜더(Szasz and Hollander)는 환자의 질병상태에 따라 의사와 환자의 관계가 달라진다고 보고 있다. 마취나 혼수상태에서는 의사는 부모와 같고, 환자는 어린 아이와 같다. 급성감염성 질환 환자는 의사의 지시에 무조건 따르고 순종해야 하므로 의사는 부모, 환자는 자식으로 비유된다. 이에 비해 만성질환의 경우는 의사는 환자에게 무엇을 하라고 권고하고, 환자는 비강제적인 의사를 권고를 받아들여 이를 이행한다. 이때의 의사와 환자관계는 협조적인 성인 대 성인의 관계로 본다. 그런데 이 유형별 관계는 지나치게 미시적인 데다가 의사와 환자 간의 갈등은 잘 드러나지 않는다. 즉, 항상 의사는 주도하고 환자는 따르게 되어 있는데 의사와 환자관계를 너무 단순화시킨 인상을 준다. 따라서 현실적인 의사 - 환자 관계를 설명하는 데 한계가 있다. 그럼에도 불구하고 이들이 제시한 모형은 다양한 의사 - 환자관계의 가능성을 보여주고 있다고 평가된다.

〈표 9-4〉 유형별 관계모형에서의 의사 - 환자 역할

유형	의사의 역할	환자의 역할	임상사례	관계의 비유
적극성-수동성	환자에게 무엇인가를 시행	반응이 없거나 의식이 없음 (수혜자)	마취 외상 혼수상태	부모-영유아
지도자-협조자	환자에게 무엇을 할 것인지를 설명	의사 지시를 이행 (협조자)	급성감염	부모-자녀
상호참여	환자에게 자신을 위해 무엇을 하라고 권고	비강제적인 의사의 권고를 수용 (동참자)	만성질환 정신요법	성인-성인

* 자료: Szasz and Hollander(1956: 585~592)

(3) 호그와 라빈(1981): 기질적 궁합론

의사와 환자의 기질적 성향을 가지고 의사와 환자 간의 관계를 구분한 호그와 라빈(Haug and Lavin)의 시도는 흥미롭다. 이들은 의사와 환자를 기질에 따라 각각 둘로 나눈 후 이들 간의 관계를 사례별로 분석하고 있다.

의사는 자기책임형 의사(자신의 진료에 대한 전적인 책임과 권한을 강조하는 의사)와 민주형 의사(환자의 이야기를 잘 듣고 환자의 의견을 존중하는 의사)로 나눌 수 있다. 한편, 환자는 소비자주의형 환자(의사의 권한에 대하여 도전적이고 자신의 권익을 주장하는 자율적인 환자)와 의존형 환자(의사의 권위에 대하여 맹목적이고 순종적인 성향을 보이는 환자)로 나눌 수 있다.

이러한 기질적 성향의 조합에서 자기책임형 의사와 의존형 환자가 만나면 좋은 관계를 유지하게 된다. 민주형 의사와 소비자주의형 환자도 궁합이 잘 맞는다. 반면, 자기책임형 의사와 소비자주의형 환자는 의견갈등이 생겨, 관계가 초기에 결렬되거나 장기간 지속되기 어렵다. 민주형 의사와 의존형 환자도 잘 맞지 않기는 마찬가지이다. 의존형 환자의 시각에서는 민주형 의사가 소신이 없는 의사로 비치기 때문에 불신이 싹트게 된다. 이들의 관계를 표로 정리하면 〈표 9-5〉와 같다. 그런데 이 궁합론은 흥미롭기는 하지만 특정한 상황에서 의사와 환자의 기질이 달라질 수 있다는 점을 간과하고 있다.

〈표 9-5〉 의사-환자의 기질적 궁합

구분	자기책임형 의사	민주형 의사
의존형 환자	좋은 관계 유지	관계결렬(신뢰 부족)
소비자주의형 환자	관계결렬(주장 충돌)	좋은 관계 유지

* 자료: Haug and Lavin(1981: 212~229).

(4) 맥킨리(1975): 상황론

맥킨리(McKinlay)는 환자의 건강관리행태에 따라 의사와 환자관계가 달라진다고 본다. 그에 의하면 의사와 환자는 본질적으로 갈등관계일 수밖에 없지만, 환자의 반발은 항상 일정한 것은 아니고 환자의 상태에 따라 달라진다는 것이다.

환자가 예방위주의 진료를 받을 때에는 상황이 긴급하지 않기 때문에 의사의 힘보다는 환자의 힘이 커진다. 반면, 응급진료의 경우에는 소비자로서 환자의 힘은 매우 줄어들고 의사의 힘은 절대적인 것이 된다. 그리고 그 중간쯤에 위치한 치료중심적 진료에서는 환자의 힘과 의사의 힘이 비슷한 대칭구도를 이룬다.

맥킨리의 상황론은 다른 이론에 비해 현실을 합리적으로 설명할 수 있다. 그러나 의사와 환자의 관계가 항상 갈등적인 것은 아니고, 환자의 계층적 지위에 따라 의사와 대등해야 할 상황에서 대등한 관계를 형성하지 못하는 경우가 있다는 점을 간과하고 있다(예를 들면, 저소득층 환자의 경우 의사와의 관계에 있어 항상 종속적이다).

〈그림 9-1〉 치료적 상황에 따른 의사와 환자의 힘

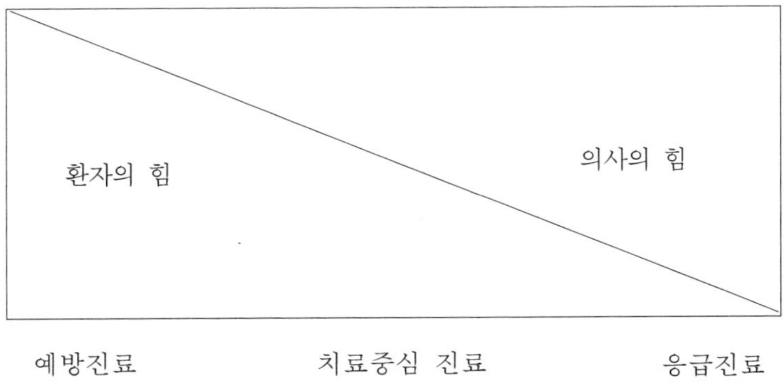

* 자료: 문창진(1997:190).

2) 의사 - 환자 관계의 발전과 소비자주의의 역할

(1) 변화하고 있는 의사 - 환자 관계

앞에서 살펴본 바와 같이 의사와 환자의 관계는 항상 안정적이지는 않다. 특히, 현대사회에서 질병구조가 급성 감염성질환에서 만성질환으로 변화하고, 환자들의 사회경제적 지위도 크게 높아졌다. 소득수준이 높아지고, 건강보험제도를 통해 의료의 접근성도 높아졌다. 교육수준도 향상되어 의사보다 더 높은 학력을 가진 환자들도 있다.

한마디로 의사와 환자와의 관계는 변화하고 있다. 전형적인 의사와 환자관계가 비대칭관계라면, 현재의 의사와 환자 관계는 점차 대칭화되고 있다고 보아야 할 것이다. 정부정책과 대중매체도 의사들에게 유리하게 작용하고 있지만은 않은 것 같다.

또한 의사들 스스로가 변화하는 측면도 있다. 의료기관간의 과열경쟁, 타 의료직종으로부터의 신뢰문제, 사회적 지지의 상실과 고립, 의사들의 영리추구적 개업주의(조병희, 1994)와 개인주의적 성향 등으로 의사의 힘은 과거에 비해 약해지고 있다.

(2) 의사 - 환자 관계의 발전방향과 소비자주의

의사와 환자는 본질적으로 상호의존적이다. 왜냐하면, 환자가 없는 의사는 무의미하며, 환자들에게는 의사들이 자신들의 질병을 치료하는 중요한 존재이기 때문이다. 의사와 환자와의 관계가 소비자와 공급자의 관계임을 부정할 수는 없으나, 기본적으로는 인간과 인간과의 관계이며, 서로 필요로 하는 관계이다. 따라서 서로 적대적인 관계로 의사와 환자의 관계를 설정할 필요는 없다. 그렇다면, 발전적인 의사와 환자의 관계는 어떤 모습일까? 그리고 그러한 모습으로 나아가려면 어떤 노력이 필요한가?

첫째, 의사들은 환자의 눈으로 자신의 진료를 스스로 평가할 필요가 있다. 환자들은 실력도 있고 인간적 면모도 있는 백점짜리 의사를 원한다. "환자는 뭐라고 해도 관계없다. 병만 고치면 그만이다"라고 생각하는 의사들은 50점짜리이다. 일반적으로 의사들은 환자를 위해 봉사한다는 직업의식을 가졌지만, 그 직업의식을 한 꺼풀 벗겨보면 상당히 일방적이다. 그러므로 의사들은 자신의 봉사도를 스스로 측정하고 평가해야 한다. 그리고 의사들은 환자의 입장에서 환자들이 자신에게 얼마나 점수를 줄지 생각해보아야 한다.

둘째, 의사들은 제도를 탓하기에 앞서 국민신뢰를 확보하는 것이 선결과제라는 점을 명심해야 한다. 많은 의사들이 현재의 의료제도에 불만을 갖고 있다. 그리고 그것이 정부의 잘못이라고 생각한다. 그러나 의료제도는 시대와 사회환경의 산물이다. 따라서 의료제도가 마음에 들지 않는다면 그렇게 만든 환경을 고쳐야 할 것이다. 그러기 위해서는 의사들은 제도를 탓하기에 앞서 국민들의 신뢰와 지지를 얻는 운동을 벌여야 한다. 가장 중요하고 확실한 해법은 국민들을 '의사친화적'(*doctor-friendly*) 으로 만드는 것이다. 국민들이 의사들을 지지하고 의사들을 위해 의료제도를 고치자고 나서면 이를 마다할 정부가 있겠는가? 이해단체의 압력에 의한 정책결정은 오점을 남기지만, 국민여론에 충실한 정부정책은 문제를 남기지 않는다. 그동안 보건의료정책이 걸어온 발자취를 보면 이 점을 잘 알 수 있다.

셋째, 의사들의 자율적인 정화활동은 국민신뢰 확보에 큰 도움을 준다. 대한의사협회에는 의사윤리강령이, 대한병원협회는 병원윤리강령이 있지만 회원들이 얼마나 이를 잘 지키는지는 미지수이다. 일부 의료단체에서 자체정화기구의 설치 등을 요구하는 목소리가 있지만 실효를 거두지는 못하고 있다. 의학적으로 인정되지 않은 의료행위를 한다든가, 비윤리적인 행동으로 사회적 빈축을 사는 회원들에 대하여는 관련 단체가 먼저 나서서 엄중한 제재를 해야 할 것이다.

넷째, 환자(소비자)들은 의사에 대해 지나치게 기대하거나, 혹은 지나치게 불신하는 태도를 지양해야 한다. 의사는 만병을 치료하는 절대자도 아니지만, 단순한 의료서비스업 종사자도 아니다. 치료과정은 의사의 일방적 행동으로 이루어지는 것이 아니라 의사와 환자 간의 성공적인 상호작용의 결과라고 보아야 할 것이다. 또한 의사들의 비리를 개인적 문제로만 보아서는 안 된다. 자본주의 경제 하에서 의료는 시장의 영향을 받기 때문에 의료윤리의 문제는 사회적 맥락에서도 보아야 한다.

다섯째, 소비자들의 권리의식이 필요하다. 의사와의 만남에서 불만이나 불이익이 생기면 이를 감수하려고 하지 말고 적극적으로 대처해야 한다. 문제해결을 위하여 노력하면 환자 본인에게도 도움이 되지만, 의사에게도 도움이 된다. 왜냐하면 문제해결 과정은 의사와 환자가 서로 상대방의 입장에서 생각해 보는 좋은 계기가 되기 때문이다. 의사와 환자와의 관계에서 나타나는 정보의 비대칭성 문제는 극복하기 힘들다. 그러나 환자가 소비자로서 권리의식을 가지고 의사들과 상호작용하면, 의료시장은 적자생존의 원리에 의하여 문제 의사들을 퇴출시키는 결과를 가져올 수 있다. "환자의 병은 의사가 고치지만, 의료계의 병은 국민들이 고친다"라는 의식과 각오를 가지고 대처하면 의사들의 부조리도 해소되고 건전한 의사 - 환자 관계가 형성될 것이다.

여섯째, 의사와 환자 모두 민주적 의사소통의 중요성을 깨달아야 한다. 진료과정에서 의사는 환자에게 환자는 의사에게 필요한 내용을 충분히 설명하고 이를 토대로 진료가 이루어진다면, 불필요한 의료사고나 불만은 막을 수 있을 것이다. 좋은 의사소통은 상호 이해와 신뢰를 만들어내기 때문에 의료사고가 생겼을 때도 극단적인 상황으로까지 가지 않을 것이다. 상호신뢰와 상호존중의 정신이 지켜진다면 의사 - 환자 관계는 매우 우호적이고 협력적인 관계로 발전할 것이다.

일곱째, 변화하고 있는 것은 의사와 환자 관계만은 아니다. 시대의 변화는 정부로 하여금 과거의 소극적인 통제자의 역할이 아니라 적극적인 갈등조정자의 역할을 수행하도록 요구하고 있다. 환자의 권익 보장을 위한 법적, 제도적 장치를 마련하고, 의사와 환자간의 분쟁이 발생할 경우 신속하고 적절한 보상이 이루어질 수 있도록 체계를 갖추는 것이 필요하다. 또한 의료인의 자질관리가 자율적으로 이루어질 수 있도록 지도 감독을 철저히 하는 것도 정부의 의무이다.

5. 소비자주의의 영광과 그늘

소비자주의의 발달로 전반적으로 의료기관의 접근성이 좋아졌다. 소비자주권이 확립되면 진료의 질도 좋아지고 의사들도 친절하게 진료할 것이다. 그 결과 의료에 대한 소비자들의 만족도도 올라가고, 의사와 환자관계도 평화로울 것이다.

그러나 소비자주의는 이러한 긍정적 측면 못지않게 부정적 측면도 있다. 소비자주의 그 자체는 국민건강을 위해서, 또 민주적인 의사와 환자 관계를 위해서 앞으로 나아가야 할 방향임에 틀림없지만, 소비자주의가 완성되지 않은 상태에서는 다음과 같은 부작용이 따른다.

첫째, 건강권의 격차문제이다. 소비자주의가 완성되려면 모든 소비자들이 균등한 구매력과 정보를 보유하고 있고, 의료접근에 있어 균등한 기회를 가져야 한다. 그러나 현실은 과연 그러한가? 사회경제적 지위가 높은 소비자들은 소비자의 지위를 제대로 행사할 충분한 힘을 가지고 있지만 사회경제적 지위가 낮은 소비자들은 그렇지 않다. 결국, 빈부격차와 의료격차가 해소되지 않은 상태에서 소비자주의가 발달하면 할수록 소비자주의의 과실은 사회경제적 지위가 높은 계층이 향유할 것이다. 소비자들 간의 힘의 격차는 소비자주의의 격차로 나타날 것이고, 그것은 건강권의 격차로 이어지게 된다.

건강권의 격차를 나타내는 대표적인 예로, 우선 현대의료의 핵심인 고가의료장비의 접근성을 살펴보기로 하자. 고가의료장비의 지역별 격차는 상당하다. 인구 10만 명당 고가의료장비 시도별 분포를 보면, 최소 지역과 최대 지역과는 2~3배의 차이를 보이고 있다. 방사선 치료장비의 경우는 10배의 격차를 보이기도 한다. 최신 진단장비인 양전자단층촬영기(PET)는 우리나라 보유대수(30대)의 절반인 15대가 서울에 모여 있고, 자기공명 영상 촬영장치(MRI)는 서울 및 6대 광역시의 보유대수가 전국치의 50%를 상회하고 있다(오영호·김진현, 2007). 한마디로 의료장비는 대부분 대도시 지역과 종합전문병원에 집중되어 있다고 해도 과언이 아니다.

둘째, 소비자주의는 공급자간의 과열경쟁을 부추김으로서 의료자원의 효율성을 저해할 가능성이 있다. 앞에서 살펴본 바와 같이 병원과 의원에서 환자유치를 위하여 고가의료장비를 경쟁적으로 설치하고 있는데, 문제는 이들 장비들이 효율적으로 사용되지 않는 데에 있다. 전체적으로 우리나라의 고가장비는 OECD국가의 평균치를 훌쩍 넘었지만, 장비 가동률은 독일에서 설정한 경제적인 촬영횟수에 비추어볼 때 많이 미달하고 있으며, 특히 의원과 소규모 병원급 의료기관들의 가동률이 낮아 의료자원의 낭비요인이 된다(건강보험심사평가원, 2002; 오영호·김진현, 2007).

셋째, 소비자주의가 성숙되기 전까지는 당분간 의료갈등이 심화될 것이다. 개별적으로는 의사의 전통적 진료 패러다임과 환자의 자기결정권이 부딪치는 현상이 나타날 것이다. 모든 의사와 환자가 상대방을 존중하는 것은 아니기 때문에 진료의 민주화가 이루어지기까지는 상당한 시간이 필요할 것이다. 사회적으로는 의사를 불신하거나 견제하는 소비자단체 및 보건의료노조 등과, 이에 맞서는 의료단체가 충돌하는 양상이 늘어날 것이다. 사안에 따라 이들 단체들 간의 의견충돌은 이념적 대립으로 확대되어 정치적 갈등으로 발전할 수도 있다.

보건의료산업의 현황과 과제

세계시장에서 경쟁이 날로 심화되고 있다. 다국적 제약사들의 국내 진출이 활발하고, 인도와 중국이 우리를 추격하고 있다. 자칫 국내 시장을 이들에게 넘겨주게 될지 모른다는 위기감마저 일고 있다.

1. 보건의료산업의 개념과 특성

보건의료산업은 국민건강에 영향을 미치는 상품과 서비스를 생산, 유통, 판매하는 산업을 말한다. 보건의료상품으로는 식품, 의약품, 의료기기, 화장품 등이 있고, 보건의료서비스에는 예방, 진단, 치료, 재활 서비스 등과 이들과 연관된 정보·통신·관광·디자인 서비스 등이 있다.

보건의료산업은 국민의 육체적, 정신적 건강에 직접적인 영향을 미치기 때문에 정부의 규제를 받는다. 병원은 비영리법인으로서 영리행위를 할 수 없게 되어 있다. 또한, 병의원은 공공재로 일컬어지는 의료의 공급주체이기 때문에 의료법상 환자진료를 거부할 수 없도록 되어있다. 의약품, 의료기기, 건강기능식품, 화장품 등은 제품생산이나 판매를 하기 이전에 정부의 사전허가를 받아야 한다. 신약의 경우 임상시험과정에서 안전성과 유효성을 확인하도록 되어 있다. 인간의 생식세포를 사용하는 세포치료제 개발연구는 '생명윤리 및 안전에 관한 법률'에 의하여 사전승인을 받게 되어 있다. 의약품을 생산할 경우 '우수의약품 제조 및 품질관리 기준'(GMP: *Good Manufacturing Practice*)을 준수하여야 한다(엄영진, 2008).

보건의료산업은 고도의 기술집약적인 산업이므로 21세기의 성장동력 산업으로 일컬어지고 있다. 특허제도가 국제적으로 확립되어 있기 때문에 신약, 신 의료기술, 신 의료기기 등을 개발하면, 큰 수익을 올릴 수 있다. 신약개발은 10년 이상의 장구한 시간과 엄청난 경비가 들어가고 성공할 확률도 낮지만, 일단 성공하면 20년간의 특허보장기간 중 독점적 판매가 가능하다. 지금 선진국들은 유전병의 예방과 치료, 인공장기 개발, 줄기세포 치료제, 유전자 변형농산물(GMO), 나노기술과 IT의 접목 등 고부가가치 창출을 위한 첨단기술연구와 개발에 열을 올리고 있다.

2. 보건의료산업의 글로벌 동향

1) 5 대 메가트렌드

21세기의 보건의료산업은 어떠한 모습으로 발전할 것인가? 삼성경제연구소에서는 보건의료산업의 글로벌 동향을 다음과 같이 크게 다섯 가지의 트렌드로 분석했다(강성욱, 2007).

첫 번째 메가트렌드는 맞춤의료이다. 환자 개개인의 유전적 특성에 따라 치료효과와 부작용이 다르게 나타나기 때문에 개인의 특성에 맞는 의약품과 치료법이 개발되고 있다. 분자구조를 관찰하는 분자조영제와 MRI, CT 등 영상진단기기를 융합한 분자영상진단(*molecular imaging*) 분야가 발전하면서 질병의 조기진단과 유전적 소인에 의한 환자별 맞춤진료가 가능해졌다. 특정약물에 대한 개인별 인체반응 속도를 미리 진단할 수 있는 제품도 이미 개발되었다.

두 번째 메가트렌드는 바이오시장의 대두이다. 2000년 540억 달러 규모의 세계바이오시장은 연평균 11~11.5%의 고성장을 거듭하여 2010년에는 1,540억 달러 규모로 증가할 것으로 전망된다(이경호, 2004).

〈표 10-1〉 현재치료와 미래치료의 비교

구 분	현재 치료	미래 치료
치료이전 조치	증상진단	증상진단, 유전적 특성 분석
치료의 성격	보편성	개별성
의약품의 형태	합성의약품 중심	바이오의약품 중심
의약품생산방식	일시 대량생산	수시 소량생산

* 자료: 강성욱(2007)을 참고로 하여 작성.

이제까지는 합성신약이 제약산업의 주류를 이루었지만, 앞으로는 바이오신약이 제약산업을 주도할 것으로 예측된다. 바이오항암제, 항체 등 바이오신약이 2002년부터 합성신약을 추월했고, 2004년 미국 식품의약청(FDA)의 승인 건수도 바이오신약(40개)이 합성신약(31개)을 앞지르게 되었다. 장기이식수요가 증가하면서, 바이오 인공장기 시장도 성장할 것으로 보인다. 바이오 인공장기시장은 2006년 270억 달러에서 2015년 865억 달러로 늘어날 것으로 전망된다.

세 번째 메가트렌드는 유헬스(*u-Health*)이다. 유헬스란 정보통신기술을 의료기술에 접목하여 언제 어디서나 의료서비스를 받을 수 있는 시스템을 말한다. 환자의 행동정보를 실시간 측정하고 분석할 수 있는 의료기기가 개발되면서 유헬스 상용화가 앞당겨질 것으로 전망된다. 유헬스 시장규모는 2004년 10억 달러에서 2015년 340억 달러로 연평균 25%의 성장이 예상되고 있다.

네 번째 메가트렌드는 의료서비스의 글로벌화이다. 의료서비스시장개방이 가속화되면서 의료소비의 국제화가 일어나고 있다. 태국, 싱가포르, 인도 등은 의료서비스와 휴양, 레저, 문화 등 관광활동이 결합된 의료관광을 21세기 국가전략산업으로 삼고 대규모 예산과 정부차원의 적극적인 지원대책을 펴고 있다.

다섯 번째 메가트렌드는 소비자주의의 확산이다. 다양한 대중매체와 의료광고를 통한 건강정보제공이 급격히 늘어나고 있다. 우리나라에서도 매일 8백만 명의 소비자들이 인터넷을 통하여 의료정보를 찾으며, 그 중 약 53%는 실생활에서 이들 정보를 활용한다고 한다(2005년 기준으로 건강정보를 제공하는 국내 인터넷사이트는 852개에 이르고 있다). 또한 의료광고의 허용범위가 확대됨에 따라 소비자들의 알 권리가 더욱 충족될 것으로 전망된다.

2) 생명기술(BT) 산업

미국의 2005년 BT시장규모는 약 3,300억 달러로 세계시장의 50%를 차지한다. 세계 BT기업의 34%가 미국에 소재하고 고용인력의 74%를 점유한다. 미국은 2005년 현재 연방정부 연구개발(R&D) 예산으로 35조 4천억 달러를 BT산업에 지원하고, 향후 10년 간(2006~2015년) 배아줄기세포 연구에만 30억 달러를 투자할 계획이다. 미 국립보건원(NIH)은 2단계 인간유전체연구에 주력하고 있고, 주 정부차원에서 114개의 생명기술센터(Biotechnology Center)를 설립·지원하고 있다.

영국은 2015년까지 세계 바이오산업 시장을 석권하겠다는 목표 하에 'Bioscience 2015 Plan'을 수립하였다.

유럽연합은 '생명과학과 바이오테크놀로지에 대한 유럽전략'(*Life-Sciences and Biotechnology: A strategy for Europe*)을 통하여 공동협력 프로그램을 수행하는 한편, 회원국 간의 BT경쟁을 병행해가고 있다.

일본은 2010년까지 25조 엔 규모의 BT시장을 창출하여 100만 명을 신규고용하고 암 치료율을 20% 향상시킨다는 것을 목표로 BT산업 육성전략을 수립하여 추진 중에 있다. 이러한 목표 하에 일본정부는 BT에 대한 투자규모를 2002년 4조 엔에서 2006년 8조 엔으로 두 배를 늘렸다.

싱가포르는 2010년까지 BT산업 생산규모를 200억 달러로 늘리는 것을 목표로 BT산업육성 발전전략을 추진 중에 있다. 또한, 싱가포르는 의료산업을 국가성장 엔진으로 삼고, 최고 임상서비스를 제공한다는 모토 하에 해외환자유치에 열을 올리고 있다. 중국은 외국 의료기관과 의료인들을 적극 유치하고 있으며, 주식회사형 영리법인을 허용하는 등 유인책을 강구하고 있다.

3) 글로벌기업

글로벌기업들은 헬스와 바이오부문에서 차세대 전략산업을 모색하고 있다. 세계 헬스케어 시장규모는 2005년 3조 8,340억 달러에서 2015년 5조 2,932억 달러, 2020년 6조 2,989억 달러로 성장할 것으로 예상된다. P&G의 경우 주력 생필품산업에 바이오기술을 도입하기 위해 건강과학연구소(Health Science Institute)를 설립하였고, 도요타는 해양사업부, 바이오사업부를 중심으로 농업, 헬스, 화학분야의 새로운 사업을 모색하고 있다. 나이키는 웰빙생활을 추구하는 첨단기업으로 탈바꿈하려 하고, 네슬레는 식품 외에 헬스와 웰빙을 전략방향으로 삼고 있으며, 포시즌 호텔은 스파, 피트니스 사업을 집중적으로 개발하고 있다(강성욱, 2007).

한편, 유헬스 부문에서도 글로벌기업들의 활동이 활발히 일어나고 있다. 인텔은 80대 노인들을 대상으로 원격 헬스케어 임상시험을 진행 중이고, IBM은 모바일환경에서 건강진단이 가능한 헬스케어 솔루션을 발표하였다. 필립스는 심부전증환자의 원격모니터링 시스템과 서비스 프로그램을 개발 중이고, 노키아는 핸드폰을 통한 비만 및 운동관리서비스 프로그램을 개발하고 있다.

의약품 산업의 경우 글로벌기업들 간의 상호 기술제휴와 인수합병(M&A)이 활발하게 진행하고 있다. 세계 50대 의약품 중 17개가 기술제휴에 의한 의약품인데, 이는 전체 매출액의 35%를 차지한다. 화이자는 1999년 Warner-Lambert를 900억 달러에 인수한 후 세계 14위에서 1위의 제약기업으로 도약하였고, 글락소 웰컴과 스미스클라인비참은 2000년 합병한 후 세계 3위로 뛰어올랐다. 세계 14위인 사노피-신데라보는 세계 7위의 아벤티스를 2004년 650억 달러에 인수하였다.

3. 보건의료산업의 환경변화와 미래

1) 내부 환경

(1) 인구고령화

우리나라는 세계에 유례가 없을 정도로 노인인구의 비율이 급격히 증가하고 있다. 65세 이상 노인인구의 비율은 2007년 9.9%에 이르렀고, 2026년에는 20%에 도달하여 초고령사회가 될 것으로 전망된다. 인구의 고령화는 보건의료시장의 확대를 가져온다. 노년층은 생물학적으로 볼 때 젊은 층에 비하여 보건의료수요가 매우 크다. 건강과 장수에 대한 관심도 크다. 의료비 부담능력을 갖춘 인구집단이기도 하다. 일찍이 인구고령화를 경험한 선진국들의 보건의료비 지출이 빠른 속도로 증가한 것을 보면 인구고령화가 보건의료시장에 얼마나 큰 영향을 미치는지를 잘 알 수 있다.

(2) 소득수준의 향상

소득수준이 높아지면, 건강과 웰빙에 대한 관심도 커진다. 아름답고 활력 있게 살고 싶은 욕구를 가진 소비자들이 늘어나고 있다. 고급의료와 웰빙의료에 대한 수요가 증가하고 정보화로 인하여 의료의 패러다임이 바뀌어가면서 새로운 의료시장이 생기게 된다. 얼굴을 맞대고 진료하던 방식에서 재택진료, 원격진료 같은 유비쿼터스 환경에서 진료가 이루어지는 유헬스 시장이 생길 것이다. 구매력이 있는 계층이 늘어나면서 고가의약품과 줄기세포 치료제와 같은 맞춤형 의약품에 대한 수요도 늘어날 것이다.

(3) 보건의료서비스의 양극화

한편, 소득의 양극화현상으로 인하여 고급의료를 향유하는 계층과 필수적인 의료에조차 접근하기 어려운 계층이 존재하는 의료서비스의 양극화현상이 생길 것이다. 계층간 의료격차 현상은 건강격차현상으로 발전하게 되어 의료의 형평성문제가 심각한 사회문제로 대두될 것이다.

(4) 의약품 가격 결정의 갈등 구조

의약품가격 등재제도가 네거티브 시스템에서 포지티브 시스템으로 바뀌었다. 의약품을 선별적으로 보험약가에 등재하는 과정에서 정부는 '경제성 평가'라는 새로운 개념을 도입하였다. 신약은 물론 기존의 의약품도 단계적으로 경제성 평가의 합격 판정을 받아야 보험급여대상이 된다. 경제성 평가를 통과해도 건강보험공단과의 개별가격 협상이 기다리고 있다.

건강보험재정이 매우 어려운 상태이다 보니, 정부와 보험자는 보험약가를 가급적 낮게 결정하려할 것이고, 제약사들은 보험약가를 유리하게 받으려고 할 것이다. 이 과정에서 제약사와 건강보험 당국 간의 알력과 마찰이 계속 일어날 것으로 전망된다.

2) 외부 환경

(1) 제도의 국제화 요구

보건산업제품에 대한 국제화, 세계화 요구가 커지고 있다. 의약품 및 의료기기 등의 인허가 절차, 지적재산권 보호제도 등을 국제적 기준에 맞추라는 압력이 거세질 것이다. 한미 FTA 협상에서도 오리지널의약품의 특허-허가 연계와 자료독점권 보장문제가 쟁점으로 제기된 바 있다.

(2) 외국과의 경쟁 심화

세계시장에서 경쟁이 날로 심화되고 있다. 다국적 제약사들의 국내진출이 활발하고, 제네릭(카피) 의약품 시장에 치중하는 인도와 중국의 추격은 국내기업들에게 큰 위협으로 작용하고 있다. 그간 판촉 및 가격경쟁을 주 무기로 생존해 온 국내기업들은 이제 경쟁력위기에 봉착했다. 머지않아 국내시장을 다국적기업과 중국, 인도 기업들에게 넘겨주게 될지 모른다는 위기감마저 일고 있다.

(3) 기술혁신의 가속화

유전체, 단백질체, 바이오 인포매틱스 등 신기술을 이용한 '맞춤의료'(*personalized medicine*) 시대가 왔다. 세계적으로 보건의료기술의 네트워크가 형성되고 국제 공동연구도 확산되고 있다. IT, BT, NT 간의 기술융합도 일어나고 있다. 기술발전에 따라 의학의 패러다임도 급속히 바뀌어가고 있다. 종전의 치료위주의 의학에서 질병 발생을 미리 예측하는 진단의학으로, 현장치료에서 원격치료로, 화학적 치료요법에서 바이오치료 요법으로, 인공장기 이식에서 생체조직 장기 이식으로, 인간수술에서 로봇수술로 발전할 것으로 보인다(엄영진, 2008).

4. 우리나라의 현황과 문제점

1) 보건의료산업의 현 주소

(1) 작은 시장 규모

보건의료산업은 2006년 기준으로 그 생산액이 87조원(식품을 뺄 경우, 54조원)으로 국내총생산 대비 10% 규모이며, 연평균 8%씩 성장할 것으로 예상되는 국가핵심산업이다. 그러나 수출실적은 총 3조 9천억 원인 반면, 수입은 10조 1천억 원에 이르러 무역 역조현상이 나타나고 있다.

보건의료산업의 항목은 의약품, 의료기기, 식품, 화장품, 의료서비스로 나누어 볼 수 있다. 2005년 현재 의약품은 10.6조 원, 의료기기는 1.7조 원, 식품은 29.6조 원, 화장품은 3.7조 원, 의료서비스는 34.4조 원으로 나타나고 있다. 참고로 의료비지출을 토대로 한 OECD통계에 의하면, 2004년 우리나라의 의료서비스시장규모는 43.3조 원으로 나타나고 있으며, 이는 1994년에 비하여 2.9배 증가한 규모이다.

우리나라 의료산업의 세계시장순위는 10위권 밖에 있다. 세계시장에서 차지하는 비율은 약 1.2% 수준이다. 의약품시장은 2006년 145억 달러로서 세계시장 점유율은 2.3%이다(세계 11위로 호주 브라질과 같은 수준). 의료기기시장은 2005년 2.5조 원으로서, 세계시장 점유율은 1.0%에 불과하다(세계 13위). 수출규모도 얼마 되지 않는다. 2005년 통계에 의하면 보건산업 전체의 수출액은 37억 2,300만 달러로 나타나고 있다. 이는 조선, 철강, 반도체 등 여타 제조업과 비교하면 매우 초라한 규모이다.

〈표 10-2〉 주요 상위국가의 의약품 시장규모

국가명	시장규모(억 달러)	세계시장점유율(%)	성장률(%)
미국	2,287	46.0	10.1
일본	554	11.0	3.1
독일	278	5.5	5.8
프랑스	264	5.3	7.1
영국	184	5.7	10.8

* 자료: 한국보건산업진흥원(2006).

(2) 산업체의 영세성

우리나라 국내 보건의료산업의 GDP 대비 비중은 2.8%로서 어림잡아 선진국의 2분의 1 수준이다(미국은 6.5%, 일본은 4.7%). 의약품의 경우 한국은 0.55%, 미국은 0.62%, 일본은 0.68%이고, 의료 및 보건의 경우 한국은 1.74%, 미국은 6.48%, 일본은 4.69% 수준이다.

국내 의약품산업은 안정적 내수시장에 의존하여 주로 수입원료를 사용한 제네릭 의약품생산에 치중하고 있다. 반면, 오리지널 고가약을 주로 판매하는 다국적 제약기업의 국내시장 매출액은 계속 증가하여 현재 35% 정도의 시장점유율을 보이고 있다.

의료기기업체도 영세하기는 마찬가지이다. 국내의료기기 제조업체 중 연간 100억 원 이상 생산업체는 2.4%에 불과하고, 10억 원 미만이 77.3%로 대다수를 차지하고 있다. 2005년 현재 국내시장 규모는 1.7조원으로 세계 1위 기업인 존슨 앤 존슨의 7분의 1에 불과하다.

반면, 값이 비싸고 부가가치가 큰 고가의료장비는 일부 다국적 기업이 국내시장의 대부분을 점유하고 있다 (1996년 이후 초음파영상진단기를 시작으로 MRI, PACS 등 IT를 기반으로 한 선진국 형 의료기기를 국내업체에서 일부 생산하고 있다). 국내 종합병원에서는 외국제품을 선호

〈그림 10-1〉 세계 50대 제약기업 현황

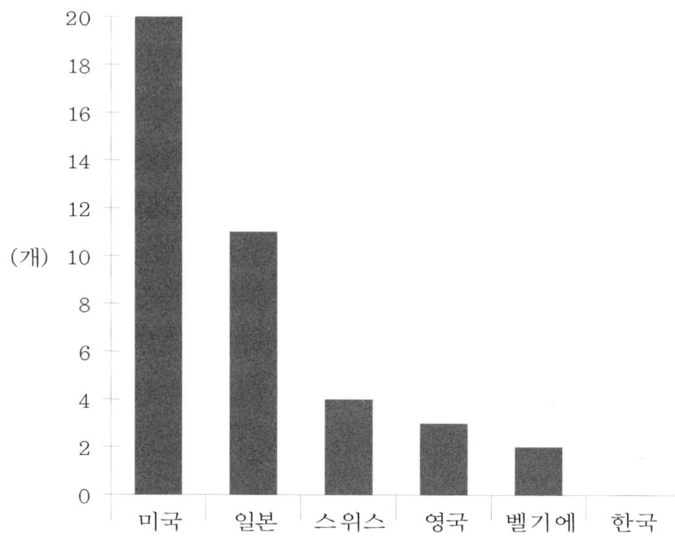

〈그림 10-2〉 GDP 대비 의료비 비율(2006)

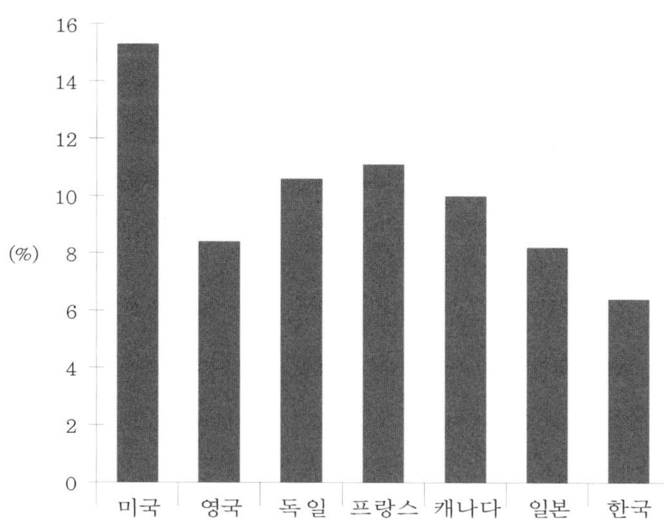

*자료: *OECD Health Data 2008*.

〈표 10-3〉 의료비의 연평균 증가율(1994~2004)

구 분	미국	영국	독일	프랑스	캐나다	일본	한국
의료비성장률	6.8	7.3	3.6	5.0	5.8	2.4	11.3
GDP성장률	5.2	5.5	2.5	3.6	5.3	0.3	8.6

* 자료: *OECD Health Data 2006.*

하여 수입품 사용률이 90%에 이르고 있다. 중저가 의료기기는 영세한 국내기업이 시장을 주도하고 있으나, 중국, 인도 등이 가격경쟁력을 바탕으로 국내시장 진출을 확대하고 있는 추세에 있다.

국내 최대 제약기업인 동아제약의 2005년 매출액은 4.7억 달러로서, 화이자의 100분의 1에 불과하다(2004년 화이자의 연간 매출액은 461억 달러에 이른다). 세계 10대 제약기업의 평균 매출액이 235억 달러인 반면, 국내 10대 기업의 평균매출액은 2.9억 달러로, 이 역시 100분의 1 수준이다.

의료서비스시장은 경우가 조금 다르다. 인구가 급격히 고령화되고 소득수준이 향상되고 있기 때문에 의료서비스 산업규모는 당분간 확대될 것으로 예상된다.

지출된 의료비를 기초로 산출한 의료서비스 산업의 시장규모는 지난 10년간(1994~2004년) 연평균 11.3%의 성장세를 보였다. 현재 GDP에서 의료비가 차지하는 비중은 선진국의 절반 내지 3분의 2 수준에 불과하지만, 2010년에는 68조원 내지 74조원 규모로 확대될 것이라는 전망이 있다(강성욱, 2007; 김창엽, 2004).

(3) 연구개발(R&D) 투자 부족

기업의 영세성 못지않은 문제점은 경쟁력 있는 대형기업이 없고, 연구개발 투자규모 등이 매우 취약하다는 점이다. 매출액 대비 연구개발비 투자비율은 4~5%로서 세계기업들의 10~25%에 비해 절대적으로 부족한 실정이다.

또한 정부 R&D 예산 중 보건의료 R&D 예산은 2007년 현재 8.4%에 불과한 등 연구개발 및 인프라 지원수준도 취약하다. 1987년 물질특허제도 도입 이후 본격적으로 신약개발을 시작하였으나, 신약은 2007년 현재 11개에 불과하다.

한편, 의료기기의 경우, MRI, CT 등의 하드웨어 설계 등 핵심기술이 부족하다. 가정용 의료기기 시장은 연평균 13% 정도의 성장이 예상되지만(2020년에는 1조 687억 원으로 전망), 아직 독자적인 디자인개발이 미흡한 상태이다.

(4) 과다한 판촉경쟁

국내기업들은 장기간에 걸쳐 대규모 투자가 필요한 신약개발보다는 제네릭의약품 생산에 치중하여 과당경쟁구조를 만들었다. 당뇨병 치료제인 아마릴의 경우, 복제약품만 100여종이 출시된다. 북미와 유럽의 제약기업의 경상이익률이 20~35%인 데 비하여 국내기업의 경상이익률은 5~10%로 저조하다. 그 이유는 판매비 및 일반관리비를 과다하게 지출하기 때문이다. 국가청렴위원회의 2005년 발표에 의하면, 일부 복제의약품 제약사들은 20~35%의 리베이트를 의료기관이나 의사들에게 지급한 것으로 나타났다.

(5) 품질관리 수준도 미흡

2005년 현재 국내에서 GMP 밸리데이션을 실시하고 있는 업체는 전체의 8% 수준이다. 미국에서 인증한 GMP업체는 원료공장 3개에 불과하다. 국제수준의 임상시험기관도 6개소에 불과하다. 중국은 미국 FDA로부터 승인을 받은 공장을 이미 20개소나 보유하고 있고, 인도는 세계 40위권 제약사를 탄생시키는 등 제네릭 분야의 강자로 떠오르고 있다. 반면, 우리나라 제네릭의약품의 품질수준은 2006년 의약품생동성시험자료 조작사건이 터진 이후 신뢰성 위기를 맞고 있다.

2) 성장잠재력에 대한 총량 평가

앞서 설명한 것처럼 우리나라의 보건의료산업은 규모 면에서나 R&D 투자 면에서 선진국과 비교가 되지 않는다. 이러한 취약요인 때문에 보건산업 강국으로 나아가는 길이 험하기는 하겠지만 비관적이지만은 않다. 왜냐하면 국제경쟁에서 우위를 확보하는 데 유리한 조건들을 갖추고 있기 때문이다.

무엇보다 우리나라는 의학과 생명과학 분야에 우수한 인적자원을 보유했다. 학업성적이 최상위권인 학생들이 의과대학으로 몰리어 뛰어난 인재풀을 가진다. 지난 30년간 국내 최우수 두뇌집단이 의과대학에 진학하였다. 매년 3,300명이 의과대학을 졸업하고, 병원의 연구인력은 약 7,000명으로 추산되며 이중 56%가 박사학위를 가졌다.

또한, 유전체와 줄기세포 분야에 이미 우수한 기술력을 보유했다. 유전자재조합기술은 선진국의 85%, 세포융합기술은 80% 수준, 줄기세포응용기술은 68% 수준에 왔다는 것이 전문기관의 평가이다.

의료기술 또한 외국에 비하여 크게 뒤지지 않는다. 암 치료 기술은 선진국의 80~100% 수준, 심장질환 수술은 95% 수준, 당뇨병 치료기술은 90% 수준, 뇌혈관질환 치료기술은 88% 수준에 도달했다. 불임치료기술과 같은 특정 분야는 미국과 어깨를 나란히 하는 수준으로 평가받는다.

아울러, 우리나라는 IT 인프라가 강하기 때문에 이를 토대로 한 새로운 기술력을 확보하기가 좋다. IT 기술이 생명기술 및 나노기술과 결합하면 새로운 상품과 기술이 탄생하게 된다. 일례로, IT 기술을 응용한 실시간 혈당관리 시스템인 당뇨폰은 개발을 마치고 실용화를 앞두었다. 환자의 몸속에 들어가 위장 촬영사진을 전송하는 캡슐내시경도 이미 실용화 단계에 있다.

〈표 10-4〉 선진국 대비 분야별 기술수준

구 분	국내수준(선진국=100)	기술격차(년)
의약품 전반	64.2	4.8
바이오의약품	65.3	4.6
의료기기전반	65.6	3.6
식품전반	59.4	5.2
화장품전반	67.4	5.2

* 자료: 한국보건산업진흥원(2007).

〈표 10-5〉 선진국 대비 생명공학기술수준

요소기술	국내수준(선진국=100)
유전자재조합기술	85
세포융합기술	80
단백질공학기술	70
발효기술	90
줄기세포응용기술	68

* 자료: 산업자원부(2002), 한국보건산업진흥원(2007).

5. 보건의료산업의 정책방향과 과제

보건의료산업의 비전은 무엇인가? 국가차원의 추진전략은 있는가? 보건의료산업의 환경은 날로 변화하고 있다. 변화하는 환경 속에서 전통적인 정책수단만으로는 보건의료산업을 선진화시키기 어렵다. 다양한 정책수단과 범부처적인 지원이 필요하다. 이제 핵심과제에 대하여 차례로 살펴보기로 하자.

1) 의약품 분야

(1) 선진국 수준의 품질관리 시스템 구축

첫째, 의약품의 품질관리수준을 선진화하는 것이 급선무이다. 이를 위해서는 우리의 GMP 수준을 미국을 비롯한 선진국에서 시행하는 GMP 수준(미국은 현재 cGMP를 운영 중임)으로 업그레이드시켜야 한다. cGMP는 국내 제약회사가 미국 등 선진국에 의약품을 수출하기 위해서는 반드시 갖추어야 하는 제도이다(cGMP는 의약품 허가를 제형별에서 품목별 체계로 전환하고, 품질규격에 적합한 제품이 일관되게 제조되도록 밸리데이션 등을 의무화하는 제도를 말한다).

식품의약품안전청에서는 2008년 7월부터 전문의약품, 2009년부터 일반의약품, 2010년부터는 모든 의약품을 대상으로 cGMP 기준을 충족시키지 못한 제약사는 제품허가를 내주지 않겠다는 방침을 세워놓고 있다. cGMP를 지키기 위해서는 시설투자도 필요하지만 이를 관리할 전문인력의 확보도 매우 중요하다. 이와 관련하여 국내의 상당한 기업들이 총 1조 원이 넘는 자금을 투입하여 기존 공장시설을 보강하거나 공장을 신축하는 것으로 알려지고 있다(〈메디컬 투데이〉,

2008. 7. 18).

품질의 선진화를 위해서 다음으로 필요한 것은 선진국 수준의 임상시험체계를 갖추는 것이다. 의료산업선진화위원회에 의하면 현재 임상시험의 세계시장규모는 40조 원으로 추정되며, 국내시장규모는 2015년 3조원 규모(현재는 1천억 원)가 될 것으로 전망된다. 2001년 45건에 불과했던 임상시험건수는 2007년 282건으로 크게 증가하였고, 다국가 임상시험(인종간 의약품효과의 차이를 평가하기 위한 것으로 다국적 제약회사들이 주 고객이 되는 임상시험)건수는 2005년을 기점으로 국내의약품 임상시험건수를 추월하여 2007년에는 전체 임상시험건수의 53%를 차지한다. 우리나라 임상시험의 질적 수준은 국제적으로 인정을 받고 비용이 미국과 유럽에 비하여 절반수준이므로, 우리의 노력여하에 따라 세계임상시험시장에서 상당한 위치를 확보할 수 있다고 보인다. 이를 위해서는 우수한 임상시험 인프라를 구축하고, 임상시험의 윤리성을 확보하고, 임상전문인력을 양성하고, 임상시험기관에 대한 식약청의 관리감독을 강화하는 등의 조치가 필요하다.

(2) 신약개발에 대한 인센티브 부여

신약개발의 길은 멀고 험하다. 초기 실험단계에서부터 최종 임상시험까지 긴 과정을 거쳐야 하고, 엄청난 자금이 투입되어야 하기 때문에 신약개발 제약사에 대한 인센티브가 필요하다.

첫째, 제약사들의 R&D 경비부담을 덜어줄 수 있는 직접적인 정부재정지원이 지속적으로 이루어져야 한다.

둘째, 의약품을 첨단제품업종에 포함시켜 정책자금을 지원받을 수 있도록 해주어야 할 것이다.

셋째, 제조업허가와 품목허가를 분리하여 제조시설이 없다 하더라도 품목허가만 가지고 있으면 다른 시설을 빌려서 의약품을 생산할 수 있도록 해주어야 한다. 이렇게 되면 생산시설을 짓기 위하여 과다한 투자를 하지 않아도 될 것이다. 이와 관련하여 정부에서는 2008년 4월부터 제조업자가 아니라도 자가 임상시험을 거쳐 개발한 의약품에 대하여는 위탁제조가 가능하도록 조치하였다.

넷째, 대부분의 의약품이 보험시장을 겨냥하고 있기 때문에 국내에서 생산된 신약에 대한 합리적인 보험급여구조를 구축하여야 한다. 개발비를 포함한 원가보상이 적절히 이루어 질 수 있도록 약가를 책정해 줄 필요가 있다.

마지막으로, 연구중심의 제약기업에 대해서 세제·금융지원 등의 재정적 인센티브가 부여되어야 한다.

(3) '특허-허가 연계'에 대비

'특허-허가 연계'는 특정의약품에 대하여 후발업체가 불법적으로 특허를 침해하지 않도록 하는 제도적 수단이다. 한미 FTA 협상에서 당초 미국은 특허권자가 소송을 제기할 때 시판허가 절차를 자동적으로 정지시키는 제도(*automatic stay*)의 도입을 요구하였으나, 우리 측은 국내업계 부담을 최소화하는 수준에서 이행가능한 적절한 방법을 강구하겠다고 대응하였다.

특허-허가 연계제도가 도입되면 우리 국내의약품 시장은 어떠한 변화가 일어날까? 잦은 특허소송 및 분쟁으로 제품개발 부담이 증가하여 개량신약 개발자체를 포기하는 등 국내업체에 미치는 영향이 심각할 것이라는 우려가 제기된다. 한편, 국내 제약회사의 개량신약 개발의지를 고취시키고 세계수준의 업체로 발돋움할 수 있는 계기가 된다는 주장도 제기된다. 한미 FTA 협상은 지식재산권 보호논쟁의 시작에 불과하다. 유럽연합과도 FTA 협상을 추진하고 있는 우리 정부는 미국, 일본, 유럽 등 선진국들이 지식재산권을 무기로 세계경제

전쟁을 벌이는 현실을 직시하고 이에 대한 효과적인 대응방안을 강구해야 할 것이다.

(4) 해외진출 지원

다음은 해외진출 의약품에 대하여 인허가를 지원해야 한다. 우리나라는 의약품의 무역역조가 심하고 국내 의약품시장의 확대에 한계가 있기 때문에 해외로 눈을 돌릴 필요가 있다. 국내 신약과 개량신약, 퍼스트 제네릭이 외국에서 인허가를 편리하게 받을 수 있도록 행정적으로 적극 지원할 필요가 있다. 가능하다면 외국과 상호인정합의(MRA: *mutual recognition agreement*)를 이끌어내는 것이 좋다. MRA가 이루어지면 국내허가를 받은 의약품에 대하여 상대국이 동등한 허가를 받은 것으로 인정하게 되므로 의약품의 해외진출에 있어 큰 도움이 될 것이다.

(5) 의약품 허가과정 선진화

우리나라의 의약품 허가제도는 긴 역사를 가지고 있다. 그러나 시대의 변화에 맞게 빨리 변화하지 못하는 문제를 안고 있다. 허가제도의 선진화를 위한 과제는 다음과 같다.

첫째, '수익자부담금제도'(*user fee*)를 도입하여야 한다. 미국, 일본 등 외국에서 널리 시행하고 있는 이 제도가 그 동안 우리에게는 없었다. 수익자부담금제도는 허가심사수수료를 대폭 현실화하되, 심사수수료수입을 가지고 이에 상응하는 인허가 서비스를 제공하는 선진제도이다. 특허청에서는 고질적인 심사지연 문제를 해결하기 위하여 수 년 전 전문심사관 제도를 도입하여 성공을 거두었다. 심사관 제도 도입 이후 외국보다 더 빠르게 특허심사를 처리하여 결과적으로 국가경쟁력 확보에 큰 도움이 되고 있다. 의약품 인허가의 경우에도 특허청의 성공사례를 본받을 필요가 있다. 유능한 전문심사인력을 확보하여 만족스러운 서비스를 제공하고, 그 대신 수익자부담 원칙에 따라 이에 상응하는 심사수수료를 해당업체가 내도록 해야 한다.

둘째, 허가심사절차와 기준을 국제적으로 맞추고 투명성을 확보해야 한다. 한 예를 들면, 국내에 제출한 허가신청서류를 외국에서도 그대로 제출할 수 있도록 국제허가심사 공통제출자료서식(CTD)을 도입하는 것이다. 이 제도는 서식을 표준화함으로서 허가의 눈높이를 국제적으로 맞추는 역할도 하게 된다.

셋째, 심사업무를 표준화해야 한다. 심사업무에 일정한 기준이 없어 심사자의 눈높이에 따라 업무처리가 달라지는 경우가 생긴다. 민원처리과정에서 불만과 의혹이 생기지 않도록 심사업무의 표준매뉴얼을 만들고, 심사담당직원들에게 이를 숙지시켜야 할 것이다.

넷째, 의약품 제조업체에 대한 GMP 현장조사의 국제화가 필요하다. 우리나라는 시간제약 및 인력부족으로 외국의 업체를 현장심사하기가 쉽지 않은 실정이다. 국가간 의약품실사 상호협력기구(PIC/s) 가입을 추진하여 국제적 수준의 실사시스템을 구축해야 할 것이다. 백신의 경우에도 제조 및 임상평가에 대한 세계보건기구 국제교육 훈련망(GTN)에 가입하여 국제수준으로 발맞추어야 할 것이다.

다섯째, 신약 개발을 위한 비임상(전임상시험으로 동물실험을 의미함)과 임상시험의 기반을 확충하는 일도 급선무이다. 비임상과 임상시험 전문교육프로그램을 개발하여 임상시험의 질을 높여야 한다. 이울러 공동 IRB제도를 도입하고 임상시험 평가기준을 제정하여 신뢰성을 확보하도록 해야 한다. 비임상 시험기관 실태조사결과를 OECD에 통보하도록 하고, 신약 허가심사절차와 평가기법도 선진화해야 한다.

여섯째, 각종 인허가의 신청방법, 심의절차, 심의결과 등에 대한 법적 구속력을 확보하기 위해 사전상담제를 법에 명시할 필요가 있다.

줄기세포 치료제, 나노물질 등 신기술 응용제품의 안전평가기술도 개발되어야 한다.

일곱째, 신약 및 첨단 BT제품에 중간평가제(*intermediate review*)를 도입하여 허가심사과정에서 소요되는 검토기간을 최대한 단축시켜야 한다.

2) 의료기기 분야

(1) 신기술 의료기기의 개발

고령화사회를 맞아 의료기기의 시장이 확대될 것으로 예상된다. 노인들이 이용하기 편리한 재택의료기기, 휴대용 의료기기 등 새로운 의료기기가 개발될 것이다. 이러한 상황을 염두에 두고 고령친화 의료기기에 대한 관리시스템을 구축해 놓아야 할 것이다. 분류체계를 정립하고, 기준규격을 제정하고 표준화하는 작업이 필요하다. 고령친화적 의료기기 이외에도 의료용 소프트웨어, 체외진단용기기, 복합기술 의료기기 등 다양한 의료기기의 개발에도 힘써야 할 것이다.

(2) 인허가 제도의 선진화

첫째, 의료기기의 초기개발에서부터 제품허가에 이르기까지 기술을 지원하고 허가를 신속하게 처리할 수 있는 제도를 갖추어야 한다. 이를 위하여 의료기기 임상시험센터를 설치하고, 표준 임상시험 프로토콜을 개발하는 등 임상시험 인프라를 구축해야 한다.

둘째, 허가관리시스템을 국제적으로 조화시키고, 선택과 집중을 통한 차등허가관리제를 도입하여야 한다. 잠재적 위험성이 높은 의료기기 및 신개발 의료기기는 집중적으로 관리하고, 의료용 침대 등 안전성이 확인된 의료기기는 규제를 대폭 완화해야 할 것이다.

셋째, 모델이 바뀔 때마다 허가를 받게 하는 불합리한 제도를 폐지하고, 안전에 문제가 없거나 안전성이 이미 검증된 품목은 과감하게 자율관리품목으로 전환하여야 한다.

넷째, 기술문서심사 및 시험검사시스템을 개선하여 심사를 표준화하면 민원처리기간을 단축할 수 있다. 온라인 민원처리시스템을 구축하여 방문하지 않고도 인터넷상으로도 민원처리가 이루어지도록 하여야 한다.

(3) 선진국 수준의 품질관리

의료기기도 의약품처럼 GMP제도를 실시하여 제품의 품질을 관리하고 있는데, 이는 국제적 추세이다. GMP기준을 맞춘 업체의 수를 늘리는 것도 중요하지만, GMP를 엄격하게 관리하여 제품의 경쟁력을 확보하는 것이 중요하다. 전문심사기관을 두어 심사업무를 위탁하는 방안도 검토할 필요가 있다.

진단 및 치료에 광범위하게 사용되는 방사선 발생장치의 안전성 확보를 위하여 이에 대한 모니터링 및 선량보증을 확대하고 품질인증제를 도입할 필요가 있다. PET-CT, IVR 등 신기술을 적용한 진단용 방사선발생장치에 대한 성능평가 기준을 도입하고, 4만여 대에 이르는 진단용 방사선발생장치의 안전관리를 효율적으로 할 수 있는 정보네트워크를 구축하여야 한다. 방사선 피폭선량으로 인하여 장비를 다루고 있는 종사자들이 생물학적으로 어떤 영향을 받고 있는지에 대하여도 평가를 실시하여야 한다.

의료기기가 시판된 이후에는 성능과 안전성에 문제가 없는지 모니터링하기 위하여 의료기기 재심사와 재평가를 실시할 필요가 있다. 부작용 사례를 조회하는 정보시스템을 갖추되, 특히 오작동시 인체에 치명적 위해를 줄 수 있는 심장박동기 등은 지속적인 추적관리가 필요하다.

의료기기의 광고는 소비자들의 알 권리 차원에서 허용하는 것이 바람직하다. 그러나 허위과장광고는 소비자보호를 위하여 근절해야 한다. 소비자피해를 예방하기 위하여 소비자, 전문가 등과 광고심의위원회를 구성하고 광고내용을 사전에 심의하도록 해야 한다.

3) 의료서비스 부문

의료서비스산업은 다른 산업보다 부가가치와 고용효과가 크고, 경제성장에 기여하는 효과도 큰 것으로 나타났다. 그런데 이러한 의료서비스는 국민의 건강과 생명에 직접적인 영향을 미친다. 따라서 안전위주의 접근을 할 수 밖에 없다. 그러다보니 시장경쟁을 제한하는 보수적인 정책을 펴온 것이 사실이다. 앞으로의 정책비전은 '산업발전과 안전과의 조화'에 두어야 할 것이다.

(1) 정책추진의 제도적 기반 마련

정보산업, 문화산업, 건설산업 등 타 산업은 정책추진 및 조율을 위한 법적기구가 있으나, 의료산업은 추진체계가 미흡하다. 참여정부에서 운영해 온 의료산업선진화위원회는 훈령을 근거로 만들어진 한시적인 조직으로, 2007년 12월에 그 막을 내렸다. 의료산업은 보건당국뿐 아니라 여러 부처가 관련되어 있다. 앞으로 의료산업협의체를 구성하여 지속적으로 의료산업발전정책을 추진하는 것이 필요하다. 관련부처 간의 역할 분담이 적절하게 이루어져야 하고, 의료산업의 장기 발전계획도 수립되어야 한다.

BT 연구가 활발해짐에 따라 보건의료 생물자원(인체유래 검체, 병원

〈표 10-6〉 보건의료정책관점의 변화: 현재와 미래

현재의 정책관점	미래의 정책관점
· 의료의 형평성, 공공성을 강조 · 민간보험에 대하여 무관심 · R&D 재원의 일부를 정부에서 직접 보조 · 의료법, 국민건강보험법에 의한 사전 규제	· 의료의 질, 선택권을 중시 · 민간의료 시장과 자율성을 강조 · R&D 직접지원과 세제 / 금융 인센티브 제공 · 공정거래 및 투명성 여부 감시 등 사후 규제

성 미생물 등)에 대한 관심이 높아지고 있다. 생물자원에 대한 관리계획을 수립하여 R&D 등에 생물자원이 잘 활용될 수 있도록 뒷받침하여야 한다.

현행 '생명윤리 및 안전에 관한 법률'은 기본원칙에 해당하는 사항과 개별적 관리대상을 동시에 규정하고 있는데 본질적으로 규제적 성격이 강하여 지원내용을 담기에는 한계가 있다. 현재의 생명윤리법체계를 기본법과 개별법으로 나누어, 기본법에서는 인간의 존엄성, 연구윤리, 자기결정권 등을 담고, 연구를 지원하는 내용은 개별법에 담는 것이 합리적일 것이다.

(2) 시장원리의 도입문제

시장원리를 도입하여 의료산업을 키우자는 주장은 오래 전부터 제기되었다. 그러나 의료의 공공재적 성격을 강조하고 의료의 양극화를 걱정하는 목소리 때문에 구체적 결론을 내리기 쉽지 않은 실정이다.

영리법인 허용, 요양기관 강제지정제 폐지, 민영의료보험의 확대 등의 시장기능강화 주장과, 건강보험에 대한 정부재정지원 및 건강보험의 보장성 확대, 의료수가 및 약가인상 억제 등의 정부역할강화 주장이 계속 맞서고 있다. 경제부처와 의료계에서는 시장원리를 강조하고, 시민단체와 보험자 측에서는 정부책임을 강조하고 있다.

보건의료에 있어 시장원리의 도입문제는 우리나라의 보건의료체계와 직결된 문제로 간단하게 정리될 사항이 아니다. 미국, 네덜란드, 싱가포르 등의 의료체계가 우리나라에 과연 맞는 것인지, 이들 나라의 제도를 본받았을 때 국민건강에 어떤 영향을 미칠 것인지에 대한 심층적인 검토가 필요하다.

(3) 의료연구개발 클러스터 구축

보건의료 기술발전을 지원하기 위한 국가차원의 인프라 구축사업이 현재 진행 중이다. 하나는 충북 청원군에 소재한 '오송생명과학단지'이고, 또 하나는 2008년부터 본격 추진될 '첨단의료복합단지'이다.

오송생명과학단지는 총면적 4,632천 평방킬로미터로서, 식품의약품안전청, 질병관리본부, 한국보건산업진흥원 등 5개 국책기관, 보건의료관련업체, BT 전문대학원 등 지원시설이 들어설 예정으로 있는데, 2010년까지 단지조성을 마칠 계획으로 있다. 이 단지는 산·학·연·관이 상호밀접하게 연계된 종합단지로서, 2025년까지 세계최고 수준의 첨단바이오단지로 발전하는 것을 목표로 삼고 있다.

다음으로, 첨단의료복합단지는 '첨단의료복합단지 지정 및 지원에 관한 특별법'이 2008년 2월 국회에서 통과됨에 따라 구체적인 시행을 앞두고 있다. '첨단의료복합단지 지정 및 지원에 관한 특별법'의 목적은 기업, 대학, 연구기관, 의료기관 등이 상호 협력하여 의료연구 개발을 활성화하고 연구성과의 상품화를 촉진시켜 동 단지를 세계적인 의료연구개발의 중심지로 육성하고, 나아가 국내의료산업의 발전에 이바지하기 위한 것이다. 이 법에 의하면, 국무총리가 관계중앙행정기관의 장과 해당 시도지사의 의견을 들어 복합단지 조성계획을 수립하고 입지를 선정하면, 보건복지가족부 장관이 단지를 지정하도록 되어 있다. 단지가 설립되면, 임상연구단계에서부터 허가, 생산에 이르는 전 과정을 집중 지원하는 역할을 수행하게 된다. 단지 내의 업체와 의료인에 대하여는 의료법, 건강보험법, 약사법, 특허법, 생명윤리 및 안전에 관한 법률 등 관련법의 특례가 적용된다.

(4) IT기반 미래형 의료서비스산업

IT가 발달하면, 의료서비스 개념은 시공간적으로 무한히 확장된다. 의료서비스의 패러다임 자체가 바뀌게 되는 것이다. 원격의료가 정착되고 정보화가 더 진전되면 불필요한 의료비와 행정비용을 절감할 수 있으며, 적은 인력으로 큰 치료효과를 기대할 수도 있다.

원격의료가 발달하면 고혈압, 고지혈증, 당뇨 등 만성질환 건강관리서비스는 공공부문이 중심이 될 수 있고, 체중조절, 웰빙 등의 서비스는 헬스시장에서 맡을 것이고, 생의학적 검사나 치료·상담서비스는 병의원이 중심이 될 것이다. 다만, 어떤 경우라도 개인정보보호에 대한 안전장치는 확실하게 마련되어야 할 것이다.

(5) 의료서비스산업의 세계시장개척

제조업 중심의 보건의료산업은 국가간 경쟁이 치열하여 성장과 고용확대에 있어 한계에 부딪쳤다. 최근 블루오션으로 떠오르는 의료관광산업은 21세기의 웰빙 및 건강추구형 라이프스타일에 따라 계속 확대될 것으로 전망된다.

해외환자유치에 열중하고 있는 태국의 경우, 2005년 한 해 동안의 외국인 환자는 128만 명, 연간 의료관광수입은 8억 달러에 이르고 있고, 매년 평균 27%의 성장률을 보이고 있다. 2006년 한 해 동안 싱가포르를 찾은 외국인 환자는 41만 명으로 집계되고 있으며, 5억 달러 이상의 수입을 올린 것으로 나타났다. 인도를 방문한 의료관광객은 2007년 한 해 동안 27만 명이며, 2010년에는 100만 명을 돌파할 것으로 예상되고, 그로 인한 연간수입은 2조 1천억 원에 이를 것으로 보인다. 말레이시아는 의료와 골프 관광을 연계하여 여행상품을 판매하는데, 2003년 기준으로 건강검진 및 수술을 목적으로 입국한 외국인이 10만 명을 넘었다.

현재 우리나라 의료서비스 무역수지는 적자이다. 해외 의료소비 규모는 약 1천억 원 규모인 반면, 해외환자유치실적은 1~2만 명 선(금액으로는 5백억 원으로 추정)에 불과하다(강성욱, 2007). 우리나라는 얼굴성형, 지방흡입, 피부치료, 디스크치료, 불임치료, 종합검진 등 여러 분야에서 충분한 경쟁력을 가지고 있다. 외국의 의료관계자들은 "한국의 의료서비스는 수준은 높지만 싱가포르나 태국처럼 국제화되지 못했다"고 지적하고 있다. 진료의 질이 좋아도 앉아서 고객을 기다리는 마케팅으로는 국제적인 의료강국이 될 수 없다는 말이다.

정부가 2012년 목표로 잡은 연간 10만 명의 해외환자유치가 제대로 이루어지면, 진료수입은 3,700억 원, 관광수입은 2,700억 원이 되며, 1,500명의 일자리가 생길 것으로 기대된다. 따라서 우리나라도 태국과 인도처럼 의료관광을 성장산업으로 키울 수 있도록 법적, 제도적 지원책 마련이 필요하다.

무엇보다 외국인 환자유치가 적극적으로 이루어질 수 있도록 의료법 등 관련법이 정비되어야 할 것이다. 또한 해외에 진출한 국내병원에 대한 세제 및 금융지원방안을 강구할 필요가 있다. 화장품산업 등 뷰티산업이 세계화될 수 있도록 관련종사자에 대한 전문자격증제도의 도입도 검토가 필요하다.

제 11 장

지속가능한 보건복지를 위하여

우리나라는 현재 위기와 기회를 동시에 맞고 있다. 양극화, 저출산, 고령화의 3대 위기가 우리 사회의 발전과 사회통합을 가로막고 있다. 끊임없이 일어나고 있는 집단갈등과 이념적 대립도 심각한 수준이다. 산업화과정에서 노출된 각종 위험도 우리 국민들의 안전을 위협하고 있다. 그러나 우리가 이러한 위기를 성공적으로 극복하면 지속가능한 사회발전을 성취할 수 있다. 이 장에서는 그 동안 논의했던 사항들을 전체적으로 정리하면서 몇 가지 제언을 덧붙이고자 한다.

1. 이념논쟁으로부터 벗어나자

외환위기 이후 대량실직이 발생하고 빈곤층이 급증하는 등 분배문제가 악화되었고, 당시 김대중 정부는 분배에 중점을 둔 정책을 추진하였다. 노무현 정부는 집권하기 이전부터 선거공약으로 분배문제해결을 강조하여 성장과 분배 중 분배에 더 비중을 둔 것처럼 보였다. 이명박 정부는 임기 중 국민소득 4만 달러의 고성장시대를 열겠다는 공약을 내세워 분배보다 성장을 강조하는 것으로 비친다. 이에 따라 지난 두 정부는 성장보다 분배를 중시하는 좌파정부, 현 정부는 분배보다 성장을 중시하는 신자유주의 성향의 우파정부라는 시각이 제기되고 있는 것이 사실이다.

앤서니 기든스가 《제 3의 길》을 저작한 것이 1998년의 일이다. 그는 좌파도 아니고 우파도 아닌 중도파의 길을 제시하였다. 대표적인 사회주의 복지국가인 스웨덴은 성공적인 경제개혁조치를 통하여 경쟁력강화와 사회보장수준 유지를 병행하였다. 핀란드는 1990년대에 복지지출을 삭감하면서도 분배구조를 해치지 않고 경제적 위기를 극복하여 경제성장과 분배개선을 동시에 추구하였다. 네덜란드는 근로자들의 복지의존적 성향을 1990년 노동친화적인 정책을 통하여 극복하였다. 유럽국가들의 이러한 동향은 영원한 좌파도 없고 영원한 우파도 없음을 보여주고 있다. 다시 말해서 당시의 경제적 상황에 따라 동원되는 정책의 성격들이 다를 수 있다는 점을 보여주는 것이다. 이들 국가들은 좌파, 우파의 이념적 논쟁보다 어떠한 대응이 실질적으로 지속가능한 성장과 분배를 보장해주느냐 하는 데 주안점을 둔다.

그러나 우리나라는 유럽국가들이 이미 졸업한 좌파 우파의 이념적 논쟁을 아직도 계속하는 것이 사실이다. 우리나라 이념논쟁의 이면을 들여다보면 성장과 분배를 이분법적으로 보는 시각이 남아있는 것 같다. 성장과 분배의 관계를 보면, "분배가 성장을 해친다"는 네거티브 섬(*negative sum*)의 관계, "분배로 얻는 만큼 경제에서 잃는다"는 제로 섬(*zero sum*)의 관계, "성장과 분배가 서로에게 이익이 된다"는 포지티브 섬(*positive sum*)의 관계가 있다(강병구 외, 2003). 이 중 네거티브 섬의 관계와 제로 섬의 관계는 성장과 분배를 이분법적으로 보는 시각이다.

성장과 분배의 개념은 이제 변화해야 한다. 성장과 분배를 이분법적으로 보는 시각은 이제 구시대적 산물이다. 오늘날 성장과 분배는 동반자적인 관계에 있다. 분배와 복지가 잘 이루어지면 경제는 순항하지만, 분배와 복지가 망가지게 되면 경제도 파국에 처할 것이다.

공공성 대 시장성의 논쟁도 이념논쟁의 또 다른 줄기이다. 21세기의 주요 성장동력산업의 하나로 보건의료산업이 주목받고 있다. 글로별 동향에 비추어 적절한 주목임에 틀림없다. 보건의료산업의 성장잠재력이 주목받게 되면서 보건의료를 상품화하여 시장규모를 키우자는 주장이 제기되고, 이에 따른 논란이 일고 있다. 보건의료의 공공성을 강조하고 건강권을 수호해야 한다는 목소리도 높다. 제주도의 내국인진료 영리의료기관 설치문제가 뜨거운 논쟁의 대상이 되고 있는데 사회적 합의가 쉽지 않을 것으로 보인다.

현재 우리나라의 GDP 대비 국민의료비의 비율은 6% 수준이이서 국민의료비가 더 늘어날 여지가 있지만, 노인의료비 증가추세를 감안하면 이대로 가도 자연스레 OECD 평균치에 도달할 것으로 보인다. 국민의료비는 무한정 늘릴 수는 없고 경제수준에 맞게 관리해야 한다. 국민건강보험이 가지고 있는 공 보험으로서의 성격도 무시할 수 없다. 따라서 공공부문과 민간부문 간의 적절한 역할분담과 해외의료시장개척이 공공성과 시장성을 조화시킬 수 있는 길이라고 본다. 건강격차를 줄이면서 의료산업규모를 키우기 위해서는 계층별 차별화 전략을 통하여 저소득층의 보장성을 강화하되, 중산층 이상은 경증질환에 대한 자기책임을 강조하는 방향으로 가야할 것이다. 이를 위해서는 계층별 보험급여지출의 구조를 바꾸는 작업이 필요하다. 이에 대해서는 제 8장에서 소개한 싱가포르의 보건의료개혁사례를 참고해 볼 필요가 있다.

2. 양극화 해소 없이는 사회통합도 없다

세계화가 진행될수록 양극화의 골은 더욱 깊어진다. 제2장 '사회변화와 보건복지의 미래'에서는 국제사회에서 양극화가 어떤 속도로 진행되고 있는지를 살펴보았고, 제3장 '한국사회의 과제와 보건복지'에서는 한국사회에서 일어나고 있는 산업양극화, 기업양극화, 고용양극화, 소득양극화 현상을 살펴보았다.

1960년대부터 1980년대까지 호황기를 누린 일본은 1991년 버블붕괴로 인해 장기불황을 겪은 후 불평등의 문제가 급격하게 부각되었다. 일본은 이제 사회통합수준이 심각하게 저하되고 시장원리에 입각한 경쟁이 격화되어 승자와 패자가 분명한 사회가 되고 있다(이종구, 2008). 최근 들어 일본에서는 '격차사회'란 말이 유행하고 있는데 이 말은 "계층 간의 격차가 커지는 반면 계층간의 이동이 어려운 폐쇄형 사회"를 의미한다(이재열, 2008). 자유주의적 경쟁시장을 이상으로 삼는 미국은 유럽국가들에 비하여 양극화가 심각하고 OECD 국가들 중 대표적인 소득불평등 국가로 평가된다. 우리나라의 소득불평등 정도도 날이 갈수록 악화되어 이제는 OECD 국가들 중 소득불평등이 심각한 국가군에 속하게 되었다.

사회통합은 '모든 국민들이 행복한 사회'가 될 때 이루어진다. 국민행복도는 복지의 지표이다. 양지에 있는 국민들만 행복할 것이 아니라 음지에 있는 국민들도 행복을 느끼게 해주어야 한다. 음지에서 성공할 수 있다는 기대감과 희망을 심어주어야 한다. 그러려면, 기회가 열려 있어야 한다. 기회는 그저 오는 것이 아니므로 적극적인 정부개입으로 만들어주어야 한다. 능력과 업적에서 뒤쳐져 낙오된 사람들도 적절한 역할을 부여하고 그에 따른 보상을 받을 수 있도록 해주어야 한다. 이 점에서 노동시장의 유연성을 위한 적극적 노동시장정책이 전개되어야 할 것이다. 사회적 일자리, 사회서비스, 사회적 기업 등의 활성화가 필요하다. 미래의 분배문제를 사전에 관리하고 소득계층간의 '희망격차'를 해소하기 위해서도 기회의 평등이 더욱 강화되어야 한다. 기회평등의 핵심은 건강환경개선, 주거환경개선, 교육성취기회 제공, 기술훈련 제공 등 인적 자본에 대한 투자라고 보아야 할 것이다(강병구 외, 2003).

양극화 문제를 논의할 때 항상 거론되는 것은 정부의 개입을 어느 수준으로 가져갈 것인가 하는 것이다. 정부개입의 정도는 경제적 상황과 사회문화적 환경에 따라 달라진다. 양극화 현상이 '시장의 실패' 때문에 생기는지, '정부의 실패' 때문에 생기는지에 대한 논란이 있는 것도 사실이다. 국가책임으로 복지서비스를 제공하는 스웨덴, 노르웨이와 같은 사회서비스형 국가들이 있는가 하면, 독일, 프랑스, 이탈리아와 같은 사회보험형 국가들이 있고, 미국, 호주와 같은 공적 부조형 국가들도 있다(안상훈, 2008). 사회복지의 수단은 다양하다. 규제도 있고, 현금급여도 있고, 현물서비스도 있다. 언제나 효과적인 정책수단은 존재하지 않는다. 빈곤층에 대한 현금소득지원은 일시적인 소득불평등 개선효과는 있겠지만, 본인의 자발적인 빈곤탈출노력이 뒤따라주지 않으면 장기적인 효과가 없다. 사회구조적 요인이 계층이동을 가로막고 있다면 공적 부조만으로 소득불평등의 해소는 불가능하다. 사회안전망은 빈곤층을 위한 최소한의 장치이지만, 사회양극화를 치유하기 위한 근본적인 수단이 되지는 못한다. 경제불황의 장기화를 막고 구조적 실업을 해소하는 것은 경제정책의 몫이다. 사회양극화의 풍랑 앞에서 사회정책과 경제정책은 한 배를 타고 있다.

3. 저출산과 고령화의 위기에 대응하자

제 4장과 제 5장에서 저출산문제와 인구고령화문제를 주제로 하여 정책방향을 짚어보았다. 사회양극화가 발등에 떨어진 불이라면, 저출산과 고령화문제는 눈앞에 닥쳐온 위기이다.

저출산문제는 세계적인 미래학자들과 국제기구들이 공통적으로 지적하고 있는 위기 중의 하나이다. 합계출산율이 1.0 이하로 내려가면 인구구조가 점차 역삼각형이 되고 장래 어느 순간에는 인류가 공멸하는 길로 들어설 것이라고 경고한다. 저출산문제와 맞물려 있는 인구고령화문제는 심각한 사회현상이다. 고령화문제의 극복 없이 지속가능한 발전을 사실상 기대하기 어렵다. 이미 다가온 고령화현상을 되돌리는 것은 현실적으로 불가능하다. 출산율 회복으로 고령화추세를 다소 완화시킬 수는 있지만 수십 년 후에나 그 효과를 볼 수 있다. 현 상태에서는 고령화의 부작용을 최소화하는 지혜를 동원해야 한다.

우리나라는 저출산문제와 고령화문제를 동시에 대처해야 하는 어려운 상황에 처해 있다. 출산율은 세계 최저수준이고 고령화 속도는 세계 최고수준이다. 저출산과 고령화의 위험요인은 너무나 크다. 경제성장의 잠재력이 떨어지고 사회적 부담이 크게 늘어난다. '조용히 다가오는 시한폭탄'이자 '사회보장제도를 위협하는 주범'인 고령화문제를 해결하기 위하여 선진국들이 안간 힘을 쓰고 있다. 세계 최고령 국가인 일본은 골드플랜(1989), 신골드플랜(1994), 골드플랜 21(1999)을 연이어 수립하면서 고령화에 맞서기 위한 노력을 경주하고 있다. 여성들의 아동보육을 돕기 위해 엔젤플랜(1994), 신엔젤플랜(1999)도 마련하였다(박동석 외, 2003). 유럽국가들은 고령화에 따른 연금재정위기를 극복하기 위하여 연금개혁작업을 단행하고 있다. 고령화로 인한 건강보험재정위기를 막기 위한 개혁조치들도 이루어지고 있다.

우리나라는 고령화사회로 진입했으나, 아직 노인인구의 비율이 선진국보다는 낮다. 노인인구 20%의 초고령사회로 진입하기 전에 미리 준비하여 다가오는 위기를 극복해야 한다. 고령화 대응능력은 국가경쟁력의 토대이다. 고령화의 위기는 우리나라만 겪고 있는 것이 아니라 선진국들이 같이 겪고 있는 것이기 때문에 고령화문제에 잘만 대처한다면 다른 나라보다 앞서 나갈 수 있다. 국민연금과 건강보험의 재정위기에 미리 대처하고, 독거노인과 빈곤노인에 대한 복지서비스를 확충하고, 노인일자리 제공에 힘을 쏟는다면 고령화 해법의 실마리가 풀릴 것으로 생각된다. 고령화는 위기만 주는 것이 아니라 기회도 제공한다. 베이비붐 세대가 노인층으로 진입하는 2010년대 후반에는 실버산업의 수요가 크게 증가할 것이다. 2010년에 최대 31조원, 2020년에 약 116조원에 이를 것으로 예상되는 실버시장은 우리경제에 새로운 활력을 제공할 것으로 보인다.

저출산문제의 해결 없이는 고령화현상도 해소할 수 없다. 2006년 쌍춘년과 2007년 황금돼지해에 결혼과 출산이 늘었지만, 반짝효과는 오래가지 않을 것이다. 출산 및 양육지원을 위한 범국가적 노력을 지속적으로 기울이지 않는다면 출산율은 다시 곤두박질칠 것이다. 저출산문제는 사회공동의 책임이다. 육아의 짐을 여성에게만 맡기는 사회적 분위기, 출산여성이 승진과 보직에서 차별받는 기업문화는 당연히 사라져야 한다. 정부는 출산친화적인 사회제도 마련과 육아인프라 조성을 위하여 총력을 기울여야 할 것이다.

4. 안전한 사회로 가자

미국의 심리학자 매슬로(Maslow)는 그의 5단계 욕구설에서 안전욕구를 생리적 욕구 다음의 기본적인 욕구로 보았다. 이 안전의 욕구는 "신체적 위협과 미래의 불확실성으로부터 벗어나서 일상의 안전과 정서적 안정을 추구하려는 욕구"이다. 현대사회에서 과학과 기술이 발달하면서 우리 사회 도처에 위험이 도사리고 있다. 자연재해, 산업재해, 교통사고, 환경오염, 식품사고, 유괴, 납치, 살인, 강도, 강간, 학교폭력, 가정폭력, 유원지 안전사고, 의료사고, 언어폭력에 이르기까지 그 어느 하나로부터도 우리는 자유롭다고 장담할 수 없다. 일등국가는 이러한 위험들로부터 국민을 안전하게 지켜주는 국가이다. 1인당 GDP가 아무리 높아도 사회범죄가 창궐하고 있는 국가는 일등국가가 못된다. 경제적인 고성장을 거듭하여도 안전불감증에 걸린 사회를 일등사회라 할 수 없다.

제2장에서 주요한 사회변화 중의 하나로 '위험사회의 등장'을 꼽은 데는 그만한 이유가 있다. OECD 통계로 본 우리나라의 교통사망률과 자살률은 OECD 국가들 중 최고수준이고 산업재해 발생건수도 국제적으로 매우 높은 수준이다. 학교폭력과 가정폭력도 이미 도를 넘었다. 인구집단의 정신상태를 보여주는 지표인 자살률도 OECD 국가들 중 단연 으뜸이다. 우리나라 인구 6명 중 1명꼴로 정신질환을 겪은 경험이 있다는 조사결과도 있다. 청소년들의 일탈행위도 중요한 문제가 되었다. 한마디로 우리나라의 안전상황은 심각한 수준이며 안전욕구 충족률은 매우 저조하다.

사회안전망은 사회적 안전의 일부이다. 양극화로 인한 빈곤의 문제, 소득격차, 기회격차, 희망격차, 실업문제에 대처하기 위한 안전조치가 사회안전망이다. 그러나 국민모두가 안심하고 편안하게 살 수 있도록 하기 위해서는 사회안전망만으로는 부족하다. 완전한 안전망은 사고의 위험을 사전에 예방하는 것이다. 점차 늘어나고 있는 폭력과 범죄로부터 국민들을 보호하기 위해서는 치안안전망이 강화되어야 할 것이다. 사고 후 범인을 체포하는 것도 중요하지만, 범죄의 사전예방을 위한 조치들이 강구되어야 한다. 자연재해는 물론 인위적인 사고(인재)를 예방하기 위한 사고관리안전망도 보강되어야 할 것이다. 교통사고사망률은 한 나라의 사회적 건강상태를 알려주는 지표이므로 이를 줄이기 위한 지속적이고 체계적인 노력이 필요하다. 정신질환의 예방과 관리를 위한 정신건강 안전망도 강화되어야 한다.

5. 우리 실정에 맞게 벤치마킹하자

제2장 '사회변화와 보건복지의 미래'에서 세계화, 저출산, 고령화와 관련된 외국의 동향을 살펴보았다. 제4장 '저출산의 원인과 정책과제'에서는 OECD 국가들의 출산율과 저출산 대응책들을 분석했다. 제6장 '사회양극화와 빈곤문제'에서는 빈곤대책과 관련된 미국과 일본의 제도를 비교했다. 제8장 '보건의료개혁의 배경과 방향'에서는 우리나라의 보건의료체계를 OECD 통계를 가지고 평가해보고, 일본, 싱가포르, 대만, 네덜란드의 건강보험제도의 개혁사례를 살펴보았다. 제10장 '보건의료산업의 현황과 과제'에서는 보건의료산업의 세계적 추세와 글로벌기업들의 동향을 정리했다. 이렇게 시선을 밖으로 돌려본 것은 우리의 위치를 다시 한 번 정확하게 짚어보고 가야할 방향을 모색하기 위해서이다.

우리나라는 1970년대 이후 중화학공업중심, 대기업중심, 수출중심의 경제발전 전략이 주효하여 성공적인 산업화를 이룩한 신흥공업국으로 평가받고 있다. 빠른 경제성장과 함께 사회보장제도도 빠르게 확대되어 왔다. 외국에서 수십 년을 걸려 이룩한 전국민 건강보험을 제도도입 후 12년 만에 이루어냈다.

OECD의 자료를 보면 우리나라 국민들의 건강수준은 좋은 편이다. 그러나 GDP 대비 사회복지지출 비율, 지니계수 등은 하위수준에 있다. 양극화, 저출산, 고령화의 위기를 겪고 있는 선진국들은 나름대로의 대책을 펴고 있다. 연금제도의 개혁은 물론 건강보험제도의 개혁도 추진하고 있다. 모두 다 지속가능한 사회보장을 이루기 위한 노력이라고 보아야 할 것이다. 개혁에 나선 나라들 중에는 성공한 나라도 있고 실패한 나라도 있다. 나라마다 사회문화적 여건과 역사적 전통이 다르고 경제상황도 조금씩 다르다. 미국의 사회복지제도가 그만한 이유가 있듯이 유럽의 사회복지제도도 다 그만한 이유가 있다. 이렇게 다른 선진국들의 사회복지제도를 무작정 본받기에는 리스크가 크다. 우리나라의 사회경제적 여건과 이들 나라의 사회경제적 여건이 다르기 때문이다. 저출산의 경우도 마찬가지이다. 출산율이 여전히 낮은 유럽국가들도 있고 출산율 회복에 성공한 유럽국가들도 있다. 사회여건이 달라 같은 제도를 실시해도 효과가 달리 나타난 경우도 있다.

따라서 국가정책을 입안함에 있어서 우리 실정과 이들 나라의 실정을 비교하는 작업이 무엇보다 우선되어야 하고, 그런 다음 구체적인 제도설계작업에 들어가야 한다. 제도설계가 끝난 정책은 사회적 공론과 조심스런 시행과정을 거치면서 부족한 부분을 계속 다듬어 나가야 한다. 물론 이 과정에서 '선택과 집중'에 의한 전략적 접근과 창의적인 노력이 같이 이루어져야 한다. 외국의 사례를 공부하는 것은 바로 우리의 독창적인 제도를 설계하기 위한 것이지 그대로 베끼기 위함이 아니다. 사례를 면밀히 분석하여 벤치마킹할 부분은 벤치마킹하되, 버릴 부분은 과감히 버려야 한다. 정책을 입안하고 집행하는 것은 항해와 같다. 길을 잘 들어서면 '쾌속운항'으로 목적지에 빨리 도착하지만, 길을 잘못 들어서면 '졸속운항'으로 좌초하고 만다.

참고문헌

강병구 외, 2003, 〈성장과 분배, 상생의 해법〉, 한국보건사회연구원.

강성욱, 2007. 2, 〈의료서비스산업 고도화와 과제〉, 삼성경제연구소.

______, 2007. 4, 〈의료산업의 5대 메가트렌드〉, 삼성경제연구소.

강성욱 · 이성호 · 고유상, 2007. 5, 〈u-Health 시대의 도래〉, 삼성경제연구소.

강수돌 역, 1998, 《세계화의 덫》, 영림카디널.

강혜규, 2007, "한국사회서비스 정책의 현황과 서비스 확충의 과제", 한국보건사회연구원, 〈보건복지포럼〉 111: 6~22.

건강보험심사평가원, 2002, 〈전산화단층촬영요양급여 적정성 평가보고서〉.

경찰청, 〈교통사고통계〉, 각 년도.

고령화 및 미래사회위원회, 2005, 〈고령친화산업 활성화 전략〉.

국민건강보험관리공단, 2006, 〈2006년 상반기 건강보험재정분석〉.

______, 2008, 〈2007년 건강보험만족도조사〉.

______, 각 년도, 〈건강보험 주요지표〉.

권태환 · 임현진 · 송호근, 2001, 《신 사회운동의 사회학》, 서울대학교 출판부.

기획예산처, 2005, 《미래를 위한 선택》.

김대일, 2004, "인구고령화와 노동생산성", 한국개발연구원 주최 심포지엄 발표논문, 한국개발연구원.

김미곤, 2003, "기초보장 사각지대 해소방안", 〈보건복지포럼〉 84, 한국보건사회연구원: 26~35.

김미곤 외, 2000, 〈외국의 공공부조제도 비교연구〉, 한국보건사회연구원.

김승권, 2005. 1, "한국사회 저출산의 원인과 대응전략", 저출산의 영향과 대응방안에 대한 토론회 발표자료.

김승권, 2006, "고령사회 한국의 정책방향", 한국보건사회연구원, 〈보건복지포럼〉 113: 5~22.

김연명, 2007, "사회투자와 한국사회정책의 미래", 한국사회복지학회 학술대회자료집.

김윤태, 2006, 《사회학의 발견》, 새로운 사람들.

김창엽, 2004, "공공병원 확충방안 개발에 관한 연구", 서울대학교 보건대학원.

노대명, 2003, "자활사업에 대한 평가와 향후 추진과제", 〈보건복지포럼〉 84, 한국보건사회연구원: 5~25.

노동부, 2005. 12. 9, 〈2000년 경제활동인구 부가조사결과분석〉.

______, 2008. 3, 〈2007년 산업재해현황〉.

농림부, 2007. 12, 《2007 농림통계연보》.

니혼게이자이 신문사(강신규 역), 2006, 《인구가 세계를 바꾼다》, 가나북스.

대검찰청, 〈범죄분석〉, 각 년도.

문진영, 2000, "국민기초생활보장법과 생산적 복지: 당근과 채찍", 가톨릭대학교 사회복지연구소 제4회 심포지엄 자료집.

문창진, 1997, 《보건의료사회학》, 신광출판사.

______, 2001. 3, "의료보험의 사회학", *Health Care Review*, 한국의료컨설팅: 11~22.

______, 2003, "기초생활보장제도의 변천과정과 현황", 〈보건복지포럼〉 84, 한국보건사회연구원: 5~25.

______, 2003, 《제네바 보건파일》, 보건복지부.

______, 2004, "기초생활보장, 빈곤과 탈빈곤", 《보건복지정책》, 국립암센터: 333~348.

문형표 · 김동석, 2004. 12, 《인구고령화와 거시경제》, 한국개발연구원.

민승규 외, 2006. 4, "소득양극화의 현상과 원인", 삼성경제연구소.

박개성, 2007, 《병원은 많아도 의료산업은 없다》, 엘리오컴퍼니.

박능후, 2003, "근로유인 제고방안", 〈보건복지포럼〉 84, 한국보건사회연구원: 54~64.

박동석 외, 2003, 《고령화 쇼크》, 굿인포메이션.

박영숙, 2008. 6. 16, "첨단기술로 똑똑해진 군중이 권위를 무시하는 시대", 〈데일리안 뉴스〉 칼럼.

백화종 외, 2003, 〈WTO 체계 하의 농어촌복지수요와 대응방안〉, 보건복지부 · 한국보건사회연구원.

보건복지부, 2005. 3, 〈긴급지원제도 도입방안에 대한 공청회 자료〉.

______, 2007. 8, 〈2007 주요업무 참고자료〉.

______, 2008. 5, 〈네덜란드 출장보고서〉(내부자료).

______, 2008. 7, 〈우리나라 보건의료실태 분석결과〉.

______, 〈2008 국민기초생활보장사업 안내〉.
______, 각 년도, 《보건복지통계연보》.
______, 각 년도, 〈주요업무참고자료〉.
보건복지부 · 문화관광부 · 노동부 · 정보통신부 · 여성부 · 건설교통부, 2003, 〈참여복지 5개년 계획(안)〉.
보건복지부 · 참여복지기획단, 2004, 〈참여복지 5개년 계획(2004~2008)〉.
보건복지부 · OECD 아시아 사회정책센터, 2008, 〈한 눈에 보는 OECD 보건지표 2007〉.
빈부격차 · 차별시정 위원회, 관계부처 합동, 2004. 11. 10, 〈일을 통한 빈곤탈출 지원정책〉.
산업자원부, 2002. 6, 〈바이오산업경쟁력강화전략〉.
삼성경제연구소, 2006, "소득양극화의 현상과 원인", *CEO Information* 547.
선우덕, 2008, "노인신체활동증진대책의 정책방안", 한국보건사회연구원, 〈보건복지포럼〉 135: 25~36.
성명재, 2007, "빈곤탈출률 추이와 빈곤정책 소요재원 규모의 추정", 〈재정논집〉 22.
손병돈, 2003, "부양의무자 기준의 이론적 현실적 측면에서의 검토", "국민기초생활보장제도 부양의무자 기준 개선방안", 〈한국보건사회연구원 공청회 자료〉, pp. 1~26.
신광영, 2008, "중산층 살리기는 사회양극화 해소의 해법인가", 《기로에 선 중산층》(한국사회학회 편), 인간사랑, pp. 49~78.
신광호 · 황윤재, 2005, "인구구조의 변화가 실질임금 및 총 노동생산성에 미치는 영향", 〈경제분석〉 11(2), 한국은행 금융경제연구원: 1~34.
안명옥, 2004, 〈출산율 제고를 위한 정책과제〉, 정책보고서.
______, 2005. 6, 〈2050년 대한민국 공동화〉, 정책보고서.
안상훈, 2008, "유럽의 복지국가와 중산층, 한국에의 교훈", 《기로에 선 중산층》(한국사회학회 편), 인간사랑, pp. 151~178.
안진환 · 이규행 역, 1999, 《빌게이츠 생각의 속도》, 청림출판.
엄영진, 2008, 《건강과 의료의 경제학》, 계축문화사.
엄태환, 2007, "노인자살관련요인", 〈한국사회복지학〉 59(2): 355~379.
LG 경제연구원, 2005, 《2010 대한민국 트렌드》, 한국경제신문.
여유진 외, 2003, 〈국민기초생활보장제도 부양의무자기준 개선방안 연구〉, 한국보건사회연구원.

오영호·김진현, 2007, “우리나라의 고가의료장비 적정수급에 관한 연구”, 〈보건사회연구〉 27(2), 한국보건사회연구원: 96~121.

오영희, 2006, “고령사회의 사회통합적 여가활성화 방안”, 한국보건사회연구원, 〈보건복지포럼〉 113호: 31~38.

이견직, 2006, “고령친화산업의 현황과 발전방안”, 한국보건사회연구원, 〈보건복지포럼〉 113: 39~51.

이경호, 2006, “보건산업의 진흥”, 《보건복지정책》, 국립암센터, pp. 115~138.

이삼식, 2006, “저출산 원인구조와 정책방향”, 한국보건사회연구원, 〈보건복지포럼〉 111: 5~17.

이삼식 외, 2004, 《인구고령화의 전개와 인구대책》, 한국보건사회연구원.

이수희, 2005. 1, “저출산이 경제사회에 미치는 영향”, 저출산의 영향과 대응방안에 대한 토론회 발표자료.

이원형, 2003, 〈빈곤문제해결을 위한 정책제안〉.

이재열, 2008, “한국의 사회통합과 중산층 육성의 과제”, 《기로에 선 중산층》(한국사회학회 편), 인간사랑, pp. 357~395.

이종구, 2008, “일본의 중류붕괴와 사회적 격차”, 《기로에 선 중산층》(한국사회학회 편), 인간사랑, pp. 123~150.

이종구 외, 2005, 《정보사회의 이해》, 미래 M&B.

이태수 외, 2003. 10, “복지와 경제의 선 순환관계 연구”, 보건복지부·현도사회복지대학교.

이현주 외, 2005, 〈차상위계층 실태조사 및 정책제언〉, 한국보건사회연구원.

인도주의의사 실천협의회, 1994, 《의료! 이렇게 개혁합시다》, 심포지움 보고서, 생활지혜사.

장혜경 외, 2004, 《저출산시대 여성과 국가대응전략》, 한국여성개발원.

재정경제부, 2005. 6, “경제양극화 현황과 정책과제”.

전병목, 2002. 12, 《국민연금 장기재정전망과 정책과제》, 한국조세연구원.

정경균 외, 2004, 《보건사회학 강좌》, 신광출판사.

정경희, 2006. 7, 〈저출산 고령화에 대비한 국가전략(정책현안자료)〉, 한국보건사회연구원.

정경희 외, 2005, 〈2004년도 전국 노인생활실태 및 복지욕구조사〉, 한국보건사회연구원.

정광모, 2004, “의료소비자의 보호”, 《보건복지정책》, 국립암센터, pp. 159~168.

정영호, 2004. 2, “세계화와 보건”, 한국보건사회연구원, 〈보건복지포럼〉: 5~16.

정형선 역, 2004, 《OECD 국가의 의료제도》, 보건복지부.
조대엽, 2007, 《한국 시민운동의 구조와 동학》, 집문당.
조병희, 1994, 《한국의사의 위기와 생존전략》, 명경.
_____, 2006, 《질병과 의료의 사회학》, 집문당.
조선일보, 2008. 6. 12, "대한민국 4인 X, 3인 O 가족시대".
주 현, 2007. 5, "대 · 중소기업의 양극화 추이와 시사점", 산업연구원, 《산업경제분석》, pp. 15~25.
주 OECD 대표부, 2005. 11, 〈주요사회정책 동향 보고서〉.
최병호, 2007. 12, "국민건강위험의 보장", 〈보건복지포럼〉, 한국보건사회연구원: 33~44.
최숙희 외, 2005. 11. 16, "저출산 시대, 어떻게 대응할 것인가?", *CEO Information*, 삼성경제연구소.
______ 외, 2005. 12. 23, "외환위기 이후 저출산의 원인분석", *Issue Paper*, 삼성경제연구소.
______ 외, 2007. 8, 〈한일고령화의 영향과 파급효과〉, 삼성경제연구소.
최옥금, 2007, "노인빈곤에 영향을 미치는 요인에 대한 연구", 〈한국사회복지학〉 59(1): 5~25.
최윤희, 2006. 10, "의료산업 선진화의 필요성과 당면과제", 〈KIET 산업경제〉: 16~24.
최종균 역, 2005, 《유럽복지국가의 미래》, 인간과 복지.
통계청, 2004, 〈2003 사회통계지표〉.
______, 2005, 〈2004 사회통계조사결과〉.
______, 2005. 1, 〈장래인구 특별추계〉.
______, 2006, 〈장래인구 신추계〉.
______, 2006. 12, 《2006 한국통계연감》.
______, 2007. 1, 〈2006 한국의 사회지표〉.
______, 2007. 7, 〈경제활동인구 부가조사(고령층)〉.
______, 2007. 10, 〈2007 고령자통계〉.
______, 《경제활동인구연보》, 각 년도.
______, 《인구동태 통계연보》(혼인, 이혼 편), 각 년도.
한국개발연구원, 2004. 12, 《재정지출의 생산성 제고를 위한 연구》.
한국노동연구원, 2005. 2, 〈자영업자의 근로소득분석〉.
한국보건사회연구원, 1997. 12, "치매관리 Mapping 개발연구".

______, 2002, 〈2001년도 노인장기요양보호 욕구실태조사〉.
______, 2004. 8, 〈APEC 사회안전망 고위급세미나 결과보고서〉.
______, 2005, 〈2004년 전국노인생활실태 및 복지욕구조사〉.
______, 2006, 〈5개년 저출산고령사회 기본계획 수립연구(1차)〉.
한국보건산업진흥원, 2006. 6, 〈세계의약품시장동향〉.
______, 2007, 〈보건산업기술수준조사〉.
______, 2007. 12, 〈의료서비스산업 정책동향〉.
______, 2007. 12, 〈KHIDI 보건산업리포트 vol. 2〉.
한국은행, 《기업경영분석》, 각 년도.
한림대학교 사회의학연구소, 1998, 《건강보장연구》, 도서출판 한학문화.
한상진 · 박찬욱 역, 1998, 《제 3의 길》, 생각의 나무.
허순임, 2008. 6, "건강보험 보장성 확보를 위한 정책과제", 〈보건복지포럼〉, 한국보건사회연구원.
허순임 외, 2007, 《건강보험 적정보장성 확보방안》, 한국보건사회연구원.
홍성태 역, 2006. 《위험사회: 새로운 근대성을 향하여》, 새물결.

Atoh, Makato, 1998, "Countries with Substantially Below-Replacement Fertility: the Case of Japan", A paper presented to the International Symposium: Population and Development Policies in Low Fertility Countries, Korea Institute for Health and Social Affairs, May 1998.
Baldock, J., Manning, N., Vickerstaff, S. (eds.), 2003, *Social Policy*, New York: Oxford University Press.
Beck, Ulrich, 1992, *Risk Society: Towards a New Modernity*, London: Sage.
Beets, Gijs, 1997, "European Variations in Education and in Timing of First Birth", A paper presented in the 23rd General Population Conference of the IUSSP, October 1997, Beijing.
Blake, J, 1968, "Two Successive Motivations for the Declining Birth Rate on the West", In C. Hohn and R. Mackensen, 1981, pp. 123~130.
Bloom, S. W., 1967, *The Doctor and His Patient*, New York: The Free Press.
David, K., 1963, "The Theory of Change and Response in Modern Demographic History", *Population Index* 29: 345~366.
Eardley, T. & others, 1996, *Social Assistance in OECD Countries: Synthesis Report*, London: HMSO.

Easterlin, R. A, 1978, "New Directions for the Economic of Fertility", In Yinger, J. Milton and S. J. Culter, eds, *Major Social Issues*, pp. 310~320. NY.

Ehrenreich, J & B. Ehrenreich, 1978, "Medicine and Social Control" in *the Cultural Crisis of Modern Medicine*, (eds.) Ehrenreich, Monthly Review Press, pp. 39~79.

Esping-Anderson, Gosta, 1990, *The Three Worlds of Welfare Capitalism*, Cambridge: Polity.

Etsuji Okamoto, 2008. 1, "Japan's Health Care Reform 2008 and National DB of health and claims data", "한국보건의료제도의 개혁방안", 2008년 한국보건정보정책연구원 정책논문 발표회 자료, pp. 111~131.

George, V. & Wilding, P., 1994, *Welfare and Ideology*, Hemel Hempstead: Harvester Wheatsheaf.

Giddens, Anthony, 1998, *The Third Way: The Renewal of Social Democracy*, Cambridge: Polity Press.

______, 2001, *Sociology*(4th edition), Blackwell Publishers Ltd.

Haug, M. R. & B. Lavin., 1981, "Practitioner or Patient as a Social System", *New England Journal of Medicine* 212.

Hoem, B. & Hoem, J. M., 1996, "Sweden's Family Policies and Rollercoaster Fertility", *Journal of Population Problems* 52: 1~22.

IMF, 2004. 9, *World Economic Outlook.*

Kai Hon Phua, 2008. 1, "Recent Reforms in the Healthcare System of Singapore", "한국보건의료제도의 개혁방안", 한국보건정보정책연구원 2008년 정책논문 발표회 자료, pp. 3~18.

Kim Minja & Li Lei 1997, "Later Marriage or No Marriage", A paper presented in the 23rd General Population Conference of the IUSSP, October 1997, Beijing.

Lee, R. D. 1994, "Human Fertility and Population Equilibrium", *Annals of the New York Academy of Science* 709: 396~407.

Marshall, T. H., 1963, *Sociology at the Crossroads*, London: Heinemann.

McKinlay, J. B., 1975, "The Help-seeking Behavior of the Poor", in *Poverty and Health: A Sociological Analysis*, (eds.) J. Kosa and I. K. Zola, Mass: Harvard Univ. Press, pp. 224~273.

Namboodiri, K & Luying Wei, 1997, "Fertility Theories and Their Implications Regarding Hoe can Low Fertility Be", A paper presented in the 23rd General Population Conference of the IUSSP, October 1997, Beijing.

Nolan, Brian & Timothy M. Smeeding. 2005, "Ireland's Income Distribution in Comparative Perspective", *Journal of Income and Wealth* 51(4) : 537~560.

OECD, *2006 Social Expenditure Database.*

______, *Health Data 2006.*

______, *Health Data 2007.*

______, *Health Data 2008.*

______. 2007. 4, *Fiscal Equalization in OECD Countries*(Working paper No. 4).

Parsons, P., 1951, *The Social System*, London: Routledge and Kegan Paul.

Population Reference Bureau, 2005. 8, *2005 World Population Data.*

Rawls, John, 1972, *A Theory of Justice*, Oxford: Clarendon Press.

Szasz, T. & Hollander, M. H., 1956, "A contribution to the Philosophy of Medicine", *AMA Archives of Internal Medicine XCVII*: 585~592.

Townsend, P., 1979, *Poverty in the United Kingdom*, Harmondsworth: Penguin.

Tung-liang Chiang, 2008. 1, "Healthcare Reforms in Taiwan", "한국보건의료제도의 개혁방안", 한국보건정보정책연구원 2008년 정책논문 발표회 자료, pp. 37~75.

UNDP, 1999, *Human Development Report*, Oxford University Press.

United Nations, 1995, *Women's Education and Fertility Behavior: Recent Evidence from the Demographic and Health Surveys*, New York.

WHO, 2000, *The World Health Report.*

통계청 국가통계포털 http://www.kosis.kr/

http:// blog.naver.com/ dajoa 14/

찾아보기

ㄱ

ㄴ

ㄷ · ㄹ

ㅁ

ㅂ

ㅅ

ㅇ

ㅊ · ㅋ

ㅌ · ㅍ

ㅎ

기 타

저자 약력

문 창 진 (文昌珍)

서울대학교 사회학과 졸업
미국 시카고대학교 대학원 사회학 석사 · 박사
주제네바대표부 보건관
보건복지부 사회복지정책실장
보건복지부 정책홍보관리실장
식품의약품안전청장
보건복지부 차관
제 58차 세계보건기구 서태평양지역회의 의장
한국보건사회학회 이사
현재 차의과학대학교 교수, 보건복지대학원장

주요 저서
《보건의료사회학》(신광출판사, 1990)
《보건사회학》(공저, 서울대학교 출판부, 1991)
《보건과 의료의 사회학》(공역, 열음사, 1991)
《제네바 보건파일》(보건복지부, 2003)
《보건사회학 강좌》(공저, 신광출판사, 2004)